ミネルヴァ日本評伝選

人の役に立つ研究をせよ

中谷宇吉郎

杉山滋郎著

ミネルヴァ書房

刊行の趣意

「学問は歴史に極まり候ことに候」とは、先哲荻生徂徠のことばである。

歴史のなかにこそ人間の智恵は宿されている。人間の愚かさもそこにはあらわだ。この歴史を探り、歴史に学んでこそ、人間はようやくみずからの正体を知り、いくらかは賢くなることができる。新しい勇気を得て未来に向かうことができる。徂徠はそう言いたかったのだろう。

「ミネルヴァ日本評伝選」は、私たちの直接の先人について、この人間知を学びなおそうという試みである。日本列島の過去に生きた人々の言行を、深く、くわしく探って、そこに現代への批判を聴きとろうとする試みである。日本人ばかりではない。列島の歴史にかかわった多くの異国の人々の声にも耳を傾けよう。

先人たちの書き残した文章をそのひだにまで立ち入って読み、彼らの旅した跡をたどりなおし、彼らのなしとげた事業を広い文脈のなかで注意深く観察しなおす――そのとき、はじめて先人たちはいまの私たちのかたわらによみがえってくる。彼らのなまの声で歴史の智恵を、また人間であることのよろこびと苦しみを、私たちに伝えてくれもするだろう。

この「評伝選」のつらなりのなかから、列島の歴史はおのずからその複雑さと奥ゆきの深さをもって浮かび上がってくるはずだ。これを読むとき、私たちのなかに新たな自信と勇気が湧いてきて、その矜持と勇気をもって「グローバリゼーション」の世紀に立ち向かってゆくことができる――そのような「ミネルヴァ日本評伝選」にしたいと、私たちは願っている。

平成十五年（二〇〇三）九月

上横手雅敬
芳賀　徹

中谷宇吉郎（研究室にて）

北大理学部の正面入口にて
(1943年。前から２列目の中央の３人は，左から中谷宇吉郎，堀健夫，茅誠司)

ニセコアンヌプリ山頂の着氷観測所跡（右に見えるのは羊蹄山）

まえがき

「雪は天から送られた手紙である」。

雪の結晶について研究した中谷宇吉郎《なかやうきちろう》の言葉である。彼は、空から降る雪だけでなく、零下五〇度まで温度が下がる低温実験室で人工の雪を作り、どんな気象条件でどんな形の雪の結晶ができるか調べた。その結果を使えば、降ってきた雪の結晶から上空の気象条件がわかる、つまり雪の結晶は上空の気象条件を知らせてくれる手紙というわけだ。

この名言に象徴されるように、彼は、科学の話題を身近な言葉でわかりやすく語るのが上手く、師寺田寅彦《てらだとらひこ》の衣鉢を継いで数多くの科学随筆を書いた。それらは選集などに収められ、今なお多くの人たちに読み継がれている。「立春の卵」や「雪を作る話」「比較科学論」など、国語の教科書で読んだという人も少なくないだろう。

人々に親しまれている中谷宇吉郎ではあるが、その全体像はあまり知られていないように思う。

石川県に生まれ、東京帝国大学で物理学を学んだあと、北海道帝国大学の教授になり雪の研究を始めた。戦前一九三〇年すぎのことである。戦争が始まると、軍に役立つような研究をやらされるが、戦後は再び科学の基礎研究に戻り、雪だけでなく氷についても研究するようになった。このあたりまでは、知る人も多いだろう。

中谷の科学随筆に親しんできた人なら、もう少し詳しく知っているかもしれない。早くから科学映画の製作に取り組み、映画「雪の結晶」は海外でも評判になった、戦時中には北海道のニセコアンヌプリ山頂で飛行機への着氷について研究したり、霧を人工的に消し去るための基礎研究をした、など。敗戦後には農業物理学の研究に手を染めたことを知る人もいるだろう。

しかし、中谷のこうした活動の背後には、それを支えた人々や資金、広く言えば〝時代的な背景〟があったはずである。中谷は〝時代〟と格闘しながら、研究資金や支持者を獲得し、研究成果につなげていったのである。その具体的な様子は、これまでほとんど語られることがなかった。

その原因の一つは、皮肉にも、中谷があまりにもたくさんの随筆を書き残したことだと思う。彼は、数多くの随筆に自分のことを書いている。そのため、中谷の随筆を読むだけで彼の生涯を知ったような気分になってしまうのだ。しかし当然のことながら、随筆に書かれていない出来事もあったはずである。それに、自分の歩く姿は、自分では見えないものである。

そこで本書では、中谷の書いた随筆を参考にしつつも、できる限りほかの人たち、中谷が交友をもった人たちの書き残したものにも依拠するようにした。中谷を、周りの人たちの目からもとらえてみようと思ったのである。もちろん海外にも探索の手を伸ばした。中谷は海外の雪氷研究者と交流し、戦後は頻繁に海外に出かけているからだ。それらを、時代背景と結びつけつつ、読み解いていく。

また、彼が教授を務めた北海道大学に今も残る公的な資料、教授会や評議会の議事録、あるいは低温科学研究所を設立するときの概算要求資料などにも目を通した。その結果、これまで中谷について言われてきたことのいくつかに修正の必要があることもわかった。

中谷が随筆や論説をあまりにもたくさん書いた〝弊害〟が、もう一つある。中谷の〝全集〟がなく、選集があるにすぎない。つまり、選ばれた作品しか容易に読むことができないのである。それら選集や著作集には、〝のちの時代にも残る息の長い作品〟が選ばれ収録されたに違いない。その結果、その時その時のホットな社会的問題に対し中谷が勇んで筆をとったような文章、社会評論ともいうべき類いの文章には、なかなか触れることができない。そのことが中谷の全体像をとらえがたくしてきたように思われる。

そこで本書では、中谷が書いた時事的なもの、中谷について他の人が書いた時事的なものにも、できる限り目を通すことにした。中谷が雑誌に寄稿した文章で選集に収録されていないもの、中谷の出演したラジオ番組について新聞に載った番組評などが、その例である。

調べを進めるにつれ、私の抱いていた中谷宇吉郎像は、次々と塗り替えられていった。「えっ、中谷はこんなこともしていたのか」「こんなことを考えていたのか」と驚くこと頻り。と同時に、中谷宇吉郎はやはり、日本の科学史上、傑出して魅力的な人物だとの思いも深くしていった。

この驚きと感動、本書を手にした皆さんにもぜひ体験して頂きたい。

中谷宇吉郎——人の役に立つ研究をせよ　目次

《引用文の表記について》
送りがなは原文のままとした。ただしカタカナは、ひらがなに変えた。
漢字は、人名も含め、原則として当用漢字に置き換えた。
書簡においては、読みやすくするために句読点を書き加えた場合がある。
［ ］内は、引用者が補ったものである。

図版出所一覧

ニセコアンヌプリ山頂の着氷観測所跡（著者撮影）……口絵2頁下
北大理学部の正面入口にて（北海道大学大学文書館所蔵）……口絵2頁上
中谷宇吉郎（北海道大学大学文書館所蔵）……口絵1頁
中谷宇吉郎（撮影：田村茂）……カバー写真
中谷ダイヤグラム（Nakaya, U., *Snow Crystals*, Harvard University Press, 1954, p. 244）……19
雪の研究に常時低温実験室が必要な理由を記した中谷のメモ（『昭和十年度概算資料』北海道大学大学文書館所蔵）……24
自宅書斎の中谷宇吉郎（北海道大学大学文書館所蔵）……30
積雪研究会の視察旅行（雪の里情報館（山形県新庄市）所蔵）……33
中谷が親交をもった人々（岩波書店編集部編『写真でみる岩波書店80年』岩波書店、六九頁）……54
東京帝国大学時代の中谷宇吉郎（『高野與作さんの思い出』満鉄施設会、一九八二年、口絵）……60
低温科学研究所（北海道大学大学文書館所蔵）……70
渋沢家の家系略図（日本農業研究所編著『石黒忠篤伝』岩波書店、一九六九年、四九一頁の系図を参考に、著者作成）……106
武見太郎、吉田茂、牧野伸顕の家系略図（http://kingendaikeizu.net/seizi/asou.htm の系図一を参考に、著者作成）……107

第一章　出生から留学まで

1　加賀の文化にはぐくまれる

幼年時代

中谷《なかや》宇吉郎《うきちろう》が生まれたのは明治三三年七月四日である。明治三三年は西暦でちょうど一九〇〇年。したがって西暦を使うと、たとえば太平洋戦争が始まった一九四一年には宇吉郎四一歳というぐあいに、年齢がすぐ分かる。

宇吉郎は、中谷卯一《ういち》が三森てるを妻に迎えて二年め、初めての子である。ときに卯一は二一歳、てるは一七歳だった。

卯一の家は、温泉の湧くことで知られた石川県片山津にあり、兄の巳治郎と呉服雑貨店を営んでいた。その住所は、石川県江沼郡作見《さくみ》村字《あざ》片山津小字砂走《すなわせ》。作見村全体でも人口三〇〇〇人弱であり、ずいぶん鄙びた所だった。

宇吉郎が生まれる三年前に北陸線が敦賀方面から小松まで開通し、関西方面からの湯治客が増え始めたが、それでも温泉旅館は一〇軒もなかった。電気も来ていない時代だったから、温泉地とはいえ今とはずいぶん雰囲気が違っていたことだろう。宇吉郎はこの小村で幼年時代を送る。

ただし、宇吉郎が産声を上げたのはこの片山津ではない。福井県境に向かい直線距離で七キロメートルほどの所にある大聖寺町の、母の実家である。

幼稚園、小学校時代

一九〇六年になると両親の希望で、母の実家から、近くの京逵《けいき》幼稚園に通い始める。小学校も、両親の住む片山津ではなく大聖寺町の錦城尋常高等小学校に通った。両親が、温泉場では子供の教育ができないと考えたらしい。

大聖寺町は、江戸時代までは大聖寺藩（加賀藩の支藩）の城下町だった。その時代、時習館、薫正館、有備館と三つの藩校があり、町人を対象にした家塾が一四もあった。北陸の田舎町とはいえ、学問の盛んな土地柄だったのだ。こうしたことも、両親が宇吉郎を大聖寺町の小学校に通わせた背景にあるのだろう。

小学校には、大聖寺町に住む、遠縁にあたる浅井《あさい》一毫《いちごう》の家から通った。母の実家は薬種商を営んでいたため人の出入りが多く、家族も多い。もっと静かなところがよいというので、預け変えられたのだ。

浅井一毫は九谷焼の陶工として活躍していた。「その頃七十幾つかで、白い髭を長く伸したよいお爺さんであつた。毎日、三方硝子戸の暖かい室にきちんと坐つて、朝から晩まで絵を附けて居た」。

宇吉郎も「随分手伝はされて、手が痛くなつたこともあつた。然し面白かつた」と後に回想している。二年生になると、今度は松見助五郎《まつみすけごろう》の家に預け先を変えられた。浅井家では、同家にいた同い年の女の子と喧嘩をするからというのだ。

松見助五郎は、大聖寺藩の最後の藩主、前田利鬯《としか》の家令であり、前田子爵の別邸を守っていた。その松見家には「帝国文庫だの、それに類した本が十冊近くもあつて、それがあこがれの的であつた」。『西遊記』を手にしてみると、「面白さは無類であつた。学校から帰ると、鞄を放り出して、古雑誌だの反故だののうず高くつまれた小さい机の上で『西遊記』に魂をうばはれて、夕暮の時をすごした」。

松見家では、賄いをしてもらっただけでなく、家族の一員として躾もされたようだ。仏壇の前に正座してお経を聞かされたり、松見家の祖母に連れられて向かいの御殿へ上がったりした。

向かいの御殿とは前田子爵の別邸のこと。そこには「御老体の大殿様と、御前様と呼んでゐたその奥方とが主として住んで居られた」。毎晩のように御殿へ上がり、読んだばかりの世界のおとぎ話を御前様に話したり、奥女中たちと花歌留多をしたり、夕飯を御馳走になったり、大殿様から東京の土産をもらったりと、幼い子供ゆえに自由に遊ばせてもらった。

小学校三年生の頃、「父の厳命で」九谷焼の陶工、中村秋塘《なかむらしゅうとう》のところへ、英語を習いに通わされる。「英語はちつとも進歩しなかつたが、陶器のことは色々覚えた。真黒い関羽髭《かんうひげ》のこわい顔にも似ず親切で好きだつた」と宇吉郎。

「随分変な先生を撰んでくれたものだとも思へるが、或は幼い頃から、名工と名付くべき人の特殊の感化を受けるようにと、父の深遠な理想があつたのかも知れない」と後に宇吉郎は書いている。

宇吉郎が小学校に入ったころ、九谷を機械で大量生産する会社が近くに出現して繁盛し始めた。それを見た父の卯一は、「こんな事では真正の九谷焼が滅亡して了ふと言ひ出し」、家業の合間を見ては、どこかから取ってきた粘土を火鉢の中に入れて色の変化を見ていることもあった。

宇吉郎が六年生になる頃には、庭に窯を造って自分で九谷焼を焼くまで熱中するようになる。宇吉郎を陶工に育てようとも思い始めていた。

父の卯一はハイカラ好きで、あるとき呉服雑貨店の呉服部の一隅に小さなショーウインドウを作った。すると非常に珍しがられ、付近の村の人たちがわざわざ見に来るほどだったという。

また、家族や店の人たち、それに女中も含めて一四、五人の大家内だったが、食事のときは店番の一人か二人を除いて全員が、店の奥にある台所兼食堂で一緒に食事をした。そして「家中のものが、皆同じものを食うということを、父は自慢にしていた」という。

父の卯一は、因襲に囚われることのない、開明的な人だったのだろう。

中学校時代　小学校を出たら中学校へ進学したいと思っていた。ところが父のほうは工業学校の窯業科に入学させるつもりだった。「子供の頃から手工的なものが好きだつたので、九谷の陶工になることも、さうきらひでもなかつた」と宇吉郎は言う。

ところが小学校を卒業して一週間もたたないうちに、父が病気で亡くなった。それで工業学校は止めにして、今の石川県小松市にあった小松中学校（現在の石川県立小松高等学校）の入学試験を受けた。

中学校五年間の寄宿舎生活で一番記憶に残っているのは、食事が不味かったことだと、のちに書いている。「しかしそのおかげで、敗戦後のひどい食糧事情の時でも、案外平気ですごしてきた」とも言う。体格はずっと「丙」だったが、野球やボートの選手として活躍した。また演劇部で英語劇「ベニスの商人」のデューク役を演じたこともある。その演劇部には、のちに劇作家として活躍する北村《きたむら》喜八《きはち》もいた。

夏休みになると、入江に近い漁村で家の一間を借り、友達と一緒に日本海の夏を楽しんだ。「此の頃のやうに入学試験の準備などに追はれる心配もなく、毎日のやうに朝飯をすますと、もう真ぐに魚《や》刺《す》と水眼鏡とを持つて海へ出かけて行くことに決つていた」。

中谷はずっとあとになって、『浦島太郎』という絵本を出版する。子どもたちが小さかった頃に話して聞かせていた自分流の浦島太郎を文字にし、それに藤代清治《ふじしろせいじ》の影絵をつけたものである。中谷の文は、子供たちを寝かしつけるのに十分な長さになるよう、昔ながらの浦島太郎の「話を引きのばし」たものだが、海辺や海のなかの描写がなかなかに具体的である。海で遊んだ中学時代の体験が、生きているように思われる。

高等学校時代

中学を卒業するころになると、一人で家業をやっていた母てるが、こんな商売をやっていても先の見込みがないから、大学まで学業を続けたら、と言いだした。「中小業者の没落を、あの時代から見通してゐたのであるから、なかなか偉《えら》い母であつた」と宇吉郎。

この頃の高等学校の入学試験は七月だったので、三月末に中学校を卒業してから、家の商売を手伝いながら受験勉強をした。当時話題になっていた、藤森良蔵《ふじもりりょうぞう》の始めた「考へ方」シリーズの受験参考書などを購入して自学自習する。「しかし試験には美事に落第した」。

半年ぐらい経ってから、来年の受験に備え東京へ出て予備校に通った。「受験技術といふものが、東京の学校ではちゃんと教へられてゐる」ことを初めて知る。おかげで次の年には無事、金沢にある四高（第四高等学校）に合格できた。

当時の四高は、柔道、剣道、弓術が盛んで、全国の高等学校の大会でこれら三つの部がそろって優勝したこともあった。反面、野球やテニスなど「西洋風のものは、全く駄目であつた」。

中谷は、入学してすぐ弓術部に入る。三年生の時には主将も務め、「対抗試合の悲壮感は十分味はつた」。対校試合に負けると、主将は「頭をくりくりに剃つて」学校へ出るというカルチャーがあったからだ。なかには、わざと落第して卒業を延ばし、次の年の必勝を期するという男もいた。

こういう「非功利的な考へ」に溢れていたので、点取り虫が軽蔑され、成績のよいことを恥とする雰囲気さえあった。学科目と関係のない文学や哲学の本を耽読することも流行った。中谷も、哲学者カントの『純粋理性批判』の英訳本を図書館から借りてきて「机の上に飾つておいた」ことがある。

高校三年生になると、理系の学生は履修科目を選択する。数学や物理学、工学の方面へ進学する者は、力学と図学を選択する。だが中谷は、医学や動物学、植物学の方面へ進学する者と一緒に、顕微鏡実習と解剖を選択する。「哲学青年にとつては、力学やとくにドローイング〔図学〕は、まさに軽蔑すべき学問であつた」からだ。

顕微鏡で「歯くその中の虫を見た時の気味悪さと、松葉の断面を覗いた時の美しさとは、その後何時までも印象に残」った。「解剖の方も大いに面白かつた」という。バカガイ（俗にアオヤギとも言う）やカエルのほか、クラス全員で犬も一匹解剖した。

大学に入ったら動物学を学んで、「生物学と哲学との境」を研究しようと思っていた。ところが年末頃になると、理論物理学に熱中し始める。哲学者田辺元《たなべはじめ》の『最近の自然科学』を読んだのと、アインシュタインの相対性理論が話題になり始めたからだ。「相対論にもとづいた新しい物理学は、ひどく魅惑的なもの」で、「生物学などけろりと忘れてしまつた」。

大学で物理学を学ぶには、入学試験に力学がある。でも履修していない。そこで「決心して、力学は速成に独学をすることにして」、「図書館からダッフの力学教科書を借り出して、二週間くらゐのうちに大急ぎで読み上げた」。A・W・ダッフが一九〇五年に著わした *Elementary Experimental Mechanics*（初等実験力学）であろう。力学の原理を理解するための簡単な実験を豊富に挿入した、全部で二五〇ページほどの教科書（英文）である。

2　東京で学び、海外へ留学

大学時代

一九二二年、東京帝国大学理学部物理学科に入学。弟の治宇二郎《じうじろう》も東洋大学予科に入学したので、母、弟、妹の芳子《よしこ》とともに上京し、下谷《したや》数寄屋町に住む。治宇二郎は後に、東京帝国大学理学部人類学科選科に入学した*。

＊宇吉郎にはほかに、富子、文子、武子の妹がいた。芳子は末妹である。

物理学科では、第一高等学校を卒業して入学してきた藤岡由夫《ふじおかよしお》と一緒になる。藤岡とは高校生のときに弓術の対校試合で会ったことがあったし、彼の両親がともに金沢の出身だということもあって、近しい気持ちを抱く。その藤岡は、初めて中谷に会ったとき、「にこやかな、如才のない、社交的な男だと思った」という。

中谷が大学二年生のときである。関東大地震に襲われ、母がささやかに営んでいた呉服物の店が全部焼けてしまった。宇吉郎は、学業を止め郷里の中学校に就職する決心をする。しかし高校から同級だった桃谷嘉四郎《ももたにかしろう》が、紀州和歌浦の別邸へ中谷を招き、励ましてくれた。本郷にある桃谷の下宿が焼け残ったので、借りていた二部屋のうち一室を中谷に提供するとも言ってくれた。

三年生になると、物理学科の学生は理論物理学か実験物理学のどちらかを選んで指導教授につく。中谷は理論物理学を志して大学に入ったのだったが、実験物理学のほうを選び、寺田寅彦《てらだとらひこ》を指導教授に選んだ。二年生のときに寺田から実験指導を受け、感化を受けていたのだ。

卒業が近づくと、就職先を考えなければならない。寺田は理化学研究所にも研究室をもっており、そこで実験を続けたいと思う一方、実業界に進んで家計を助けたいとも思う。悩んでいると、桃谷の兄、幹次郎が「寺田先生のような指導者につく好機を逃さないように」と言う。それで、理化学研究所に行くことにした。

一九二五年の春、大学卒業とともに、理化学研究所の寺田寅彦研究室の助手となる。とはいっても、理化学研究所に寺田の研究室がまだ出来上がっていなかったので、しばらくは東京帝国大学理学部の一室で実験を続けた。

理化学研究所へ

理化学研究所ではテニスが盛んだった。「宇吉郎も余り上手ではなかったがよくテニスをした。額に火傷の跡のできた宇吉郎のサーブぶりなど、なかなか人気があった」と藤岡。藤岡も理化学研究所に中谷と同期に入所したので、日曜日になると一緒に油絵を描きに出かけたり、夜には、藤岡が一高時代に化学を教わった富永斉《とみながひとし》教授の所に集まったりと、二人そろって楽しい日々を過ごした。

富永は中谷の結婚について心配し、藤岡由夫の妹、綾子を紹介してくれた。二人は一九二七年一一月に結婚し、麹町に新居を構える。

寺田寅彦の推薦で

北海道帝国大学に一九三〇年から理学部が新たに設けられることになった。そこで一九二七年四月に創設委員会（委員長は東北帝国大学理学部長の真島利行《まじまりこう》教授）が設けられ、諸々の準備が始まる。

物理学科の教授や助教授を決めるにあたっては、北海道帝国大学の工学部教授であった池田芳郎《いけだよしろう》が、仙台、東京、京都と廻って、物理学分野の大御所たちから適任者を推薦してもらった。このころはまだ研究者の数も少なく、今日のように公募で広く人材を募るという状況ではなかったのだ。

仙台では、東北帝国大学の金属材料研究所を訪れ、本多光太郎《ほんだこうたろう》教授から茅誠司《かやせいじ》を推薦してもらった。東京では、理化学研究所の寺田寅彦を訪ねて事情を話したところ、「自分のところの中谷宇吉郎君が適任であると思ふ」という言葉をもらった。

将来の教授候補者になった者は、海外留学に出かけるのが当時の慣例だった。中谷は一九二七年一二月末、「実験物理学研究のため満二年間英吉利国へ在留を命す」との辞令を受け取り、理化学研究所を辞職し新婚の家をたたんで、一九二八年の二月に東京を発ち、日本郵船の船でヨーロッパに向かった。

ところが、兄由夫のもとに住まいを移していた妻の綾子が、五月、悪性のジフテリアにかかって敗血症を起こし、二日間床に伏して亡くなる。宇吉郎から、ロンドンに無事着いたとの便りが届いた、その朝だった。

留学時代

中谷は、ロンドンのキングスカレッジで、リチャードソン教授の指導を受けながら、研究を開始する。「何よりも一番に驚いたことは、リチャードソン先生は普通一週一回金曜日に、しかも午後二三時間位しか学校へ出て来ないといふことであつた」と随筆に書いているくらいで、手取り足取りの指導ではなかったようだ。それでも、研究に少し目鼻がついてくると、きちんと論文にまとめて発表することには意を用いてくれ、中谷も一年間の実験結果を論文にまとめ、イギリスの『王立学会紀要』に発表することができた。

帰国後の一九三一年、この論文「各種元素による長波長X線の発生について」（英文）を主論文として京都帝国大学に学位を請求し、審査を経て、理学博士の学位を授与される。

リチャードソンは、熱電子現象（固体の導体や半導体を高温に熱すると、表面から電子が放出される現象）

について研究した物理学者で、ノーベル物理学賞を受賞する。一九二八年のノーベル賞なのだが、発表は一九二九年の夏で、中谷がイギリスでの滞在を切り上げ、パリで暮らしているときのことであった。

中谷の見るところ、リチャードソンは、五年か一〇年に一つ二つ傑出した論文を発表するというタイプの学者ではなく、日々の成果を着実に論文にまとめ次々と発表していくタイプだった。なかには「第一義的の重要さを持たぬものも混ずる」が、そんなことは気にとめない。そうしたリチャードソンがノーベル賞を受賞したので、「何だか自分には不世出の天才を俟たなくてもノーベル賞を贏《か》ち得られるといふことを示されたやうな気がする」と、一九三六年九月に書いている。雪の結晶を人工的に作ることに成功して間もない時期である。中谷もノーベル賞の受賞を夢見たのであろうか。

第二章　まだ平和な時代に

1　雪の研究

早春の札幌へ

一九三〇年の早春、中谷は「人口十六萬の都会」、赤くペンキを塗ったトタン張りの屋根が並ぶ札幌の街に、駅のホームから降り立った。二年近くにわたる海外留学を終え二月二四日に帰国したばかりだったが、北海道帝国大学理学部の授業開始に向け準備会議が三月一三日からあるので、それに間に合うよう、やって来たのだった。

札幌の春は遅い。桃や桜の花が咲くのは、五月に入ってからだ。中谷は「北の国の気候の荒さ」を感じる。寒さではない。「長い冬が明けて、土黄色《つちきいろ》の春が蘇つてくると、先づ訪れる」激しい風である。雪融けの泥濘が始まる頃に吹き始め、「冬の間に馬橇の馬が道に残して行つた堆積物を完全に吹き飛ばして了ふ」のだ。

このとき中谷、満二九歳、二年後には助教授から教授となる。若き中谷の授業ぶりを、一九三一年に入学した井上直一《いのうえなおいち》がのちに描写している。教室で授業が始まるのを待っていると、間も無く中肉中背の先生が現われて、「僕は中谷です」と名乗られた。一見、二十代の田舎のあんちゃん風に見えたが、よく見ると手入れの行き届いた黒の洋服を端正に着こなし、特に胸のポケットのハンカチの白が鮮やかであった。電気磁気学の講義で、柔らかなお話調の丁寧な説明がされた。

井上は、もう一人「背の高い馬力のありそうな先生」のこともよく覚えている。こちらのほうは、ドイツ語の本を教科書にして日本語で説明するのだが、「ドイツ語に弱い我々には、予習が絶対に必要であった」。茅誠司の、熱力学の講義である。茅は、中谷より半年遅れて一九三〇年九月に助教授として着任し、翌年五月に教授となる。着任したとき、満三一歳。北海道帝国大学の理学部には、若い、新進気鋭の教官が多かった。

茅誠司との交友

中谷と茅は、北海道帝国大学に着任する前に知り合っていた。一九二九年四月、ベルリンに留学中の茅を、中谷が訪ねたのである。

中谷はイギリスに満二年間、滞在する予定だった。しかし一年弱の期間で実験の結果を論文にまとめるところまでできたので、ロンドン滞在を短く切り上げ、一九二九年四月、ベルリンへ向かった。そして駅で出迎えてくれた茅と会ったのである。

そのときの中谷は「ガマッシェ〔ン〕ホーゼ〔ゲートル（脚絆）の一種〕を付け、大きな画板を抱えて、まるで画家のようなスタイル」だったと、茅は回想する。また「〔中谷は〕ドイツ語は不得手だったが、天性の器用というか、あまりベルリンの生活で不自由はなかったらしい」とも言う。

その後、中谷と茅は、パリで五月に開催された、北海道帝国大学理学部に着任予定でヨーロッパに留学中の者が一堂に会する会議に参加する。一〇月末に中谷は再びベルリンへ行き、茅とともに欧州各地を旅行。その後、中谷は一人、アメリカを経由して一九三〇年二月に帰国した。

北海道帝国大学に着任した中谷と茅は、物理学教室を充実させるために力を合わせた。仁科芳雄《にしなよしお》を、理論物理学講座の教授に迎えようと努力したのも、その一つである。

仁科は、量子力学の生みの親の一人、ニールス・ボーアのもとに留学し、一九二八年の暮に帰国した後は理化学研究所の研究員として、量子力学を駆使する物理学を日本に定着させつつあった。その仁科に宛て、茅は書いた。「中谷君と伯林に居る頃より、理論物理の講座に来て頂くのには仁科様より外はないと、互に相談して居り」、また「北海道の物理教室を活気づけて頂くのは只今他に適当な人を見出し得ない」と。しかしこの招聘は、仁科が家庭の事情などで断わったため実現しなかった。

私生活の面でも、中谷と茅は親交を深めていった。雪深い札幌で冬を過ごすことになった二人は、連れだってスキーの練習を始める。ある日、井上直一ら学生が大学近くにある円山のゲレンデに行ってみると「長いお方と短いお方が三〇メートルぐらいの直滑降の末、雪煙を上げて転倒するのを繰り返しておられた」。「その先生方の技術の進歩には目を見張るものがあった」、とりわけ「長いお方」

の進歩は著しかった、と井上。やがて中谷と茅を中心に他の教員や学生も加わって、ニセコへあるいは十勝岳へとスキーツアーが行なわれるようになった。

雪の研究

中谷宇吉郎といえば雪の結晶の研究、というぐらい、雪の研究は中谷の名と結びついて最もよく知られた話題である。しかし、視野を少し広げてみると、あるいは中谷の周囲にも目を向けてみると、新しい事実も見えてくる。

北海道帝国大学の理学部に着任した中谷は、一年目の冬こそ「話に聞いていた北海道の寒さに気兼ねして神妙に控えていた」が、二年目の冬（一九三一年度の冬）には、「有り合わせの顕微鏡を廊下の吹き晒しの所へ持ち出して」空から降ってくる雪を観察した。雪の降らないときには、実験室や廊下などの窓にできている霜の花の写真を撮ったりした。

冬も終わり頃になると霜の花もあまりできない。そこで人工的に作ってみようという気になり、銅でできた箱を、食塩を混ぜた雪で冷やし、銅箱の表面に水蒸気を送ってみた。霜の花は「案外簡単にできた」。

こうして霜の花を作っているうち、「頭の中にいつの間にか、雪の結晶も人工で出来はしまいかという気持ちが湧いて来た」。そこで長さ九〇センチメートルぐらいの銅の筒を作って冷やしておき、上から暖かい水蒸気と冷たい空気を混ぜて吹き込んでみる。筒の一番下に置いたガラス板に雪が降っていないか顕微鏡で覗いてみたが、「勿論何も見えはしなかつた」。そうこうするうち、すっかり春になってしまった。

中谷による雪の研究は、雪を人工的に作ろうという試みも含め、このように二年目、一九三一年度の冬からスタートした。

一九三三年一二月からは十勝岳でも、中腹にある白銀荘を拠点に雪と霜の観察を始めた。樹木の切株や岩陰に雪の洞ができていることがあり、その内壁には立派な霜の結晶ができている。それを眺めているうち「霜の結晶と雪の結晶との間に著しい類似のあること」、霜の結晶の習性（結晶がどのような形に生長していくかという性質）は雪と同じであることに気づく。雪の結晶を人工的に作ることは難しそうだが、霜の結晶なら比較的に易しそうだ。

そこで「先づ人工霜を作り、それから雪の生成機構を推測する方へ仕事をすゝめることとした」。人工霜を作る装置を製作し、霜ができる箇所での水蒸気の過飽和度をいろいろ変えて、天然雪の様々な結晶に相当する霜の結晶を作り出そうと試みた。

こうして、天然雪の観察と、人工霜そして人工雪の製作が、お互いに関連しながら進行していくことになる。中谷は、それまでの研究で培ってきた「直感的で且つ着実な」考察をもとに、学生や助手たちに指示を与えながら実験を進めていく。そして一九三五年度の冬には、ほんとうに雪らしい結晶を作るには装置全体を大きな低温室に入れなければならないと考えるようになった。

ちょうどその頃、大学に常時低温研究室が完成した。一九三五年の春から建設工事が始まり、翌三六年の一月に完成したのだ。

三月の初めから、助手の関戸弥太郎《せきどやたろう》が新しい装置をその低温室に持ち込んで実験を始めた。ガラス製円筒に木板の蓋をし、その蓋の内側に木製の楔を取り付けた装置である。一四日の午前まで、いろいろ条件を変えては、楔の稜線に霜を作る実験を繰り返した。一連の実験に区切りがついたので、午後からは霜だらけになった装置を洗い直し、新しい蒸留水を入れて蓋をしようとした、その時である。関戸は回想する。

同じことをまたやってもつまらないと思い、着ていた防寒服の毛を一本抜いて、その根元を飯粒で楔に貼り付け、毛先を下向きにして楔の稜線より下へ一センチ半も突き出るようにした。……羊歯形の結晶を作りたいと思い、それまでの経験に従って水蒸気を送ってやると、僅か三〇分程度で、兎の毛に美しい六花の雪が苦もなくできた、というのが四十年前の私の印象である。

中谷に報告すると、低温室まで見に来て「あ、はじめて人工雪ができましたね」と中谷が言い、二人で喜び合った。兎の毛を顕微鏡で見てみると、いくつか微小な瘤があり、そのおかげで結晶の核が孤立してできやすいこともわかった。ただの毛では、毛虫のように全体に霜がついてしまい、うまくいかないのである。

「兎の毛を使って人工雪を作るのに初めて成功した」とは人口に膾炙しているエピソードである。だが関戸自身も言っているように、また中谷も認めているように、時間的な前後だけで言えば、これが初めてではなかった。関戸の実験と並行して、一年先輩の佐藤《さとう》礒之介《いそのすけ》も低温室で実験を進めており、木製の装置と羅紗《らしゃ》（紡毛を密に織って起毛させた厚地の生地）の毛を使って、三月一二日に人工雪の製作に成功していたのである。ただ、羅紗の毛で雪の結晶を作るのは再現性が低く、この方法がその後の研究の進展につながることはなかった。そのため、兎の毛を使ったときのものが「初めて」とされているのだ。

雪の結晶を人工的に作ることができるようになると、今度はどんな条件の時にどんな結晶ができるのか、その対応関係を調べることに進んだ。助教授の花島政人《はなじままさと》が、人工雪ができるところの温度（Ta）と、そこへ水蒸気を送る水の温度（Tw）との関係をしらみつぶしに調べていった。こうしてできたのが、のちに「中谷ダイヤグラム」と呼ばれるようになる図の前身で、一九四二年から四五年にかけて発表された。

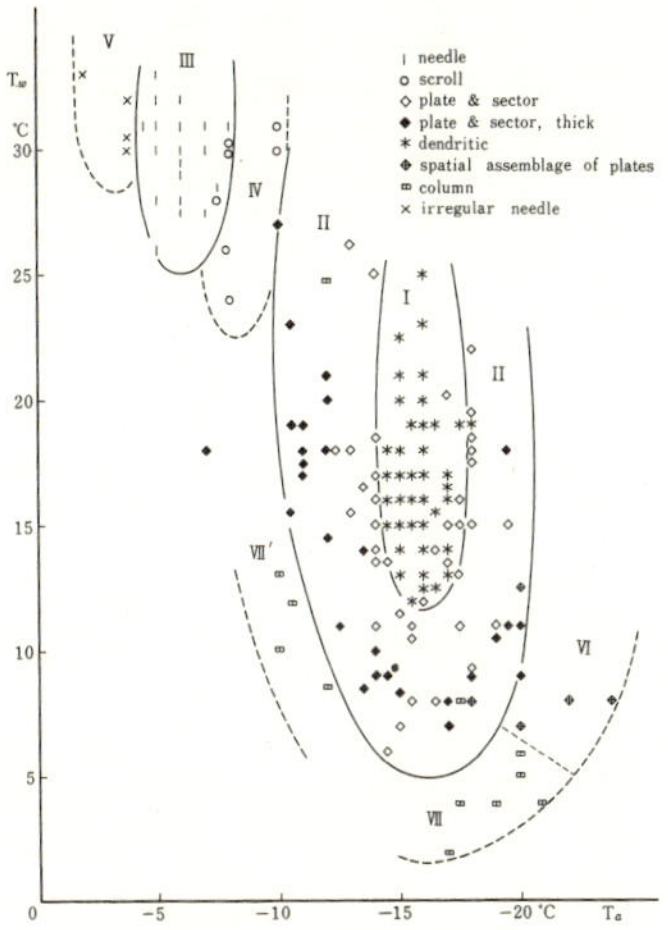

中谷ダイヤグラム

人工的にできる雪の結晶の形と，温度Ta（横軸），水温Tw（縦軸）との関係を示している。

ただ、TaとTwの関係を示したこの図（上図）は、装置の特性（円筒の長さや太さなど）に依存したもので、いわば「方言で書いてある」。その後さらに測定が続けられ、縦軸をTwではなく過飽和度で表わした図が、戦後の一九五四年、中谷の英文の書 *Snow Crystals* の中で発表された。こちらこそが、「標準語で書かれ」したがって装置に依存しない、本来の「中谷ダイヤグラム」である。

このように〝中谷の雪の研究〟は、学生も含め中谷研究室のメンバーが一丸となって取り組んだものである。研究成果の発表も、関わったメンバーの連名でなされている。その意味では、「中谷ダイヤグラム」も「中谷‐花島ダイヤグラム」というべきかもしれない。

茅誠司が中谷の死後、こんなことを書いている。「彼の名はその朋輩をぬいてあまりにも高かった。従って協同で仕事をしても、世間はそれを彼一人がした仕事のように思い込んでしまう傾向が著しかったようである。実は彼は決してそんな心持はなく、ありの儘の形で発表するのであったが、世間がそのままに受取らず、宛も彼一人の業績であるかのように受取った……」と。

重水をつかって　水には、通常の水のほかに、ちょっと性質の違う重水がある。アメリカの物理学者ユーリーのグループによって一九三二年にその重水が発見されるや、中谷はさっそく雪の研究に応用することを考えた。

一九三五年、中谷は助手の関戸に、天然雪に含まれる重水の濃度を結晶の種類ごとに測定するという課題を与えた。翌年一月に十勝岳で、各種の結晶型ごとに降雪を集めて試料を採集させ、自分でも、降雪の日時と場所のわかった雪水を各地から集めてきた。さらに、重水で霜や人工雪を作って、天然の水で作った場合と、結晶の形を比べることも試みた。

結果的には、「普通の水の霜や雪と本質的には差の無いことがわかった」、という結末になる。とはいえ、中谷が最新の研究動向にも目を配りながら、多面的に雪の研究を進めていたことに注目しておきたい。

実験に使う重水は、どうやって手に入れたのだろうか。一九三六年の三月、中谷は「アンプル入り五グラムの重水を大切そうに」持ってきて、これで雪を作ってみよと関戸に言った。ノルウェーから輸入された九九・六パーセントの重水だった。このころ理化学研究所の仁科の研究グループが、ノルウエーのNorsk Hydro電力会社から、実験用に濃度九九パーセント以上の重水を購入していた。中谷が持って来たのも、このルートで入手したものだったかも知れない。

国内で、しかも同じ大学内で入手することもできた。工学部教授の堀義路《ほりよしみち》（電気化学が専門）が日本で初めて重水の濃縮に成功し、一九三四年春には濃度が約七七パーセントの重水を得ていたのである。昭和肥料会社と協力し、同社の川崎工場で大量生産に向けての準備も進めていた。

中谷の生涯を追っていくと、ところどころに堀義路の名が現われる。その堀義路と中谷の縁は、この重水がとりもったのかもしれない。

自然科学研究所の新設計画

中谷による雪の結晶の研究において、とりわけ条件を様々に変えて人工的に雪の結晶を作成していくにあたって、ちょうど折よく完成した常時低温研究室が、決定的な役割を果たしている。このことから、常時低温研究室は中谷の雪の研究のために造られた、あるいは常時低温研究室の実現のために中谷が重要な役割を果たした、と考えられがちである。『北大百年史』も、常時低温研究室は「理学部教授中谷の働きかけによって実現した」としている。しかし、こうした理解には修正が必要だと思われる。

「昭和七年度　自然科学研究所創設概算要求書　附属参考書共」と題した文書が北海道大学に残っている。一九三一（昭和六）年五月に、理学部長の田所哲太郎《たどころてつたろう》から総長の南鷹次郎《みなみたかじろう》に提出されたものである。これを見ると、自然科学研究所を設立したいという希望が、理学部に一九三一年からあったことがわかる。しかしこの希望はなかなか認めてもらえない。

その後『昭和十年度概算資料』（一九三四年作成）になると、自然科学研究所に関する記述はもはや見あたらず、替わって「常時低温室新営予算」と「低温に関する研究事項」という項目が登場する。そしてこの常時低温室が、実現することになる。

『概算資料』は、常時低温室を新設する目的や意義について次のように謳う。

本帝国大学は農、医、工及び理の四学部を有し自然科学の体系を完全に具備し然も本邦北端に位する北海道に在る関係上、北地酷寒に関する地方的研究問題を解決すべき絶好の位置を占めたり。従来高温に関する研究は欧米諸国と共に我が国も亦、甚大なる進歩を為し、之が設備を有するもの多々ありと雖も低温特に極低温に関する研究機関甚だ少なし。加うるに常時之が研究上に至便なる地は本大学以外に無く、本道の如き位置にありて初めて常時零下三〇乃至五〇度に低下する極低温室を利用するを得る特色を有し、地方［他方か］にありては極低温を得るは年僅に一、二ヶ月に過ぎず、又冬期自然界の複雑なる条件の下に之が研究を為し得る地は本大学以外に全く無きが故に、此の地方的特色ある研究を増長して学界に功顕せんとするものなり。

この『昭和十年度概算資料』は、明らかに自然科学研究所の構想を受け継いで作成されている。大きな違いは、自然科学研究所を構想する過程で強調されていた「資源開発」、言い換えれば、地質構造という面で北海道の特殊性に着目した研究をそぎ落とし、替わって「低温」という面で北海道の特殊性を打ち出していることである。そうすることで、「常時低温室」の必要性を訴えている。そして、「研究所」を「低温室」へとスケールダウンしている。

この『昭和十年度概算資料』になって初めて、中谷の名前が明示的に登場する。同資料に、理学部や工学部、医学部、農学部の教官たちが提出した、低温研究室を必要とする研究テーマのリストが綴じられており、そこに中谷が走り書きしたメモがあるのだ（次頁の写真）。しかしそれは、教官たちが提出した低温に関する三〇余りの研究のなかの、一つでしかない。

したがって、中谷（の雪の研究）が常時低温室の設置を牽引したというのは、言いすぎであろう。前々からあった「自然科学研究所」の構想が、焦点を「低温」に合わせたとき、そこに中谷も一研究者として加わった、というのが実態だと思われる。

なお中谷のメモには、低温実験室の必要な理由が、以下のように簡潔に要領よくまとめられている。

一、物理学的研究

雪に関する研究　　　中谷宇吉郎

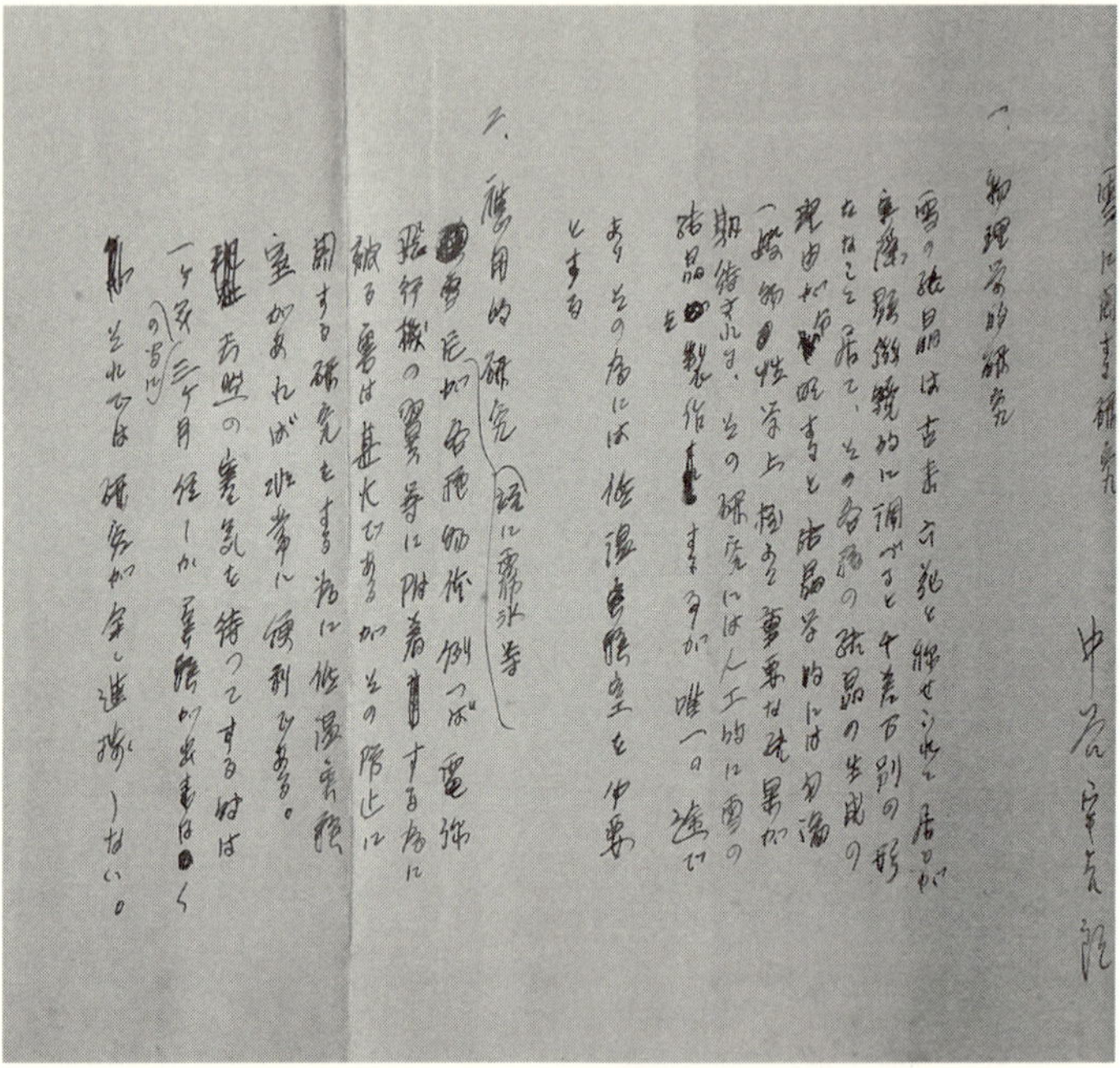

雪の研究に常時低温実験室が必要な理由を記した中谷のメモ

雪の結晶は古来六花と称せられて居るが実際顕微鏡的に調べると千差万別の形をなして居て、その各種の結晶の生成の理由が分明すると結晶学的には勿論一般物性学上極めて重要な結果が期待される。その研究には人工的に雪の結晶を製作するのが唯一の途でありその為には低温実験室を必要とする。

二、応用的研究

雪片並に霧氷等が各種物体例へば電線飛行機の翼等に附着する為に被る害は甚大であるがその防止に関する研究をする為に低温実験室があれば非常に便利である。天然の寒気を待つてする時は一ヶ年の間に三ヶ月位しか実験が出来なくそれでは研究が余し進捗しない。

自然科学研究所の構想がなぜ低温研究室へとスケールダウンしたのか、その経緯は不明である。基本的には、大きな予算は認められにくいとの判断からであろう。

常時低温研究室

だが、もう一つ理由があったように思われる。一九三四年の春ごろ陸軍から大学に対し、北大で低温研究実験をするならば毎年二万円ほど出してもよいという申し出があったのだ。これを機に、自然科学研究所から低温実験室へと舵を切ったのではないかと思われる。低温科学の研究に対し軍からの期待が大きかったということでもある。

一九三六年初めに完成した低温研究室は、鉄筋コンクリート一部二階建、建築面積一七八平方メートル、低温室面積三三平方メートルで、温度は零下五〇度まで下げることができた。二月には「常時低温研究室規程」が制定され、主任と委員若干名で管理運営にあたることになる。

初代の主任には、理学部長でもあった田所哲太郎教授（生物化学教室）が就いた。理学部教授会は、「現在低温に関する事項を研究中の中谷教授」を委員若干名の一人として選出したが、中谷は委員になることができなかった。関係する学部から一名ずつの委員または主任を出すというのが総長の方針だったからである。

常時低温研究室では、様々な実験が行なわれた。一九三六年二月八日から翌年の三月末日までに行なわれた実験を数えてみると、全部で八五件ある。学部ごとの内訳をみると、医学部三六件（二研究室)、理学部二五件(四研究室)、農学部一八件(七研究室)、工学部六件(二研究室)である。理学部では中谷の研究室が一三件と最も多いが、それでも全体の一五パーセントほどである(後述のように、この時期の中谷は体調を崩し伊東で療養生活を送っていた、という事情もあるだろう)。

柳壮一《やなぎそういち》研究室では戦後一九五〇年すぎまでの約一五年間に、「低温の生体に及ぼす影響に就ての実験的研究」という主タイトルの論文(副タイトルは異なる)を約一〇〇編発表し、二〇名ほどがこのテーマで学位を取得している。それらの研究の多くが、この常時低温研究室を利用したものである。

こうしてみると、常時低温研究室を中谷による雪の研究との関連だけでとらえることは、その設立の経緯からいっても、また使用の実態からいっても、片手落ちと言わざるをえない。

常時低温研究室では、多様な実験が同時並行的に進められた。そのためいろいろ困難が生じた。たとえば、ある実験は零下二〇度が最適、しかし別の実験は零下三〇度が最適といった具合に、実験によって必要とする低温が異なるため、その調整が難しかった。また、居住環境もよくなかった。八畳間ほどの実験室の「一隅にては兎を解剖し、他の隅にては尿を凍結せしめ、中央にては雪の実験をなし、又他の隅にはコレラ、肺結核菌等を培養するといふ状態」で、空気も汚く、動物のふん尿も不快だった。

このことも理由の一つとなって、数年後、もっと大きな低温科学研究所の設立を目指すことになる。

2　大活躍の一九三六年

関戸弥太郎や佐藤礒之介が、中谷の指導のもと初めて人工雪の結晶の作成に成功したのは、一九三六年三月であった。彼らはその後直ちに、条件を変え様々な形の結晶を作ることに取り組んでいくのだが、中谷は雪の研究だけに没頭しているわけにいかなかった。

日食観測と天覧

この年の六月一九日、北海道の東北部（宗谷から北見、根室の沿岸地方）で皆既日食が観測できると予想されていた。五月になるともう、海外からも観測隊がぞくぞくやって来る。

中谷はそのうちのイギリス観測隊をサポートすることになっていた。イギリスに留学中ディスカッションしたことのあるウィルソン教授から、便宜を計ってくれるようにとの依頼が来たのだ。

秋には、さらに大事な仕事が待っていた。一〇月に陸軍が特別大演習を北海道で実施する。その折、天皇が北海道各地に行幸し、八日には北海道帝国大学の理学部や、農学部、低温研究室、工学部、医学部の天覧室を訪れ、研究業績や標本などを視察することになっていた。

中谷はこの行幸に際し、低温研究室で人工雪の結晶を天覧に供することになった。「それは殆んど不可能に近い困難なことであった」、と中谷はのちにふり返っている。なにせ雪の結晶を人工的に作ることに成功したのは、その年の三月のこと、しかも「やつと偶然に一つの結晶が出来たにすぎなかつた」。現象が不安定で、「午後三時三十分から二分間陛下が低温室へおはひりになるから、丁度その時刻に結晶を作つておいて御目にかけるやうに」と言われても、簡単にはいかない。もちろん失敗も許されない。

中谷の積極性

このときのことを描写した中谷の随筆を読むと、人工雪を天覧に供するという「後から考えてみれば、随分大胆な話」に、求めがあったので応じたようにみえる。しかし実際には、中谷のほうから「千載一遇の光栄の機会」とばかりに飛び込んだのだと思われる。教授会の記録によると、天覧品や献上品については、三月二〇日頃に「各教室よりの希望を取りまとめ」、それをもとに決定されているからである。雪の実験も、中谷のほうから申し出たのだと思われる。

自らの研究をアピールすることへの中谷の積極性が、ここに現われていると言えよう。成功して間もない人工雪ではあったが、何としても天皇に見てもらいたいという強い思いがあったに違いない。秋までには、さらに進展しているに違いないとの読みもあったろう。見てもらうという目標を先に定め、そこに向かって努力する、そうした積極性である。

なお中谷は、常時低温研究室で人工雪を天覧に供したことを随筆に書くとき、自らの実験のことしか書いていない。しかし実際には、理学部の田所哲太郎による「不凍油に関する研究」や、長尾《ながお》巧《たくみ》による「帆布の凍結試験」、さらに医学部の柳壮一による「低温の生体に及ぼす影響に就いての実験的研究」も、常時低温研究室での研究成果として天覧に供された。常時低温研究室を、雪の研究との関係だけで捉えることのないよう、留意が必要である。

武見太郎に救われる

一九三五年の年末から一年余り、とにかく色々なことがあった。年末に、敬愛する師、寺田寅彦が世を去った。その後、妻が大病をし（中谷は一九三一年に寺垣静子《てらがきしずこ》を妻に迎えていた）、考古学をやっていた弟の治宇二郎が三月に亡くなった。

宇吉郎も四月頃から「胃の工合が悪くなり、食後に胃がしねしねと痛んで、ひどく痩せて」きていた。内科や外科の医者に診てもらったが、胃潰瘍だ、十二指腸潰瘍だ、いや乾性腹膜炎だ、慢性盲腸だと、はっきりしない。それでも、低温室で実験したり、イギリスの日食班が来れば案内役を務めたりしていた。

人工雪の実験を展覧に供するという大役を終えると、もう我慢できなかった。「何もかにも放り出す気で、さつさと家をたたんで、伊豆の伊東へ引き揚げてしまつた」。

翌一九三七年の一月に一週間ほど札幌へ戻ったものの、もうしばらく静養した方がよいだろうと医学部教授の柳壮一に勧められ、四月中頃まで休むことにした。温泉での転地療法に望みを託したのである。でも、春になっても回復せず、どんどん衰弱していく。

ある日、岩波書店の編集者、小林勇《こばやしいさむ》から一通の手紙が来た。肝臓ジストマではないかと思われるので、慶応大学の小泉丹《こいずみまこと》教授に診てもらいなさい、と言ってきたのだ。そこで「便を少しとつて、セロファンで包んで乾かないやうにして、飛行便で」小泉宛に送った。

やがて返事が来て、大変な量の肝臓ジストマの卵があるという。急いで東京へ行き、小泉を訪ねた。ファーディンというアンチモンの注射薬が最近できたので、上手く使えば駆除できる、ただアンチモ

自宅書斎の中谷宇吉郎

中谷は自宅を自ら設計し，家屋の中央部にペチカを置き（左奥隅に見える）その周りに部屋を配して，効率よく暖房できるようにした。

ンは毒薬だから体力がないと難しい。ともあれ、この病院にいる、まだ助手だが優秀な医者に任せよう。こうして引き合わされたのが、武《たけ》見《み》太郎《たろう》だった。

これを機に、中谷は生涯、武見と親しくつき合っていく。病気を治してくれたからということもあったが、それだけではなかったろう。

武見が初めて中谷を診察したときのことである。身体の右側を下にしてベッドに寝かせ、胃が内容物の重みでどれだけ下がるか、触診で調べた。つづいて左側を下にして、同じようにどれだけ下がるか調べる。「なるほど、これは重力を用ひる実験である。これは面白い」と中谷は思い、「すつかり機嫌がよくなつた」。いかなる場面でも「患者を実験材料だと心得て診察を行なふ」武見に、中谷は同じ科学者として信頼を寄せるようになっていった。

一方の武見も、初診で中谷の語る「病歴の要を得た正確さ」に驚き、「恐るべき患者であること」

を直感していた。「中谷君は試験官であり、私は受験生と云う立場にいたことは彼の目で判った」と後に回想している。事実を踏み台に真実を探り当てていくことを仕事とする者どうし、通ずるものがあったのだ。

武見の治療により、中谷の病は一九三九年の春ごろまでに完治し、八月には一家揃って、伊東から札幌の自宅（南四条西十六丁目）に戻る。これにあわせ、中谷自身が設計したペーチカ暖房の防寒住宅ができあがっていた。

中谷の伝記は、多くが「一九三六年秋から二年間、伊東で静養した」という趣旨の記述をしている。こうした記述からは、「二年間ずっと伊東に滞在していた」という印象を受けるが、実際にはその間、東京に出かけることがあったし、札幌にもたびたび来ている。

安倍能成と小宮豊隆

伊東で療養していた頃、中谷は近隣の別荘地に集まる文化人たちと交流を持つ機会が少なくなかった。そうして知遇を得た人物の一人に、安倍能成《あべよししげ》がいる。中谷より一七歳年上の安倍は、第一高等学校に在学中から岩波茂雄《いわなみしげお》や小宮豊隆《こみやとよたか》らと交流を持ち、東京帝国大学文学部哲学科に入学してからは夏目漱石《なつめそうせき》とも近づきになった。大学卒業後は文芸評論を発表するほか、『哲学叢書』（岩波書店）の編集にも加わっていた。

少し先のことであるが、中谷のもとで助教授として雪の研究に従事した花島政人が、安倍能成の長女と結婚する。媒酌人は中谷夫妻だった。また中谷の親友高野與作《たかのよさく》の長女が、岩波茂雄の二男雄二郎《ゆうじろう》と結婚する。媒酌人は安倍能成夫妻だった。

安倍能成は、夏目漱石門下の論客で一つ年下の小宮豊隆と親しかった。小宮は「分析的批評家」の先駆的存在とされ、『漱石全集』（岩波書店）の編集や解説にも、実証的で分析的な批評精神を発揮する。この小宮が、中谷に初めての随筆集『冬の華』の出版を勧め、序文も書いてくれたのだった。安倍能成と小宮豊隆の名は、これから先も目にすることがあるだろう。

3　別の潮流

積雪地方農村経済調査所

中谷が雪の結晶を人工的に作ることに成功した、ちょうどその頃、ほかの場所でも雪の研究が本格的に始まっていた。日本で雪の研究を推進したのは、中谷宇吉郎だけではなかったのである。中谷の知名度に惑わされ、ほかの研究を見逃してしまうことは、避けねばならない。

一九三三年、山形県最上郡新庄町（現在の新庄市）に、積雪地方農村経済調査所（略称「雪調《せっちょう》」、通称「雪害研究所」）が設立された。雪国における経済を立て直すために、雪が人々の暮らしや経済に及ぼす影響を調査し、改善策を人々に指導することを目的に、農林省が設けたのである。

雪調は、設立後ただちに、積雪の分布や、雪害の防除方法、雪の利用などについて調査研究を開始した。しかしやがて、「積雪の経済的関係を調査研究し之が対策を講ずる為には、どうしても積雪そのものの性質を、もっと根本的に、科学的に究明するのでなければこの問題を取扱ふことは困難であるといふこと」がわかってきた。

そこで一九三六年七月、どのように研究を進めたらよいか相談するため、東京の学士会館に五名の研究者が集まった。平田徳太郎《ひらたとくたろう》（農林省林業試験場）、黒田正夫《くろだまさお》（理化学研究所）、中野治房《なかのはるふさ》（東京帝国大学理学部植物学教室）、福井英一郎《ふくいえいいちろう》（東京高等師範学校）、今村学郎《いまむらがくろう》（東京文理科大学）である。

九月にも同じメンバーでもう一度会合をもち、具体的な検討を進めた。その結果、積雪研究会を組織することになった。物理学、建築学、植物学、作物学、地理学の五部門を設け、部門ごとに委員を定め、その委員の責任の下に他の一般研究者を置いて「統制的に研究する」ようにした。

積雪研究会の視察旅行
白い雪菜を手にしているのは中野治房，その右が中谷宇吉郎（横顔）。

中谷はこの九月の会合に出席していなかったが、黒田の誘いで物理学部門の委員に就いた。一九三七年初め頃の積雪研究会メンバーは、所長の山口弘道《やまぐちひろみち》のほか、中谷や、平田徳太郎、黒田正夫、早稲田大学理工学部の今和《こんわ》次郎《じろう》など、一〇名であった。

視察旅行

積雪研究会では、一九三七年一月に、山形県を中心に視察旅行を行なう。中谷は前年の一〇月から伊東で療養生活に入っていたが、所長の山口から視察旅行の案内を受け取った時は、札幌に一週間ほど滞在して研究室メンバーのために実験の手配をしているときだった。そこで札幌から伊東へ帰る途中、視察に参加することにした。

一行は、一月二三日夕方、赤湯温泉の御殿守に集合。翌日、自動車に乗って米沢市に向かい、市内の雪害状況を視察した。鉄棒が雪の重みでぐにゃりと曲がっている様子、雪で倒壊した帝国人絹工場、雪菜の栽培状況などをつぶさに見た。

中谷は一行より一足早く、この日の夜に東京行きの列車で帰途についた。療養生活の合間を縫って視察旅行に参加したものの、やはり体調がよくなかったのだろうか。

関心の違い

中谷は著書『雪』のなかで、この積雪地方農村経済調査所に言及し、「私も雪に関する研究をしている関係上、この「調査所」を度々訪れ、いつも雪に苦しめられる人々の生活を見て、その災害の恐るべき姿を見」たと書いている。

しかし、中谷の関心は、雪調に集う他の研究者たちの関心と、明らかに位相が違う。平田徳太郎や黒田正夫、今和次郎らの関心の対象はあくまでも積雪であり、積雪がもたらす害をいかに防ぐかである。それに対し中谷の主たる関心は、「この地上に積つた即ち積雪に就いてではなく、主として地上へ降つて来る迄の雪の状態についてである」。

この時期、我が国における雪の研究には、二つの潮流が存在したのである。そして一方の拠点、積雪研究会のほうが母体となって、日本雪氷協会が一九三九年三月に誕生した。

積雪研究会は一九三六年、「雪に関する内外の文献資料の抄録を各委員が分担して作成する」ことを目的に、東京在住の研究者を中心に「雪の会」を立ち上げた。ところがその会はすぐ、雪の研究全般について会員以外も参加して意見交換する場として機能するようになる。その結果、「雪の会」をもっと本格的な全国的組織に発展させようとの意見が出てきて、日本雪氷協会の設立へとつながったのである。同協会は、まずは『月報』を、四一年からは雑誌『雪氷』を発行して、研究者たちの情報交換、研究交流に大きく貢献した。

日本雪氷協会の初代理事長は平田徳太郎、常任理事に黒田や今、山口ら七名が就き、中谷も理事に名を連ねた。

今和次郎との出会い

雪調では、建築家であり早稲田大学教授でもある今和次郎らを中心に、農家の家屋を改善することで生活改善を図ることが試みられた。雪調の敷地内に試験家屋を建設し、一九三八年春から実際に農家家族に住んでもらって効果をみる、という実験を行なっている。

中谷と今和次郎が、物理学者と建築家という専門分野の違いを超え、この雪調という舞台で出会っていることに注目しておきたい。二人が、親しく交流したという記録はない。しかし中谷は『雪』で、試験家屋の試みについて、「かういふ「実験」をして見なくては分らないことが幾つも知られた」と紹介している。今という人物に注目していたに違いない。

その今和次郎は、一〇歳年上の叔父、今裕《こんゆたか》（今和次郎の父・今成男の末弟が今裕）と懇意だった。和次郎がまだ東京美術学校図案科に通っていたころ、東京慈恵会医学専門学校の教授だった叔父の病理解剖室で、解剖スケッチのアルバイトをしたこともある。その今裕は、一九一九年に北海道帝国大学の医学部教授となり、一九三四年に「細胞の銀反応の研究」で同大学の教授として初の学士院賞を受賞して学内から畏敬を集め、一九三七年一二月には総長に就任する。敗戦後の一九四五年一一月まで、今裕は北海道帝国大学において中谷のよき理解者であった。

4 雪の研究だけに非ず

電気火花の研究

関戸弥太郎が一九三二年の春に入学したとき、「中谷教室の二つの大きな実験室は、軟X線の実験装置と、電気火花撮影用霧箱装置とでそれぞれ占められて」いた。また関戸と同期の多田元一《ただもといち》は、二年目の物理学実験の授業（一九三三年度）で中谷から、回転グラインダーに鉄棒を擦りつけたときに出る電気火花の帯電について調べるというテーマを与えられた。寺田寅彦の長男東一《とういち》も、一九三二年から中谷の助手（三四年一〇月から講師）となり、電気火花や塵埃の帯電現象について（ウィルソン霧箱を使って）中谷とともに実験を繰り返していた

そして中谷はといえば、「ウィルソン霧箱による電気火花の研究」というテーマで、服部報公会から一九三四年度に一二〇〇円、三五年度に一三〇〇円、さらに三六年度に九〇〇円、それぞれ研究資金の援助を受けていた。*

*服部報公会とは、服部時計店の創業者服部金太郎《はっとりきんたろう》が、一九三〇年に私財三百万円を投じて設立した財団法

人である。四つある事業の柱の一つが「一般学術の特殊なる研究又は調査の奨励援助」であった。申請すると、審査のうえ一年間（最大三年間）資金援助を受けられる。

これらからわかるように、少なくとも一九三五、六年度頃までは、雪の研究だけでなく「ウィルソン霧箱による電気火花の研究」も中谷の重要な研究テーマだった。当然のことながら、常時低温研究室のような施設でもない限り、雪の実験的な研究は冬にしかできない。だから、そうした施設ができるまでは、冬でなくても実験できる別の研究テーマがあったはずだ。「中谷研究室の雪の研究はシーズンになると一切の研究を中止して全力を挙げてこれに取り掛かり、話題もすべて雪に切り変えられる。その変化振りは実に鮮やかであった」という多田の回想も、このことを裏付けている。

『服部報公会六〇年小史』に、こんなエピソードが記されている。「中谷宇吉郎理博のように、一般学術の特殊な研究に対する援助を、戦争による情勢の変化で研究を中断せざるを得ず、研究費の残額と利子を報公会に返却されるという、哀しいことながらも美しい逸話もあった」。三年目、一九三六年度分の助成金は、受け取ったものの中途で研究を止め、残額を返却したのだろう（一九三四、三五年度分については、研究成果の報告がなされている）。

たしかに、一九三六年は多忙だった。三月に人工雪の作製に成功し、六月には斜里郡での日食観測のサポートをし、秋にむけ人工雪を天覧に供する準備も進めねばならなかった。一一月以降は、体調を崩し伊東に引っ込んでしまった。「研究を中断せざるを得ず」というのも充分に理解できる。でもその理由は「戦争による情勢の変化」ではない。あるいは、病気から回復後、一九三六年度分の仕事をしようと思っているうちに戦雲が漂ってきて、それどころでなくなった、ということだろうか。

中谷は、随筆など一般読者向けに著わした啓蒙的書物で有名なせいか、物理学を専門的に学ぶ人に向けて書いた著作については、余り知られていない。そこで、彼が一九三〇年代に著わした、こうした著作について見ておこう。

物理学の専門書

寺田寅彦が中谷の師であったことは、よく知られている。それに加え中村清二《なかむらせいじ》も、実験物理学を専門とする中谷にとって、寺田に次ぐ師であった。その中村が企画した『物理実験学』叢書（全一二巻）で、一部を担当させてもらった。第一巻の「物理実験室装備」の項（中村と共著）、第二巻の「一般物理実験（測定法・物性・熱・音響）」の項（助教授の吉田順五《よしだじゅんご》と共著）である。

同じころ『岩波講座　物理学』でも、吉田順五の協力を得て『実験測定法』を著わし、『岩波講座　物理学及び化学』には『気体内電気現象』を一人で執筆している。

先に見たように、中谷は北大に着任したあとも、火花放電の研究を続けていた。そして『科学文献抄』シリーズの一冊に『火花放電の近年の研究』を執筆する。

原子物理学の分野で荷電粒子の飛跡を観測するのに広く用いられていた、ウィルソン霧箱という装置がある。中谷はそれを火花放電の研究に利用することを、海外の何人かの研究者とほぼ同時期に着想し、一九三四年に発表していた。『火花放電の近年の研究』（一九三六年三月）ではその手法を、自らの研究成果も含め詳しく紹介している。それどころか同年一〇月には、自らが寺田東一とともに進めてきた研究の成果など、この間の新たな進展を書き加えた「追補版」も出した。

物理学の著作を執筆するせっかくの機会を、逃してしまったこともある。一九三六年の秋から、療養生活を余儀なくされたためである。

幻に終わった書

この年の夏頃から、理化学研究所の仁科芳雄を中心に『量子物理学』講座を共立社から刊行する計画が進み始めた。仁科は中谷に、フランク＝ヘルツの実験から出発して原子や分子などの衝突現象について五〇ページほどの分量で執筆してくれるよう依頼した。

中谷はそれを引き受け、文献を読み始める。「共立社の講座の件承知しました。御指図の如くとりあへず少し宛読みかけて見ませう。どうせ実験の方しかろくにかけませんが、その点は何卒御了承を御願ひします」と仁科に書き送っている。

ところが仁科は、同年の秋、「人から伝へ聞きますと胃カイヨウの疑がある」と知る。そこで中谷と相談し、担当者を同じ北大理学部の教授堀健夫《ほりたけお》に変えた。『衝突現象』は結局、堀の著作として刊行され、中谷の『衝突現象』は幻に終わった。

5　飛躍の一九三八年

服部報公賞

服部報公会では、研究助成のほかに、「国家及社会に対し有用なる発明発見又は研究を成就したる者に対する感謝及賞金（報公賞）の贈与」も行なっていた。中谷は一九三八年、その服部報公賞を「雪の研究」で受賞する。仁科芳雄が、湯川秀樹《ゆかわひでき》と並んで中谷も推薦してくれたのだ。

受賞者の正式発表は一〇月を待たねばならないのだが、中谷には仁科が、受賞が内定した旨を内々に伝えたのであろう。中谷は七月九日付の仁科への手紙で、率直に喜びを表わしている。「お陰様で漸く日本の学界でも認めて貰へることになり、休んでゐても北大の本部に対しても少々顔が良くなり、その上多額の賞金を貰ひ大変工合がよく喜んで居ります」。肝臓ジストマで大学を休んでいることに、後ろめたい思いがあったのだろう。

「授与式の際の講演は大変名誉でもあり喜んで御引き受け致します。幻燈を主とした講演の方がよろしく」思いますと書いて、心は早くも授賞式に飛んでいる。「清水さんの映写幕を借りましたから明るい所で幻燈を使って諸先生方を一寸驚かしたいと楽しみにしてゐます」とも書いている。中谷の雀躍ぶりが目に浮かぶ。*

＊「清水さんの映写幕」とは、物理学者の清水武夫《しみずたけお》が考案したもので、通常の映写幕（スクリーン）のように反射光で映像を見せるのでなく、スクリーン裏側からの透過光で映像を見せる。テレビ画面などのように画面自体が光源となるので、明るいところでも像が見える。中谷はこの映写幕を非常に高く評価し、随筆「明室映写幕の話」などでも取りあげている。

『雪』　中谷の著作として最もよく知られているのは『雪』であろう。一九三八年に創刊された岩波新書の、第一回発売分二〇冊の一つとして世に出たものである。

二〇冊の第一冊目は、クリスティー著『奉天三十年　上下』だった。岩波新書はもともと「時勢に反抗する心持で企画された」、だからこの新書を出すことで「日本人のやり方を批判したのだと考えられそうな」本を第一冊目にしよう、社主の岩波茂雄がそう決断したのだ。二〇冊の中にはこのほかにも、津田左右吉《つだそうきち》『支那思想と日本』や松本慎一《まつもとしんいち》『独裁政治の三巨頭』など、時局がらみの本が含められた。

とはいえ、そういう類いの本ばかりでは時節がら「存続出来ないだろう」と、斎藤茂吉《さいとうもきち》『万葉秀歌上下』や久保田万太郎《くぼたまんたろう》『春泥・花冷え』のような、時局に関係ないものも半数以上入れることにした。中谷の『雪』も、そうした一冊と位置づけられていたことだろう。

「序」によると、この本を書くにあたっては岩波書店の編集者小林勇が「大変力瘤を入れてくれ」、中谷がすでに雑誌や新聞に書いていた雪についての記事の中から適当なものを選び出してくれたり、雪についての古い文献や新しい雪国生活の記録を持ち出してくれた。だからこの本の一部は「小林氏との共著と云ってよい位」であり、「茲に銘記してその好意に深く感謝する次第である」と結んでいる。

「雪は天から送られた手紙である」という句は、本書の最後に登場する。しかし当時、特に注目されたという形跡がない。この句が有名になるのは、随筆家としての知名度がもっと高まってからのことであろう。

随筆家としてデビュー

中谷が、初めての随筆集『冬の華』を岩波書店から出し、随筆家としてデビューしたのも一九三八年である。この意味でも一九三八年は、中谷にとって飛躍の年だった。

中谷が専門論文以外の文章を発表することを、師の寺田寅彦は禁じていた。若いころ理学部の雑誌に発表した随筆を読んで、文章がうまいだけに身を誤るといけないと考えたのである。その禁が、一九三四年夏ごろに解けた。朝日新聞学芸部の記者だった相島敏夫《あいじまとしお》が、こんなエピソードを書き残している。

一九三四年七月のこと、相島が寺田寅彦に随筆の執筆を依頼したところ、こんな返事が来た。「此頃少し忙しいので随筆の方は九月以後に御願致し度存じます。科学欄の記事供給には北大の中谷宇吉郎君適任と存じます。来月初旬〔中谷が〕上京しますからその時一度御会ひ下さっては如何と存じます」。そこで相島は、上京した中谷に理化学研究所で会い、原稿を依頼した。

朝日新聞の科学欄に一九三四年一一月に連載された「雷及び発光の話」がそれであると相島は書いているのだが、この連載は見あたらない。他方、中谷が「随筆的なものに手を染め出したのは、一九三五年二月、東京朝日新聞の「科学時評」からである。これが好評で、随筆執筆の依頼を受けるようになった」とするものもある。

正確なところは分からないが、寺田からの許しが一九三四年ごろに出たことは間違いないだろう。妻の静子によると、寺田が自分のことを記者に紹介してくれたと知った中谷は、「新聞や一般雑誌に書いてもよいと、寺田先生からはじめてお許しが出たよ」と、とても喜んだという。

若き中谷の随筆

随筆家として令名高い寺田寅彦が、「文章がうまいだけに身を誤るといけない」とまで思った、若き中谷の随筆とは、何だったのだろうか。彼の学生時代まで、時を遡ってみよう。

中谷は、一九二二年四月に、東京帝国大学の理学部物理学科に入学する。そのころの中谷について、同級の和達清夫《わだちきよお》が書いている。

> 新入生が始めはお互いに遠慮しているなかで、中谷君は一番早く誰とでも懇意になれた。中背白面で、何よりも人なつこい微笑と理知的の眼が印象的であった。……〔同じ第一高等学校からたくさんの者が来た〕私たちの仲間はすぐ中谷君と懇意になり、それが同級生全体を打ちとけさせるということになったのも中谷君の人柄の故である。中谷君はそういう人なのである。
>
> 頭はいいし話は上手だし、何よりも人に接するときの明るさが、いつか中谷君を級の中心人物にした。同級生から代表が出るというような場合は、自然に中谷君が推されることになり、また実にその期待にこたえた。

中谷のこうした人柄を示す格好の事例は、理学部会委員としての気炎万丈の活躍である。たとえば、「科学普及と云ふ、会本来の目的にもかなひ、よい意味に於ける理学宣伝にも」なるよう、地方を廻って講演するという企画を打ち出した。教員たちも賛成し、いろいろ助力してくれた。

一九二四年の夏休みに、中谷を含む六名の学生と片山正夫《かたやままさお》教授（化学）で四泊五日（うち車中二泊）の講演旅行に出かけ、浜松、静岡、松本で講演した。中谷は松本高等学校で「科学雑感」と題して講演する。

中谷は、『理学部会誌』第一号に「地方講演旅行の記」と題し、このときの様子を記している。若き中谷の情感があふれる文章だ。たとえば静岡での講演、聴衆はなんと六百名以上、そのうち二百名ほどが女学生であった。

聴衆がこんな工合であるから、学生には大骨である。然し愈々になると、度胸が定まると見えて、平気相に説明して居る。素敵に、素敵に、を連発して、女学生に笑はれて、チョークを取り落した等と云ふ逸話もないではないが、兎に角成功であつた。

中谷は、『理学部会誌』の第一号に随筆「九谷焼」、第二号に詩「赤倉」、第三号に随筆「雑記」、第六号に随筆「御殿の生活」を寄せた。寺田寅彦も第一号から随筆を寄せているので、自ずと中谷の随筆を読むことになった。

中谷は「原稿が足りなくなる毎に何か書かねばならなかつた」とし、そのことが随筆を書く機縁になったと『冬の華』の「後書」に記している。しかし会誌の編輯後記を見る限り、原稿そのものの不足を託《かこ》っている様子はない。

第二号の編輯後記に編集者の一人鈴木桃太郎《すずきももたろう》が、「毎度の事乍ら、先生の原稿にスッカリ気圧されたのは、残念である。学生がもう少し、頑張つてほしい、遠慮してゐるのか、何だかしらないが、とに角もつと貰ひたいものである」と書いている。中谷も、「会誌は閑文字許りで、有益な分がちつともないと思つて、教室だよりを載せた」と記している。こうしてみると中谷が健筆を振るったのは、原稿そのものが足りなかったからではなく、いいと思える原稿が足りなかったから、と解釈するほうが適切ではなかろうか。

『科学普及叢書』

理学部会のもう一つの活動も、中谷の活躍ぶりを教えてくれる。理学部会では、教授たちを講師にして「正統的な、科学通俗講演会」を開催するとともに、講演を小冊子にして世に出すことも行なった。「謬られ勝ちの、科学の通俗化の中に、幾分でも真摯なものを伝へて、科学そのものの通俗化よりも、むしろ、科学的考察の方法が、正当に、広く、理解されること」を願っての活動である。

第一回目の講演会は、一九二三年の一二月三日、地震学の教授今村明恒《いまむらあきつね》を講師に招いて、「地震の理論と今回及び今後の東京地震」と題して開催した。関東大地震から三ヶ月後のことでもあり、会場の工学部講堂は五百名の聴衆であふれかえった。講演を筆記し、今村の校閲をえたうえで、小冊子にして販売したところ、一五〇〇冊ほど売れた。

その小冊子の奥付を見ると、発行所こそ東京帝国大学理学部会であるが、編集兼発行人は中谷宇吉郎で、中谷の自宅住所が書かれている。そして中谷が遺した『ノート』には、今村の講演が二五ページほどにわたり走り書きしてある。講演の筆記から、それを小冊子にまとめるまで、一連の作業を中谷が行なったのであろう。精力的な活動ぶりである。

理学部会の講演会をもとにした小冊子は、第三輯から、東京帝国大学理学部会編『科学普及叢書』シリーズとして岩波書店より出版されるようになり、中谷の名前が奥付から消える。ただし、第三輯に収められた桑木《くわき》厳翼《げんよく》の講演「科学に於ける哲学的方法」を記録にとったのは、中谷だと思われる。前出の『ノート』に、今村のものに続いて走り書きしてある。

映画「雪の結晶」

一九三八年の暮、中谷のもとに「面白い申込み」があった。東宝映画会社の専務がやってきて、岩波新書の『雪』がたいへん面白いのでこれを映画にしたいという、しかも「外国の文化映画が益々良くなつて、何とかして独逸なんかの物に負けないやうな奴を一つ作りたい」というのだ。

中谷は考えた。結晶の成長を映画に収めることができれば、成長の過程を時間を追って見ていくことができる。それに、撮った映画に英語のナレーションを入れ、自分の身代わりとして国際雪委員会に出席させることだってできる。

翌年の九月にワシントンで国際雪委員会の第二回大会が開催され、世界中から雪の研究者が一堂に会することになっていた。その大会に出席するかどうか、中谷は迷っていたのだ。なにせ、病気から回復したばかりだったから。

東宝に相談したところ、「全部無料で作つてあげませう、その代り日本語版は国内で上映する」ということになった。製作費用は約二万円だという。「当時の二万円といふのは、大学の私の研究費の十年分に相当する額」で、「大変有難い」話だった。

なお、戦前に作られたこの映画「雪の結晶」は、今日では全体を見ることができない。関係者が、現在入手可能なオリジナルのフィルム断片から再現を試みたが、最初の六分間ほどが復元されただけである。

『ネイチャー』に掲載された中谷論文のクローズアップから始まり、雪積もる札幌の街並み、北海道帝国大学理学部の建物、総長の今裕、そして中谷が紹介されたあと、十勝岳での観測の様子や、様々な結晶形とその分類へと話が進んだところで途絶えている（人工雪の実験は含まれていない）。

ワシントンで上映

映画は、ワシントンで開催された国際水文学協会の、九月九日のセッションで上映された。* 中谷本人が出席できないので、日高孝次《ひだかこうじ》（神戸の海洋気象台に勤める海洋物理学者）に持参してもらったのだった。

*国際雪委員会は、国際氷河委員会などとともに、国際水文学協会に所属していた。そして水文学協会や気象学協会などいくつかの協会が集まって、国際測地学地球物理学連合を構成していた。水文学（hydrology）とは、河川を流れる水や、地下水、降雨や降雪、氷河など、地表近くでの様々な水を対象に、そのふるまいを探求する学問である。

国際雪委員会の会長J・E・チャーチが登壇し、中谷から二本の映画フィルム（英語のナレーションとBGMつき）を受け取ったことを紹介する。雪の結晶が成長していくようすを捉えた「雪の結晶」と、十勝岳で天然雪の結晶を観測する様子を収録したものである。

チャーチによる紹介が終わると日高が立ち上がり、国際雪委員会にこれらのフィルムを寄贈するという中谷の意向を伝えた。

いよいよ上映開始。会場の参加者も、この頃には百人ほどに達していた。水文学協会のメンバーに加え、気象学協会のメンバーたちも、映画を見るために自分たちのセッションを休会にして会場にやってきたのである。中谷がこの映画を寄贈してくれたこと、そして日高が携えてきてくれたことへの感謝が表明され、正午にセッションを閉じた。

その後、一二日のセッションでは、チャーチの発議により、この映画を米国内さらには海外の研究機関で巡回上映することを決議した。

実際に、米国内の様々な場所で上映された。チャーチの足もとネバダ大学はもちろん、スタンフォード大学やブラウン大学で、あるいはオハイオ州で開催されたアメリカ気象学会の年次大会で、さらにはミネソタ州のある高校で千名の学生を前に上映されたこともある。

中谷のほかにも

ワシントンの国際会議で映画が好評を博したことを、中谷はとても誇りに思っていた。随筆にも、たとえばこう書いている。

［日高に託したフィルムが］幸ひ好評であつたらしい。私の方へは、国際水文学協会よりの正式の感

謝状が届けられた。雪及び氷河委員会のこの総会の報告では、私は出席者として取扱はれ、アナウンスを全文掲載し、それに二三名の会員の討議《ディスカッション》がつけ加へてあつた。

こうしたエピソードが随筆に登場することで、雪の研究者中谷宇吉郎の名声もますます高まっていった。

しかし、中谷は知らなかったかもしれないが、ワシントンの大会で上映されたのは、中谷の映画だけではなかった。スイスの研究者による、雪崩についての研究方法を解説した映画のほか、アメリカの研究者による、シエラネバダ山脈での積雪調査のようすを描いた映画も上映された。そしてこれらについても、チャーチの提案で感謝の意が決議された。

米国内で映画を巡回上映するという点でも、チャーチは中谷の作品だけでなく、スイスの雪崩に関する映画も一緒に巡回させたかった。ただ、スイスの映画は大会が終わると持ち帰られてしまったので、それができなかったのである。

したがって、中谷の映画だけが突出して高い評価を受けたわけではなかった。また雪の研究に、あるいは科学の研究に映画を利用するという点で、中谷が世界の先頭を走っていたわけでもない。

とはいえ、中谷の映画が聴衆の強い関心を引いたことも確かである。その要因には、雪の結晶を人工的に生成するという中谷の気象物理学的な研究が、水文学の観点から雪を研究する学者たちにとって異色のものだった、ということがあるのではなかろうか。

公式の寄贈とする

すでに述べたように、中谷に代わって映画を携えていった日高孝次は、一九三九年九月九日、この映画を国際雪委員会に寄贈するという中谷の意向を会場の人々に伝えた。そのことは、議事録に記されている。映画を寄贈してくれたことに委員会として謝意を表したことも、一二日の議事録に記されている。

しかしその後、一二月二一日になって北海道帝国大学の今総長がチャーチに宛て手紙を書いている（大学の便箋を用いているが、公文書ではなく私信である）。中谷の製作した雪の結晶の映画を「公的に寄贈してほしいという、貴殿の十一月十七日付の依頼に」喜んでお応えします、「私たちの大学が、雪の物理学の分野で燦然と輝く」ようになる、よい機会ですから、といった内容である。

チャーチは中谷からの依頼に応えて「公的に寄贈してほしい」と申し出たのだった。中谷がそう依頼した確かな理由は不明だが、追い風を得ようとしたのかもしれない。なにせ、国際雪委員会の会長という高い地位にある人物からの寄贈依頼を得れば、ちょうどその頃に佳境を迎えつつあった低温科学研究所の設立（次章参照）に向けた運動にも好材料となり得ただろうからである。

天皇にも

中谷の映画がワシントンで注目を浴びている、ちょうどその頃、日本では昭和天皇もその映画に興味を示していた。七月六日に開催された帝国大学総長会議の折、「大学に於ける特殊研究」はとの下問に対し、今裕北大総長が中谷による雪の研究と映画のことを上奏したところ、「御覧を御希望になる」。そして九月三〇日、「……御食後［夕食後］、「雪の結晶」（東宝文化映画部製作・北海道帝国大学教授中谷宇吉郎指導）などの映画を御覧に」なったのである。

一一月一〇日には文部省が映画を献上する手続きをとった。北海道帝国大学の理学部に「映画雪の結晶全一巻購入費　七百」円が、秋に臨時費の一部として配当されたのは、献上用映画を購入するためだったのだろう。

映画「雪の結晶」が天覧に供されたことは新聞でも報道されたから、このこともまた中谷の名声を高めることに寄与したに違いない。

なお東宝文化映画部では、「雪の結晶」が「米の学会にまで進出したのに勢ひを得」て、「日本的な独特なものに取材し」た科学映画を、さらに四本、製作することを計画した。「凍上の話」「冬の華」「線香花火」「雷」である。いずれも中谷が企画構成を担当し、吉野馨治《よしのけいじ》が撮影の予定であった。しかしいずれも実現はしなかったようだ。「冬の華」に相当すると思われる「霜の花」は戦後に実現するが。

中谷は、凍傷の映画を作ったと（医学部の柳壮一と協同でだろうか）、戦後に述べている。しかし詳細は、完成したのかどうかも含め、不明である。

6　幅広い交友関係

関心を喚ぶ常時低温研究室

常時低温研究室は科学者以外の人たちにとっても関心の的となった。低温を体験し、人工的にできる雪の結晶を見るために、荒木貞夫《あらきさだお》文部大臣のような政治家から、文化人、女学生まで、様々な人たちが訪ねてきた。

随筆家の森田《もりた》たまも、哲学者の谷川徹三《たにがわてつぞう》、作家の阿部知二《あべともじ》を同道してやってきた。そして、防寒具で身を固め低温室に入ったときの様子を、随筆「ふるさとの雪」に書いた。「科学知識といふものを私は一つも持つてゐない」と自認する森田である。科学者たちとはいくぶん違う視点から中谷の研究に関心を寄せ、独自のことばで細部を描写する。

「ふるさとの雪」は、随筆集『針線余事』に収められた。扉絵には、中谷の描いた墨絵が用いられている。『針線余事』は、中谷宇吉郎の名や雪の研究のことを、科学に特段の関心をもたない人々にも広めることに大きく与ったことであろう。

野村胡堂の作品を愛読

野村胡堂《のむらこどう》（本名、野村長一《おさかず》）といえば、小説『銭形平次捕物控』の作者である。一九三一年の「金色の処女」を皮切りに、戦後の一九五七年まで二六年間にわたり、長編と短編あわせて三八三編を続々と発表する。中谷はその胡堂の作品を愛読していた。

戦後の一九五〇年のことであるが、「『銭形平次』の研究」と題した一文を雑誌に書き、捕物帖は「まげ物と推理小説と肉体文学とのカクテルである。そしてこの三者は、ともに大衆の最も愛好するものである」、だから多くの読者を獲得し、出版社もどしどし発行してくれるのだと、「銭形平次」の人気を分析して見せている。また、作者胡堂にまつわるエピソードを紹介しながら、こう「人柄がよい」から、「銭形平次」を読み終わった時の後味が良いのだとも言う。

中谷が胡堂と親しくなり手紙も交わすようになったのは、理学部の同僚で数学教授の吉田洋一《よしだよういち》が夫婦そろって胡堂と親しかったからである。特に勝江《かつえ》夫人がずっと昔から親しかったのだという。ちなみに吉田勝江の名は、「若草物語」の訳者として広く知られていた。

岡潔への支援

岡潔《おかきよし》といえば、今日の多変数関数論をほとんど独力で確立したとも評される、日本の近代を代表する数学者である。「多変数解析函数に関する研究」で一九五一年に日本学士院賞を受賞するほか、一九六〇年すぎからはエッセー集も発表するようになり、『春宵十話』では毎日出版文化賞を受賞する（一九六二年）。

その岡潔が中谷と初めて会ったのは、一九二九年五月、フランスのパリでのことだった。数学を学ぶためパリにやって来た岡が、滞在先を求めて日本館を訪ねたところ、ヨーロッパ留学中の中谷が先客でいたのだ。中谷の「顔は全体に鋭い神経がピリピリ走っていながら、同時にここにもなんとかやりくりして笑いを含んで」いるのを見て、「不思議な人だなあ、まるで木下藤吉郎のようだ」と岡は思った。

知り合った当初、中谷は毎晩八時になると岡の部屋に出かけて行って、「寺田物理学」について語ったらしい。岡は、そうした中谷に親しみを抱いていった。七月になると、中谷の弟、治宇二郎も、考古学を研究するためパリにやってきて日本館に滞在した。一〇月に中谷が次の目的地ベルリンへと旅立つまで、三人の充実したパリ生活が続く。

しかし治宇二郎は、やがて病みがちになり、一九三二年四月に志半ばでマルセイユから帰国の途につく。それまでの間、治宇二郎を物心両面で支えたのは、岡夫妻であった（中谷は、一九三〇年二月には、アメリカを経由して日本に帰ってきていた）。

中谷が親交をもった人々

前列左から藤原咲平，武見太郎，仁科芳雄，後列左から岩波茂雄，中谷宇吉郎，一人おいて小林勇，藤岡由夫（1938年頃）。

岡も一九三二年五月に帰国し、広島文理科大学の助教授として数学の研究にいそしむ。ところが、ときに奇行が目立つようになり、大学での地位も危なくなる。

その間、今度は中谷が岡のために、治療してくれる医師を紹介したり、大学を休職し伊東で静養することを勧めたりと（中谷もちょうど伊東で療養中だった）、何くれとなく支援する。弟の治宇二郎が世話になったことへのお礼という気持ちもあっただろう。

岡は結局、一九四〇年に広島文理科大学を辞職し、経済的にも困難を抱えるようになる。そこで中谷は、北海道帝国大学に職を用意してやった。理学部数学科の功力《くぬぎ》金二郎《きんじろう》教授に相談し、「理学部に於ける数学研究補助」の仕事をできるようにしたのである（しかし岡は、この地位を一九四二年一一月に自ら棄ててしまった）。

中谷は、岩波茂雄にも働きかけた。岩波が一九四〇年の秋に始めた風樹会から経済的な支援を受けられないかと考えたのである。そして岡は一九四二年秋頃から、風樹会より奨学金をもらい始めた（一九四九年まで）。

第三章　戦争一色の時代に

1　凍上の研究

鉄道にとっての大問題

北海道に初めて特急列車が走ったのは、一九三二年秋のことだった。東海道に超特急が走る時代に「北海道と東北だけ継子扱いはひどい」と鉄道省が東京札幌間に走らせ、所要時間を三時間短縮したのである。そして鉄道網の拡充も進み、北海道内の鉄道旅行、鉄道輸送は次第に便利になっていった。

ところが、北へ東へと路線が延びていくにつれ、日本の中でも気温が低い北海道に特有のやっかいな問題が浮上してきた。冬期に起きる、線路の凍上である。

凍上とは、冬期など気温の低いとき、地中にできる霜柱により地面が持ち上げられる現象だ。持ち上げる力は、一平方メートルあたり、なんと一五〇トン以上にも達する。持ち上がる量は、場所によって違う。そのため鉄道線路の下で凍上が起きると、たいていは線路全体が一様に持ち上がるのでなく、あちらこちら（前後左右）がばらばらに持ち上がって列車に大きな揺れをもたらし、ひどいときには脱線さえも引き起こしかねない。

冬期の気温が低く、また凍上を起こしやすい地質の地域ほど、凍上の量が大きい。北海道では、雪の多い日本海側よりも（積雪は保温材の役目をはたす）、雪の少ない太平洋側（道東地域）で凍上が激しい。

線路の凹凸は通常であれば砕石部分で調整するのだが、冬期は凍結していて、これができない。そこで、枕木とレールの間に薄い木製の板（はさみ木）を挿入することで、凹凸がなだらかになるよう、レールの高さを調節する。一九三九年度の記録を見ると、道東地区を中心に、路線によっては厚さ七五ミリメートルを超えるはさみ木が挿入されている。開通して間もない士幌線では、地盤がまだ安定していないこともあり、最大で二八三ミリメートルのはさみ木が用いられた。

はさみ木による対策は、対症療法でしかない。そこで一九三七年になると、根本的な対策を講じるべきだという動きが、北海道鉄道管理局のなかに出てきた。

一つには、人的あるいは費用的な面で、はさみ木による対応が大きな負担になってきたからである。はさみ木は、凍結が進行してレールが持ち上がる二〜三月に挿入し、凍結していた土が融けてレールが下がる四〜五月に撤去する。北海道ではレール総延長の四割近くの区間で、はさみ木が使用されていたから、膨大な箇所で、はさみ木を挿入しては撤去するという作業を、毎年繰り返さねばならない。

しかもその間、通常の保線作業ができないため、夏期の仕事に大きなしわ寄せが出た。また、はさみ木を取り換えるたびに犬釘や止釘を打ち換えるため、枕木が傷み、普通なら七〜八年もつ枕木が三〜四年で駄目になってしまう。戦局が悪化すれば、枕木が少なくなり、値段も高くなっていくと予想された。

もう一つには、根本的な凍上対策を施しておくことが軍事的にも必要、という事情があった。「鉄道の凍上対策が解決されてゐなければ、いざと言ふ場合に物資を動員し、人手を集めて、重点を注いで遺憾なきを期しても、凍上のため列車は顚覆し、線路は切断して、何んの役にも立たぬ結果となり、国防上まことに困つたことになる」（「低温科学と諸問題」）のだ。

北海道での研究

札幌鉄道管理局は、一九三七年八月、凍上についての本格的な調査を、三か年計画で開始した。しかし、凍上の発生原因がわかっていないと適確な対策をとることができず、鉄道関係の職員だけで対策を検討するのは難しいことがわかった。そこで同局は、一九三九年一一月、大学の研究者も含む凍上対策研究委員会を発足させる。

委員長と副委員長は札幌鉄道管理局の工務部長と保線課長がそれぞれ務め、委員（嘱託）には大学関係者などが就いた。北海道帝国大学の工学部から小野諒兄《おのりょうえ》教授と真井耕象《まないこうぞう》助教授、理学部から中谷宇吉郎、それに鉄道省工務局保線課から堀越一三《ほりこしいちぞう》技師、大臣官房研究所（のちの鉄道技術研究所）から渡辺貫《わたなべとおる》技師の五名である。各委員は、分担して作業を進めた。理学部の中谷は理論的な面から、工学部の二人は対策の面から、他の二人は軌道や土質の面から、それぞれ調査研究を担当した。

中谷たちは、名寄や、北見、釧路などの地域で現地調査を行なった。多くの場合、土曜日に夜行で現地に向かい、日曜日いっぱい現地で調査し、また夜行で月曜の朝札幌に戻るという旅程である。「小野先生、あるいは中谷先生いずれにしても、この大学者、老博士が自らドライバーを持ち、またノートを持って、掘鑿切断の穴の中に入って泥にまみれながら詳しく調査され、一つ一つを納得して行かれる様子にはまったく頭が下がる思いであった。これでこそ本当の原理が見いだされ本当の対策も生まれるのであろう」。当時、札幌鉄道局に勤務し調査に同行する機会の多かった小川清《おがわきよし》が、中谷たちの調査研究ぶりについてこう回想している。

研究の成果　中谷は、研究室のメンバーとともに現地調査を進め、さらに低温研究室で各種の実験をくり返して、凍上のメカニズムを解明していった。

関東平野の赤土などに、冬の寒い日、霜柱が立つことがある。その霜柱の根元は地表面にあり、温度は氷点（摂氏〇度）である。ところが北海道のように気温が急速に下がるところでは、氷点の場所（凍結面）が地中に下がっていき、地中に霜柱（氷層）ができる。これが凍上の原因となるのだ。そして凍結面が移動していく速さの大小によって、霜柱の出来ぐあいが違ってくる。

したがって凍上を防止するには、地中で霜柱ができないようにすればよい。地表の冷却を妨げるなり、地下水の供給を断つのも手だが、なかなか難しい。一番確実なのは、鉄道や道路の路盤を、凍結面の最も深いところまで、砂利や砂など非凍上性の土で置き換えることだ（置換工法）。

「最近のことであるが、満鉄にゐる私の友人のTが、御夫婦で突然札幌へやつて来た」、と中谷は随筆「霜柱と凍上の話」に書いている。Tが訪ねてきたのは、一九三九年秋のことだった。

満洲でも

まあ暫く話をしてゐるうちにふと気がついて、満洲の凍上の様子を聞いて見た。ところが、「実はそのこともあるので一寸君に相談に来たわけなんだ」といふ返事なので、少々驚いた次第なのである。

……従来はとにかく応急処置によつて、曲りなりにも冬期の運輸力を維持して来られたらしいが、愈ゝさういふ姑息な手段では、事変以来の爆発的な交通量の激増には対処して行けなくなつたらしい。それでTは、これは凍上の問題を根本的に解決しなければならないと腹をきめて、昨年からその研究の組織を作りかかつたのださうである。そして昨冬から少し手をつけて見たが、愈ゝこの冬から本格的な研究を始めることになつたといふ話である。

当然のことながら、満洲でも北のほうへいくに従い、冬の寒さが厳しくなる。満洲で子ども時代を過ごした高野悦子《たかのえつこ》は、こんなエピソードを書き残している。「大連と奉天〔現在の瀋陽〕では寒さが十℃違う。スケートのエッジを研ぐとき、大連式の研ぎ方では奉天では横滑りに転んでしまう。それだけ奉天の氷は固いのである。奉天とハルビンではさらに十℃も違った」。

東京帝国大学時代の中谷宇吉郎
左から親友の高野與作，山岸明。四高から一緒に東京帝国大学に進学した。

したがって南満洲鉄道株式会社（満鉄）でも、一九三一年までは新京（現在の長春）より南のほうだけだったので、凍上はあまり問題にならなかったのだが、配下におく鉄道が北方へ延びていくに従い、凍上対策が喫緊の課題となってきた。満鉄の誇る特急「あじあ」のスピードを時速一五〇キロから二〇〇～二五〇キロにするとき、保線管理の面で大きな障害となったのも、線路の凍上であった。

そこで満鉄では、一九三七年二月、奉天鉄道総局に酷寒対策臨時委員会を設置し、その下に五つの分科会を置いて、鉄道研究所を中心に、各地の現場と協力して研究を進めることになった。第一から第五までの分科会はそれぞれ、線路関係、一般土木建築水道関係、輸送関係、電気関係、車両および機械関係で、一九三八年度から本格的に活動を開始する。

線路関係を担当する第一分科会は、鉄道総局工務局保線課長の高野與作が委員長、ほかに、委員兼幹事二名、委員二七名、臨時委員一一名という構成である。保線課長の高野は、「全満鉄保線関係の人事権と予算の責任をも」っていた。

一九三九年秋に中谷を訪ねてきた「満鉄にゐる私の友人のT」とは、この高野與作である。

高野與作との交友

高野與作は、中谷が金沢の第四高等学校で出会った、一歳年上の親友である。回り道をして入学してきたので、中谷と同級だった。

高野は高校を卒業すると東京帝国大学の工学部土木学科に入学し、一九二五年、卒業とともに満鉄に就職する。そして大連鉄道事務所を振り出しに、大連保線区技術方、大石橋保線区助役、満鉄本社計画部技術員、撫順炭鉱工事事務所技術員、鉄道部技術員など、一貫して現場で働いた。

中谷に言わせると、「私の友人には不似合な度胸の良い男で、馬賊の頭目くらゐは悠悠と手玉にとつて、済ましてをられるやうな男なのである。その癖妙に頭が科学的に出来てゐて、現在［一九三九年］では満鉄一万粁の保線を一人で引き受けて、立派にやり終せてゐる」。

かつて高野は、瀋海鉄路（奉天と吉林（現在の長春）を結ぶ奉吉線の一部）での重責を果たし終えたとき、上司の河本大作《こうもとだいさく》から、褒美に何でも好きなものを与えると言われた。「現金で十万円欲しい」と答え、自分の月給の六〇〇倍のお金をもらう。でも全額を、ともに苦労した中国人労働者に分けてしまったという。

親分肌の豪快な高野であるが、大学生時代は決して生活が楽でなかった。そこで中谷は、四歳年上の幼なじみ、杉野柳《すぎのりょう》に、高野の学資を匿名で支援してくれるよう頼んだ。杉野は奈良女子高等師範学校を卒業したあと、郷里に戻って金沢師範学校の教師となり、高給をもらっていたのだ。ところがある日、名前がばれてしまう。それやこれやで二人は、結婚する。高野は妻の柳を伴って満洲に渡った。

杉野柳は、高野と結ばれる前、金沢師範学校で教壇に立ちながら金沢第二高等女学校の教師も兼任していた。中谷は、北海道帝国大学に赴任した翌年、寺垣静子と結婚したのだが、その静子はなんと金沢第二高等女学校で杉野の教え子だった。あとになって分かったのだが。

中谷は一九三四年七月、大学の同僚、茅誠司も誘って満洲に出張し、この当時奉天に居を構えていた高野家も一緒に訪れる。茅誠司と高野與作の出会いであった。これを機に、中谷と高野、茅の三人が、友情と信頼で結ばれたトライアングルを結成し、ことあるごとにお互いを支え合うようになる。ずっと先のことであるが、中谷が亡くなったときも、高野が亡くなったときも、茅が葬儀委員長を務める。

なお、先に登場した「満洲で子供時代を過ごした高野悦子」は、高野與作の二女であり、のちに岩波ホール支配人などとして活躍することになる。

凍上の調査に満洲へ

高野が札幌に中谷を訪ねてきてから一年後、一九四〇年の八月下旬に、中谷は満鉄の招きで満洲を訪れる。満鉄の研究者たちと連絡をつけるためである。また、北海道鉄道局から依頼を受けて行なった調査で、北海道の土質と気候で生じる凍上についてはだいたい大体のところが分かった、だから今度は「満洲の土についても同様の研究をして見たいという気持ち」もあった。

奉天では、満鉄の大村卓一《おおむらたくいち》総裁と懇談し、「基礎的研究とその応用」と題した講演も行なった。出席者は、満洲各地からやって来た、保線や建設に関わる技術者たち二〇〇人ほどである。実際的問題の解決に向け技術者が研究を進めるとき、基礎的研究をおろそかにしてはいけないと力説し、凍上について中谷がこれまで解明してきた事柄を解説した。「満洲の凍上に就いては、満洲の土を用ひて満鉄の研究所でやられるのが、一番手近であります」と激励し、講演の翌日も、技術者たちからの質問に丁寧に答えた。

中谷は、一九四一年三月にも満洲を訪れる。奉天の高野家に立ち寄ったあと、三月九日から二〇日まで、満洲の北部四箇所（安東、奉天、哈爾浜《ハルピン》、北安）で、土に含まれる水分が土質によりあるいは深さにより、どのように変化するか調べた。北海道とは違う新しい地での調査だけに、興味深いことが多かったようである。

このときの満洲行に、じつは茅誠司も同行していた。そして二人は、高野與作の案内で、哈爾浜のさらに北、黒龍江（アムール川）を挟んでソ連と国境を接する黒河まで旅した。その一帯は当時「特殊区域に指定されてゐたので、一般の乗客には展望が許されてゐなかつた。しかし凍土地帯における鉄道施設を調べるのが目的だつた私たちには、北満の奥地、この無人の世界に於ける自然の姿を、心ゆくばかり眺めることが出来た」。

凍土だけでなく満洲の自然風景にも関心を寄せ、異国の旅そのものを楽しんでいることに注目しておきたい。中谷も後に書いている、「珍しいところを見たり、面白いことにぶつかったり、研究商売も、なかなか悪くないものである」。

このときの「黒河への旅は、凍土地帯への一種の憧憬に近い感じ」を中谷に残した。

さらに奥地へ

そのため翌一九四二年の九月、海拉爾《ハイラル》奥地の「本当の永久凍土地帯」へと旅をする。凍土層の表面から地中深くまで融解が進んだ頃を見計らって、発掘調査をしようというのである。凍上の研究で数年前から助手を務めていた菅谷《すがや》重二《じゅうじ》とともに、満鉄の阪部一郎の案内で、哈爾浜から満洲里行きの「国際列車」に乗って出かけた。国境の情勢が緊張していたときだったので、「何となく気配がちがつてゐる」と中谷は感じる。牙克石《ヤケシ》という小さな駅で下車し、そこから北の草原地帯へはトラックしか手段がない。最も近い田泥河《テニヘ》工事区に向かうのだが、全速力で走って四時間近くかかる。

中谷は一九四三年九月にも満洲を訪れる。また中谷が出かけるだけでなく、満洲から札幌の研究室に研修生を受け入れることもした。

高野與作のもとで極寒対策委員会の仕事を手伝っていた小川新市《おがわしんいち》がのちに書いている。

［凍上対策を担当させられ］いろいろ考えたが、どこから手をつけてよいか厚い壁にぶっつかりどうにもならない。途方にくれて遂に高野課長に相談に行ったら、開口一番「よい奴がいる。そこで勉強しろ」と中谷宇吉郎博士の名が出た。その頃科学者の随筆が流行っていて、中谷さんの『雪』は寺田寅彦さんの直弟子として我々の尊敬の的であった。……中谷さんの宅には一ヶ月以上も居候し、茅さんでは毎週のように手製のコーヒーをご馳走になったりした。

こうして、高野與作という一人の友人を仲立ちに、満洲を舞台にした中谷の凍上研究、中谷と満鉄との協力が続いていく。そして中谷の指導は、もと満鉄整備局の職員も言うように、「現場の凍上防止工法に生かされ大いに役だったのである」。

凍上に関する研究は、実用的色彩の極めて強いものであった。中谷宇吉郎といえば、一九三〇年代に行なっていた雪の結晶についての研究がよく知られ、実用と無縁な基礎的研究に没頭した科学者、というイメージを抱く人が多いかもしれない。しかし実際には、少なくとも一九四〇年頃からは、凍上の起きる機構を解明し、それに基づいて実用的な凍上防止策を示すという、実用的応用的な研究に力を注いでいた。

それも、不承不承ではない。きっかけは周りからの需めだったとしても、解決を需められた課題のなかに興味深い問題を見出し、それに嬉々として取り組む。実用的研究に携わることを卑下するふうもない。満鉄の高野から助けを求められるや、「凍上の研究も冗談事ではなく、国防上から言つても最重要な懸案の一つになりさうである。霜柱の構造を論じて国策の樹立に及ぶこともないとも限らない」と、意気軒昂である。

満鉄での講演でも、「理論は理論、実際は又違ふといふ風な考へ方が現在でも可成り多くの人たちの常識になつて居ります。……しかしそれは飛んでもない間違ひであります。……物理学が実際に役に立つのは、自然現象の中から本当の理法を見付け出して、……自然の本当の姿をしつかりと捉へて来たからであります」と熱弁を振るっている。

中谷の仕事をもっとも近くで見守ってきた静子夫人も言う。「中谷の仕事の中では雪氷の研究の方がよく知られておりますが、凍上の研究は実際に応用されたという意味も含めて、同じように重要だと私は思っております」。

中谷は、戦後も凍上対策に助言などを惜しまなかった。旭川鉄道管理局では路盤入替工法を進めていくために、一九五一年七月、「凍上防止工法標準」「路盤入替作業標準」を制定する。それらを制定するにあたっては、旭川鉄道管理局が中谷の指導を得て、「防空壕式土中温度計測」を旭川と北見で実施したという。駅の構内に地下壕を掘って凍結深度を測り、このデータを使って、どの深さまで置き換えるのが経済的かをまとめたのである。また、はさみ木作業と路盤入れ換えの費用対効果も算出し、凍上量二〇ミリメートル以上の箇所では路盤入れ換えのほうが経済的なことを明らかにした。

北海道帝国大学と満洲

中谷が、凍上の問題を中心に、満洲あるいは満鉄と密接な関係を持ちながら研究を進めたことを述べてきた。しかし、この時代の研究者が満洲と関わりをもったのは、なにも中谷に限った話ではない。

清朝最後の皇帝愛新覚羅《あいしんかくら》溥儀《ふぎ》を執政にかつぎ満洲国の誕生が宣言されたのは、一九三二年三月一日である。それから二週間ほど後の三月一六日、北海道帝国大学の理学部教授会では、「今回満洲国成立に付、同国の資源開発調査の為、本学部より製造化学又は応用化学方面の調査に教官一名同地に出張せしめられ度、総長より話ありし」として、誰を派遣するか検討を始めた。そして杉野目《すぎのめ》晴貞《はるさだ》教授（化学）が四月に出発した。これを機に、理学部から毎年数名の教授が満洲へ出かけるようになる。

中谷と茅たちの一九三四年七月の満洲出張も、この派遣事業の一環として実現したものであった。

卒業生の就職先としても、満洲は重要だった。一九三三年二月の教授会では、「満洲国の発展に伴い通信会社、瓦斯会社等今後増設せらるることと思われ、これ等の会社に関係ある学部（工学部、農学部、理学部、全国にて一〇名くらい）、将来は多く採用せらるるに至るべく」と報告されているし、夏には田所哲太郎理学部長が満洲国へ出張し、「満洲国、満鉄、軍部等を訪問し、卒業生の就職依頼」をしている。また一九三七年一月には小熊捍《おぐままもる》理学部長が、朝鮮と満洲へ視察旅行に行ったおり、新京の大陸科学院を訪れたときのことを報告している。同研究所では来年度、北海道帝国大学の常時低温研究室に範をとって低温室を建設するということだった。そこで「建設につき種々説明し、尚その際の人事については本学より採用されたき旨」依頼してきたという。

満洲との関係は、農学部や医学部、工学部など他の学部でも、さらには他の帝国大学でも大なり小なりあったことだろう。とはいえ北海道帝国大学には、北海道の気候風土が満洲と似ていることもあり、より密接な関係があったようだ。

経済史学者の小林英夫《こばやしひでお》がこんな数字を示している。敗戦後に満洲から引き揚げて教員になった者が、国立大学を中心に私立大学、短大、高等工業、専門学校も含めて約一七〇名、その半数以上が明らかに理系で、大学別に見ると北海道大学の八名がトップ、大阪府立大学の七名、大阪市立大学、東北大学、千葉大学の六名がそれにつづくという。

中谷は、凍上の研究を始めたのと同じころ、雷の研究にも手を染め始めていた。

雷の研究

一九三九年一〇月、日本学術振興会に「第九特別委員会」、別名「雷災防止委員会」が設けられる。送電線や電話線、発電所、変電所などへの落雷、あるいは、爆発物や燃料を貯蔵する建物への落雷が大きな問題になっていた。航空機の運航や無線通信が普及するにつれ、雷による障害を防ぐ必要性も高まっていた。もちろん、人命が失われることも少なくなかった。

日本学術振興会では、大学の研究者だけでなく民間企業や、必要に応じ陸海軍の関係者もメンバーに迎える「総合研究」の制度を設けており、この雷災防止も、そうした総合研究の一つと位置づけられた。

第一回目の委員会では、重点的に研究する事項を三つに絞り、それぞれ分科会で担当することにした。第一分科会は、雷について気象学的に研究、第二分科会は建造物、特に電気工作物に対する雷放電現象を研究、第三分科会は無線通信に対する雷の妨害作用を調査する、といった具合である。中谷は、この第一と第二の分科会に、一九四〇年四月から委員として加わった。

中谷が、助教授の吉田順五とともに力を入れて取り組んだのは、雷の電光（稲光）を写真に撮影し、電光が生成し伸びていくプロセスを解明することである。電光の細かい構造を知るには、近くで撮影しなければならない。ところが近いと、観測者の周りのあちこちに電光が現われるので、視角の広いカメラを使わないと撮影し損ねてしまう。そこで一本の鉄棒にカメラを一〇台、三六度ずつ向きを変えて取り付ける。こうすればどの方向に電光が出ても必ずどれかのカメラに写る。さらに鉄棒を一秒間に五回転の速さで廻すことで、電光が成長していく様子も撮影できるようにした。

一九四一年と四二年に、この方法を使って、前橋市の電話局の三階建て建物の屋上で写真を撮った。その結果、海外で行なわれていた先行研究の結果を確認する一方、新しい発見もいくつか収めることができた。

2　低温科学研究所

北海道帝国大学では、一九三六年に設置された常時低温研究室を、規模も研究内容も拡大して研究所とすることを計画し、一九三九年に提出する一九四〇年度の概算要求に、低温科学研究所の新設を盛り込んだ。

海軍からの援助

教授ら研究者で構成される五つの部（物理、気象、海洋、化学、医学及生理学）に、研究支援を担う五つの部（機械、気象観測、衛生及統計、第一飛行機（札幌）、第二飛行機（根室））、さらに全体事務を担当する部の、合わせて一一の部からなる本格的な研究所が構想されていた。この構想を練り上げ、そして実現へと漕ぎ着けるのに、中谷は獅子奮迅の働きをした。

気象観測部では、飛行機や凧、ラジオゾンデを使い、物理部とも連携して「精確にして信頼し得る上層気象資料」を作成するという。中谷は一九三九年度より、海軍技術研究所からの委託（研究費二〇〇〇円）で「低温用温度計の製作」に取り組んでおり、また一九三八年度から陸軍気象部嘱託として「北方航空気象観測法の改良」に取り組んでいたので、それらを新しい低温科学研究所の業務に包摂するよう構想したものと思われる。

飛行機部では、たとえば物理部が飛行機の雪上離着陸用橇や着氷防止装置を開発したら、それを実際の飛行機に装着して確かめるなど、研究部で得られた成果を実地に試す。また流氷や濃霧の観測など、ラジオゾンデなどでは対応できない観測も行なう。飛行機は札幌と根室に二機ずつ計四機を配備する。

低温科学研究所

飛行機は、海軍航空技術廠長の花島孝一《はなじまこういち》中将（概算要求資料の作成時）の仲介により、海軍から借用する予定だった。中谷は一九三三年度から、「降雪中の飛行障害除去に関する研究」という研究題目で、海軍航空技術廠から毎年度八〇〇〜一二〇〇円の委託研究費を受けとっており、海軍との間にパイプがあった。

航空発動機を専門とした花島孝一は、海軍機関学校の卒業生だが、一九一五年から三年間、東京帝国大学理学部物理学科の選科生として、寺田寅彦から学んだこともある。一九三八年に海軍航空技術廠の長となり、翌年四月逓信省のもとに中央航空研究所が新設されると、そこの所長となる。

花島は、「軍人臭は微塵もなく、じつに学者らしい技術者」だったと言われるだけあって、基礎研究を大いに重視した。そのことは次のような発言にも現われている。「鶏が眼の前の餌を一生懸命に貪るが如き、さもしい態度は研究には禁物である。研究の成果は長い眼で見るべきである。と共に研究者はあせらない極めて粘り強い態度を重要とする」。ちなみに、中谷の雪の研究を支えた花島政人は、花島孝一の子息である。

さて、概算要求を提出した一九三九年の、秋も深まった頃、次年度予算が内示された。低温科学研究所の分は、四〇年度からの二カ年継続事業として、七〇万円ほどが認められた。概算要求に盛り込んだ総経費がいくらだったのか不明だが、おそらく要求額のごく一部しか認められなかったのであろう。四〇年度に入ってまもなく、六月の評議会で今裕総長からこんな提案がなされた。

本学が目下建設準備中の低温研究所は其後着々進捗しつつあるも何分予算削減のため当初の目的達成には不十分の点多々ある折柄、海軍側が本学と提携援助の意味を以て海軍の研究所を並立するも可なりとて海軍省和田技術部長より特に好意を寄せ来れり。而して之は海軍自身が研究を為さむとするに非して本学の教授が海軍の嘱託として研究を委託せられるのであり、又建物も海軍の建物として大学に委託せらるるものと思料し得べきを以て此際総て海軍側の意向に従って援助を受くることとしては如何総長の提案は、「意義なく承認」され、海軍から五〇万円の提供を受けることになった。その後、大学と文部省、海軍省との間の連絡調整（たとえば大学の土地を海軍に無償で提供すること）には中谷が積極的に動いている。そのことから推測するに、海軍が援助を申し出た背景には、中谷から海軍への働きかけがあったと思われる。

建設が始まる

研究所の建設工事は、一九四〇年一一月ごろから始まる。しかし、建設に必要な資材、たとえば鉄ひとつとっても、調達に苦労した。建物の建設と実験装置の製作に、大学と海軍の分あわせ約一〇〇トンの鉄が必要、そのうち四三トンほどは低温室や、冷却装置、付属ポンプなどのもので、一九四一年度中に手に入れなければならない。そこで一一月下旬、のちに所長となる小熊捍が上京し、企画院を訪れて鉄の配給を依頼するという有様だった。

一九四一年一一月に低温科学研究所の官制が公布され、建物の完成を俟たずに研究所は発足する。純正物理学、気象学、生物学、医学の四部門で、中谷は理学部教授のまま純正物理学部門の教授を兼任した。

建物の全体が完成するのは一九四三年九月である。タイル張り木造二階建て一部コンクリート三階建の本館に、工作室、低温室が加わった、計約一五〇〇坪（うち約五八〇坪は海軍省のもの、戦後四九年に大学に移管される）であった。

研究がスタート

低温科学研究所（略称、低温研）の大きな特色は、低温風洞があることだった。風洞内に雪を降らせ、風速六〇メートルの風を吹かせることができ、温度はマイナス四〇度まで下げられる。この風洞も使いながら、寒気の防寒具に対する影響（風、水、気温が防寒具にどんな影響を与えるか）や、油の凍結について研究する。また、零下三〇度ぐらいになると、金属類がもろくなり、大砲の車軸が折れ、鉄道のレールが折れるといった現象が起きるので、低温下で金属の性質がどう変化するかについても研究する。さらには凍死および凍傷についても、防寒具や食糧との関連で研究する。これら、「近時我国威の北方伸展に伴ひ厳寒地に於ける各種行動並施設は、急激にその重要性を増しつつあ」るなかで「現下最も急を要する問題」の解決に取り組むことが、この研究所の使命であった。

研究所では、毎月一回、所員が集まって「談話会」が開かれた。所員が自らの研究を発表するほか、満洲から研究者を招くこともあった。

一九四二年一〇月には、南満洲工業専門学校教授（土木工学）の原田千三《はらだかんぞう》が、「最近のソ連の実相」と題した報告をしている。原田は、『ロシヤ土木工学の研究』と題した書籍を、満鉄奨学資金財団の援助で順次刊行していた。「ロシヤ土木工学の真相を紹介し、その技術的水準の判定を行」ない、「ロシヤの特殊技術たる酷寒に対する経験と調査研究とを吾国へ導入し、北方対策に資す」ことを目指したのである。

低温科学研究所のメンバーは、その原田から「最近のソ連の実相」を学ぼうとした。ここにも満洲の研究者たちとの交流ぶりを垣間見ることができる。

中谷は、日本内燃機株式会社から「雪、氷、低温に基づく諸現象の物理的研究」に対し、年に二万円を五年間にわたり提供してもらえることになった。「寺田甚吉社長の好意なり」という。

寺田甚吉《てらだじんきち》は、日本内燃機（株）の社長であると同時に、日本国際航空工業（株）の副社長でもあった。日本国際航空工業（株）は、飛行機の機体を量産したい軍部の意向に合致するかたちで、合併により一九四一年に誕生した。中谷の研究への支援も、国策への協力の一環だったのかもしれない。寺田は、これより先の一九三七年に「私財百万円をポンと投げ出し」財団法人寺田航空研究所を開設していた。航空機製造にとって研究が重要だと考えていたのである。

研究費は潤沢

こうしたわけで、中谷は研究費の不足で困ることはなかったようだ。困難はむしろ、研究者の生活環境にあった。特に助手や副手などの若手は、零下三五度の低温室内で夜一一時頃まで実験をし、それから下宿に帰っても食事はなく、風呂にも入れず身体が冷え切ったまま床につかねばならない。健康診断をしてみると、多くの者が要注意と判定された。したがって今最も懸念されるのは、研究者の保健の問題だった。

そこで中谷は、鳥井邦寿会に資金援助を求める。研究者のために身体の休まる宿舎を建設したい、資材については北海道庁から支給して貰う目途がついているので、建設費として三万円を援助してほしい、と。

鳥井信治郎の知遇を得る

中谷が鳥井邦寿会にすがったのには、わけがある。邦寿会は、壽屋（のちのサントリー）の創業者である鳥井信治郎《とりいしんじろう》が、社会福祉活動のため一九二一年に創設したものである。鳥井は「陰徳あれば陽報あり」を信念とし、診療院を開設して生活困窮者に無料で診療と薬を提供する活動を行なうほか、学資に困っている学生に匿名で奨学金を提供してもいた。中谷は四高時代、この奨学金を受けたのであった。

ところが中谷は、経緯は不明なのだが、匿名の実業家が実は鳥井信治郎だと知ってしまう。そこで大阪へ行って鳥井に会い、永年にわたる援助にお礼を言った。武見太郎が言うに、「そのあと鳥井さんが東京へ来られると、よく中谷君といっしょに私もご馳走になったし、たいへん親しい間柄になったのであった」。

こんな事情から鳥井邦寿会に援助を要請したのだったが、これは叶えられなかったようだ。それでも、鳥井に「東京で会うことがあったので、ニセコ山頂での研究のことを話したら、サントリーの一ダース箱が送られてきた」という（ニセコ山頂での研究については後述）。

3　着氷の研究

飛行機への着氷

一九三九年九月二二日、一機のプロペラ機が満洲国の新京飛行場から東京に向けて出発した。離陸して二二分後、高度一五〇〇メートルで層積雲に突入、その一二分後に速度計（ピトー管）が凍結し、電熱でも融けず使用不能となった。さらに翼の前縁と発動機のカバーに着氷が始まり、厚さ一〇ミリメートルほどになる。離陸して五三分後、プロペラに附着した氷片が剝がれ、すごい勢いで胴体や尾翼、方向舵などにあたり、カチンカチンと音がする。高度三千七百メートルまで上昇してもまだ雲がある。

満洲東部国境付近で、新京へ引き返すと決断。高度三千五百メートル、外気温はマイナス一〇度、プロペラ軸の突端などの着氷は二五ミリメートルほどになり、急に減速したように感じる。高度二千二百メートルでもさらに凍結がつづき、上昇力全くなし。高度九百メートルほどで危機を脱し、ほっとする。離陸して二時間二一分後、新京飛行場に着陸した。

飛行機に着氷が起きたのである。飛行機の性能が向上するとともに、また航法も実測航法から無線航法へと変化し、天候が悪く視界が不良でも飛行できるようになると、低温で多湿な雲の中などを通過することが多くなり、飛行機に着氷が起きることも多くなってきた。それだけに、民間機であれ軍用機であれ、飛行機の安全で確実な航行のためには、何とか着氷を防止しなければならない。

中谷研究室では、雲の中での着氷現象と、それが起きる気象条件などを研究するため、一九四一年二月から四三年四月までの三冬にわたりニセコアンヌプリの山稜で観測を行なった。

観測基地の設営

札幌から西南西に六〇キロメートルほどのニセコは、北海道でも有数のスキー・リゾート地である。ニセコアンヌプリ（海抜一三〇八メートル）の北東から南の斜面には広大なスキー場が広がり、多くのスキー客が訪れる。そこから少し離れたところ、ニセコアンヌプリの西側に、五色温泉がある。かつてニセコ温泉と呼ばれていたこの地に、一九一六年頃から北海道帝国大学のスキー部の学生たちが訪れるようになった。温泉に泊まり込み、南にある藻岩山（ニセコモイワ山）にスロープを作って練習したのである。このころから地元でもスキー熱が高まり、ニセコがスキーの本場としての地歩を固めていく。そして一九三七年には、ニセコ温泉と川向かいの地に、札幌鉄道局が「ニセコ山の家」を開設した。

中谷たちは、海抜六六〇メートルの地点にある、この「山の家」を活用しようと考えた。ここを拠点に、ニセコアンヌプリ西側の稜線をスキーで一・二キロメートルほど歩いて到達できる、海抜約一一〇〇メートルの地点に観測所を設け、そこで着氷（樹氷ができる様子）を観察しようと考えたのである。

一九四一年の二月には、縦横が三メートルと二・五メートル、高さ一・六メートルくらいの雪洞を作って観測した。翌年の二月には、雪洞の中に天幕（テント）を埋め込んだような観測小屋を作った。そして夏の間に、木造の観測小屋を作っておき、それを利用して、一九四二年の年末から四三年の四月にかけ、合わせて二ヶ月間ほど、基本的な気象観測のほか「細い針金に付く霧氷の顕微鏡活動写真」を撮るなどした。慎重に経験を積みながら、規模を拡大していったのである。

山頂に着氷観測所

一九四三年の春には、いよいよニセコアンヌプリの山頂に着氷観測所を建設する工事が始まる。山本五十六《やまもといそろく》の国葬日、六月五日に、頂上で地鎮祭を行なった。

観測所の主屋は、建坪約二八坪、一部二階建で、一階に寝室と食堂、炊事場があり、二階に観測室、そしてベランダに気象観測器機一式が備えられた。雑魚寝をすれば二〇人ほど泊まることができる。主屋の隣に建設された木造の建物には吸込式風洞が設置され、過冷却の水滴を含んだ空気を高速で吸い込み、途中に置いた物体に着氷が起きる様子を横から観察する。写真や映画に撮影することもできる。少し離れた地点には台が設置され、その上に実際の飛行機、あるいはプロペラ部を載せ、風向きに合わせて台の向きを変えて、翼や機体、プロペラへの着氷の様子を観測できるようにした。

建設工事は、山麓の狩太村（現在のニセコ町）の吉村丑蔵が請け負い、地元の人たちにも協力を求めた。『ニセコ市史』には、「四日間にわたり、数百名の村民が猛烈な吹雪と寒気をついて動員された」とある。飛行機の翼を山頂まで運び上げたのは、勤労奉仕に動員された倶知安《くっちゃん》中学（現・倶知安高校）の生徒たちだった。一一月中旬、すでに五〇センチメートルほどの積雪があるなか、一〇メートルの翼（左右の翼のつながったもの）とエンジンを橇に載せ、無我夢中で雪の上を引っ張り上げた。つぎはぎだらけの学生服はびしょ濡れ、穴だらけのゴム長靴の中も水浸しだった。

頂上までの送電線や、資材を運び上げるための路、馬の厩舎など諸々を含めて、建設にかかった費用は当時の金額で三三万円ほど、今の物価に換算して百億円をくだらないだろう。

山頂での研究

当初は大日本航空技術協会から委託される形でスタートした研究だったが、やがて研究動員会議の「戦時研究六－一」と位置づけられる。

翼の着氷防止、プロペラの着氷防止、遮風板防曇法、着氷防止装置の実物製作など、テーマごとにチームを作り、中谷が全体の統括を行なった。

プロペラの着氷防止を担当するチームのリーダーは、日本映画社の業務部長、小幡敏一《おばたとしかず》であった。「映画による着氷現象の実態把握を重要視していたので、日映のスタッフを動員して仕事を進めるために、小幡を戦時研究の主任研究員に選んだのだろう」と東晃《ひがしあきら》はいう。中谷教室のスタッフと学生、日本映画社のスタッフ、合わせて常時十数人が山頂に寝泊まりして実験をつづけた。

4　霧の研究

やっかいな霧

北海道東部（道東地方）からアリューシャン列島にかけての地域では、春から夏の時期を中心に霧がよく発生する。この時期、太平洋高気圧の勢力が強まるため、暖流（黒潮）で温められ水分も多く含んだ大気がこの地域に向けて北上する。ところが北からは寒流（親潮）が南下してきているので、海面上を移動する間に冷やされ、移流霧と呼ばれるタイプの霧、海霧が発生する。その海霧が南風にのって陸地へと流れ込むため、霧日数が多くなるのだ。たとえば釧路や根室では霧の日が年に一〇〇日以上もある。

この霧は、軍事的にも大変やっかいなものだった。海軍のある文書も、北方航空作戦に従事する者が特に注意しなければならないのは霧であると強調する。「霧は当方面では俗に瓦斯と称し航空機の性能に及ぼす影響極めて大である。……五〜十月に至るまで作戦に従事中、常にこの霧の障害を受けた。航空気象に関する観念は常に念頭に置くは航空関係者たるものの常識であるけれども特に本島〔択捉島〕作戦中は異常なる関心をもって従事しなければならぬ状況にあった」。

中谷は、この霧を相手に、一九四四年から四五年にかけて戦時研究「千島及び北海道の霧の研究」を推進する。

霧の本性を探る

JR根室本線の、終点一つ手前の東根室駅。その東側の高台に、かつて根室種馬所があった。昭和に入って軍馬の需要が高まったことから、農林省が設置したのである。この種馬所を主たる拠点にして、「千島及び北海道の霧の研究」の第一期の研究が、一九四四年六月から始まった。

第一にやるべきことは、霧の物理的性質を把握することであった。霧粒の大きさや個数、霧が含む水分量、霧中の湿度などを調べる。とくに高度や気象条件などによってこれらがどう変化するかを、つぶさに調べなければならない。

地上の霧を調べるために三階建の観測塔を造り、その上で実験を行なう。上空の霧を調べるには、陸軍の気球隊が用意してくれた気球に研究員が乗り込んで、様々な高度で霧の物理的性質を測定する。「今回の気球隊の参加による霧の観測のごとき大規模な研究は嚆矢」であり、多くの貴重なデータが得られた。

霧水滴の核になっているのは何か、海水の飛沫からできた海塩の微細な結晶だと言われているがほんとうか。この問題を解明するために中谷は、日本で製作されて間もない、日立製作所製の電子顕微鏡を用いた。中谷の指導のもと黒岩大助《くろいわだいすけ》が霧粒子のサンプルを取り、鈍行列車を乗り継いで三日がかりで東京の日立製作所中央研究所まで運んで、同社の只野文哉《ただのぶんや》らとともに、電子顕微鏡の試作二号機で観察した。

結果は、「明らかに海塩の結晶と看做し得るものは一度もみられなかった」、しかし海塩説を否定することもできない、「より多くの試料に就いて統計的な分類研究がなされなければ確定的なことは云へないからである」、というものだった。

日立製作所が電子顕微鏡の試作一号機を製作したのは、一九四〇年。中谷はその四年後に、霧核の観察に電子顕微鏡を用いた。新しい実験機器や手法をいち早く取り入れるところに、彼の進取の気性が現われている。

霧消しの可能性

朝方に立ちこめていた霧も、陽が昇るにつれ晴れていく。これからわかるように、空気を加熱することで霧を消すことができる。はたして、どれくらいの熱を与えれば霧が晴れるのだろうか。

理論的に計算してみると、一立方メートルあたり二〇〇カロリーほどの熱量で霧を晴らすことができそうだ。そこで、久徳通夫《きゅうとくみちお》中佐に斡旋を頼んで火炎放射機を借り、実際に霧を消す実験をしてみた。根室種馬所の北に面した斜面から、石油と重油を混合した燃料で長さ約一〇メートルの火炎を計一〇分間放射する。しかし「此の実験の間、生憎一度も霧らしい霧は発生せず、此のため人工消散の効果を確かめる事は出来なかった」。

それでも、「人工消散の基礎資料」が得られた。油をただ燃やすだけでは煙がもうもうと出て、せっかく霧が晴れても煙のために視程が悪くなる。煙があまり上空に広がらないことから、意外に低いところに気温の逆転層があることがわかり、加熱した空気がどこまでも上昇していくことはないとわかった。火炎の温度を高くしない方が効率よく空気を暖められること、飛行場全体を温めるのに、どのように熱源を配置すれば良いかも見当がついた。

霧の予報

北海道の東部や千島列島一帯の陸地にかかる霧は、海上で発生した海霧が流れ込んできたものがほとんどである。そこで、そうした霧の流れや霧が消えていく様子を、高いところから俯瞰することが試みられた。あわよくば、霧の予報につなげようというのである。

知床半島の付け根あたりに、標高一五四七メートルの斜里岳がある。さっそく部隊長の久徳中佐に話し、部隊の手で山頂に三メートル四方くらいの木造観測小屋を二棟、建ててもらった。

観測者はずっと四方に目を凝らしていて、六月一日から二ヶ月の間に、二二の移流霧を観測した。霧を認めたら、五〇万分の一の地図に、時刻、霧の前縁の位置、霧の広がり具合、高さなどを、三〇分から一時間毎に記入していく。

霧の移動を地図上に書いていくことで、斜里岳から三五キロメートルのところにある計根別《けねべつ》飛行場、五五キロメートルのところにある美幌《びほろ》飛行場について、二ないし三時間前から霧の状態を正確に予知できるなど、新しい発見がいくつかあった。

映画の撮影

一方、近距離の霧を対象に、微速度映画に撮影することも行なった。斜里岳の山頂からだけでなく、根室種馬所で気球の上から、あるいは根室南方の桂木海岸でも撮影を行ない、陸地に流れ込む霧の様子を詳しく調べた。

微速度映画を使うと、広い範囲と長い時間にわたる動きについて、全貌を簡単につかむことができる。またコマ数を適当に選ぶことで、動きを「拡大」してみることもできる。こうした利点が微速度映画にあることから、気象学者の阿部正直《あべまさなお》や高橋喜彦《たかはしよしひこ》らがすでに雲の研究に微速度映画を使っていた。その意味で、「別に新しい企てではないが、千島、北海道の霧についての此の種の研究はまだ無いので、今回の機会にやや大規模に行ふことにした」のである。

実際に霧を消す

戦時研究「千島及び北海道の霧の研究」の第二期の目標は、一九四五年八月までに「霧の局地的人工消散」に成功することであった。

中谷は四四年から四五年にかけての冬、ニセコ山頂でもう一つの戦時研究に取り組んでいたので、霧消しの研究に取りかかったのは四五年の春、もうまもなく敗戦という時期になってしまった。

実験場所は、苫小牧飛行場。いまのJR苫小牧駅から東南東に二キロメートルほどのところ（勇払《ゆうふつ》郡苫小牧町）にあった陸軍の飛行場である（一一〇〇メートル×二〇〇メートルの舗装された滑走路二本をもつ）。この苫小牧も、根室や釧路ほどではないが霧がよく発生する土地で、特に春から夏にかけ、苫小牧沖から流れてくる移流霧に覆われることが多い。

中谷たちは、「トラックの上に重油の完全燃焼装置をとりつけ、それから出る熱気に大量の空気を混ぜて送風機で送り出す」「消霧車」なるものを製作した。熱風を送り出す装置は「知人をたよつて鉄工所に頼み込み、やつと」できたが、トラックのエンジンの回転を送風機に伝えるためのベルトがどうしても手に入らない。仕方がないので「低温科学研究所の低温装置用のベルトをはづして貰つて、一月といふ約束で借り」た。

消霧車を造ってはみたものの、はたして上手く晴れるかどうか自分でも不安に思っていた。それでも消霧車の試験がほぼ完了し、「一同ホッとした時に終戦になつた」。

5　執筆活動で抵抗

『雷の話』

一九三八年一一月に『雪』を岩波新書の一冊として世に出した中谷は、翌年の九月、同じく岩波新書で『雷』を出版する。

しかしこれは、『雪』に比べ、あまり読者を獲得しなかったようである。『雪』は、一九四三年に八刷、一九五九年に一七刷であるが、『雷』のほうは一九四九年に五刷、一九六二年に一四刷である。『雷』があまり読まれなかった最大の要因は、難解に過ぎたことだろう。話が進むにつれ、次々と用語や学説が出てくる。学術雑誌の「総説」のような書きぶりで、一般の読者にはついて行くのがたいへんである。中谷のよき理解者である茅も、「この本は中々むずかしくて通り一遍に読んだのでは解らない点が多いが、中谷君の著書といえば解り易いものと思い違いしてはならない」と評している。

それにひきかえ、二年後の一九四一年末に出版される『雷の話』は、中谷の面目躍如たる分かりやすさである。いや、分かりやすいだけではない。雷雲の電気の発生機構について、学説が提示されては否定され、しかしのちに一部が別の形で復活しという具合に、科学理論がらせん的にダイナミックに発展していく様を、科学者たちの人柄や論争ぶりなども織り交ぜながら、生き生きと描写している。

中谷の著作の中では、岩波新書の『雪』がよく知られている。しかし雪というテーマに限定しないならば、この『雷の話』のほうがはるかに、科学を「わかりやすく」解説するという点で秀逸だと私は思う。

『雷の話』は、岩波書店の新シリーズ「少国民のために」の一冊として発刊された。同シリーズは、岩波書店の編集者の一人、小林勇が、少年（少女）向けの本を出そうと言い始めて始まったものである。岩波新書は創刊以来たいへん好評を博していたが、出版統制が厳しくなって、「捉える題目、その内容はほとんど検閲にひっかかるすれすれの線までいって」おり、「常に編集部は緊張をつづけていた」。そこで少年少女向けとし、なおかつ「圧力をのがれるために」「取上げるテーマを、すべて自然科学に関するものにす」るという方針をとった。

新しい策をもう一つ取り入れた。科学者は研究に忙しいし、わかりやすいものを書くのに不得手な人が多い。そこで科学者には子供たち相手にわかりやすく話をしてもらい、その速記をもとに編集者たちがわかりやすい文章にするというのだ。「内容は学者に責任を持ってもらい、表現は編集部で責任をもつというやり方である」。

中谷の場合は、こんな進め方をした。まずは自由学園の初等科の上級生たち一〇人ほどを前に話をし、子供たちから質問してもらう。そのときの速記録を、自由学園の藤田《ふじた》ミチ先生によく分るよう整理してもらい、説明を加えて二倍くらいの長さにする。それを今度は藤田春子嬢に整理してもらい、難しいところも指摘してもらって、必要に応じ書き足す。*

*藤田春子という名前が『雷の話』の附記に記されている。彼女が、自由学園の教師や生徒、藤田ミチの親戚縁者でないことまでは確認できているが、それ以上は今のところ不明である。

これで終わらない。北大で親しくつきあっていた、理学部の吉田洋一と工学部の堀義路にもコメントを求めた。さらに吉田の長男で小学六年生の夏彦《なつひこ》にも読んでもらい、「よく分つて面白かつた」と言ってくれたので、そこでようやく筆を措いた。

科学者たちの話の聞き役になった自由学園の小学生たちの中に、やがて映画監督として活躍するようになる羽仁進《はにすすむ》がいた。岩波書店の天井の高い会議室で、中谷らの話を聞いたときのことを、「気鋭の先生方が、ご自分の研究テーマそのものを、いわゆる解説調でなく、自分の問題意識で語られるお話は、面白かった」と回想している。

「しかし、それをまとめあげた小林さんの力がすぐれているということは、子供心にも強烈な印象にのこった」とも記しているが、中谷の原稿については、小林は手を入れていない。

こうしてできた「少国民のために」シリーズの第一回配本ぶん五冊は、いずれも「異常ともいえる反響を呼び、それぞれが二万ないし三万の部数を出した」。

文章修行

中谷は、早くから寺田寅彦に文筆の才を認められていた。とはいえそんな彼も、習練を積んで次第に腕を磨いていったようだ。

ためしに、中谷が東京帝国大学の学生だった頃に書いた文章と、それを随筆集の第一作目『冬の華』に収めたときのものとを比べてみよう。「九谷焼」と題した随筆の一節である。
まずは、学生時代のもの。

私は、小学校へはいる為に、八つの春、大聖寺町の、浅井一毫と云ふ陶工の家に、預けられた。その頃、七十幾つかで、白い髭を長く伸した、よいお爺さんであった。毎日、三方硝子戸の、暖い室に、きちんと座って、朝から晩迄、絵を附けてゐた。

これが『冬の華』では、次のように改められている。

私は小学校へは入る為に、八つの春、大聖寺町の浅井一毫といふ陶工の家に預けられた。その頃七十幾つかで、白い髭を長く伸したよいお爺さんであった。毎日、三方硝子戸の暖い室にきちんと座って、朝から晩まで、絵を附けてゐた。

中谷は学生時代の文章をふりかえって言う。「仮名遣ひと限らず、妙な当て字だの、句読点だの、文法だの、まるで乱暴だった」。そのことに『冬の華』を出す段になって気づき、以降は同僚の吉田洋一に見てもらうようにしたらしい。「此の頃畏友吉田洋一氏が時々原稿を見てすっかり直してくれるので、大分良くなつたやうである。最近は、『今度は仮名遣ひは満点でした』などと吉田氏が褒めてくれるやうなことさへある位で少し得意になつて居る」と、『冬の華』の後書に書いている。

「数学者にそんなことで御礼を云ふのは少し御迷惑かも」と言うが、どうしてどうして、吉田洋一もまた、のちに随筆家として名をなす。

中谷はこうして習練を積んではいたのだが、自分一人で書いた『雷』はまだまだ難解だった。子供たちと対話を繰り返し、大人からもコメントをもらって、ようやく『雷の話』という、わかりやすい本に仕上げることができたのである。

このときの経験が糧になったのだろう、中谷の随筆はこれ以降、いっそう円熟味を増していく。

『寒い国』

出版界では、言論統制のため絶版や発売禁止を強要されることが増え、戦況の悪化とともに印刷用紙の不足という困難も重なってきた。とはいえ、こと岩波書店については「特異な出版景気」が続き、一九四二年には創業以来最高の売り上げを記録した。「岩波の出版物は非常に幅が広かったため」自然科学系の書などが売り上げを伸ばしたのである。

中谷は一九四三年、「少国民のために」シリーズにもう一冊を加えた。『寒い国』である。しかし今回の本は、語り口こそ柔らかいが、その内容たるや、かなり過激である。

「寒い国」とは、満洲のことだ。「満洲が立派な進歩を遂げるか否か」は、そこに移住した人たちにかかっているのに、彼らの暮らしぶりについて大事なことが見逃されている、と中谷は言う。寒いところで暮らすには「熱を逃がさない」ことが大切である。ところが日本から満洲に行った開拓民たちは、断熱の悪い家に畳を敷き炬燵を作るような暮らしを送っている。これでは、「日本民族の北方への発展は難しい」。

なかには、「物質的な困難を精神力で打ち克つてゆかなければならぬのだといふ人もある」が、「果して精神力だけでかういふ問題が切り抜けられるであらうか」、「また「精神」といふ大切なものをかういふ場合に使ひ切つてよいものであらうか」と憤慨する。満洲への植民政策が、科学研究に基づいた適切な施策を講じることなく、精神論を振り回して推し進められ、その結果、人々が過酷な生活を余儀なくされていることを、中谷は本書で痛烈に批判するのである。

軍部が中心となって進める満洲政策を、中谷が文章で批判する一方、編集者の小林勇は、本書にもう一つの仕掛けを組み込んだ。満洲の人々の風俗について柳瀬正夢《やなせまさむ》が描いた絵を挿絵として使った、それも大量に使ったのである。

柳瀬正夢といえば、文芸誌第二次『種蒔く人』の同人、あるいは未来派美術協会やマヴォなど前衛美術運動に参加して活躍していたのだが、やがてプロレタリア美術へと進んで、もっぱら政治漫画や風刺画などの分野で活躍した人物である。「無産者新聞」や「赤旗」などに連載した漫画やカットは特に有名である。一九三二年の暮に治安維持法違反で検挙され、翌秋まで収監される。出獄後も、苦しい生活に耐えながら、再び油絵や漫画を描きつづけた。

こんな柳瀬であるから、彼の画を使うこと自体が、出版の自由を抑圧しようとする軍部への抵抗であり、挑戦であった。「岩波書店内部で一番はっきりとした戦争抵抗派」だった小林にしてみたら、してやったりであったろう。柳瀬一家への支援という意味もあった。

中谷も、小林の目論見を援護して、「絵の全部が本文と関係のあるわけではない。しかし、これらの絵は、われ〳〵の最も関心をもたねばならぬ満洲国の或姿をよく描いてゐる」、「文字だけで説明しにくい「寒い国」の姿がこれらの絵によつて親しみ深くなつたのは喜びである」と書いた。

小林はのちにこう回想している。「日本の「王道楽土建設」と称するものがどんなものか、その正体を、〔中谷に〕科学者の立場から書いて貰った。他の人が書いたらあの当時あの調子の本が無事に出版される筈がなかった。しかも挿絵は柳瀬正夢が描いたのである」。

たしかに中谷は、着氷の研究などで軍に協力していたのだから、睨まれる可能性は低かっただろう。戦時研究を担っている中谷だからこそ、軍部への批判を（オブラートに包んではあるが）口にしうるという、一見したところ奇妙な事態になっていたのだ。

岩波書店の小林勇は、「航空新書」も企画した。国民に航空に関する科学的知識を普及するという名目で編集し、一方では「岩波書店のしばしの生きのびを計る」という戦略だった。

中谷はこのシリーズ用に、『着氷』を執筆したが、戦局の悪化により、出版はされなかった。原稿は残っていたので、最近、中谷宇吉郎雪の科学館友の会から出版された。

小林勇との交友

中谷が小林勇を知ったのは、一九三六年のことである。肝臓ジストマのため札幌の家を引き払い伊東で療養していたとき、随筆集のことで訪れてきたのが最初だった。

療養中の中谷は、「永らく放つて置いた絵具箱を取り出して来て……雑魚を油絵に」描き始めたのだったが、やがて墨絵に転向する。一九三八年頃から、雪の結晶を墨で描いていた、と小林が後に回想している。

小林もやがて絵を描き始めた。「戦争でいろいろのことが窮屈になった頃」である。次第に「中谷さんと絵を一緒に描く遊びが増え」、中谷が北海道から上京してくると一緒に絵を描き、酒を飲む。中谷は、「酒をのむだけで絵を描く楽しみを知らぬ奴等は憐れだ」と気炎をあげた。

一九四五年五月八日の夕方、東京に出て来ていた中谷は、小林に誘われ、鎌倉にある彼の自宅へ向かった。そして夜遅くまで、二人でウイスキーを飲みながら絵を描き、道具や絵をそのままにして寝てしまった。

翌朝早く、特高警察が、小林を連行しに来た。連中の一人が、布団の上に座っている中谷を見て、これは誰だ、と小林に聞く。中谷先生だと答えると、じっと見ていたが、なんだお前の絵の先生かと言って、去っていった。

小林は、お前の編集した著作は反戦的である、共産主義思想によって編集されているのではないかと追求された。問題とされたのは「少国民のために」でなく、「岩波新書」だった。「太平洋戦争下に特別高等警察によってでっち上げられた最大の言論弾圧事件」ともいわれる、横浜事件の一部である。

もちろん岩波書店の社主茂雄は、八方手をつくして小林を救い出そうとした。中央航空研究所の所長であり、「航空新書」の顧問だった花島孝一に尽力を依頼した。中谷の研究を支援し、低温科学研究所の設立にも力を貸してくれた、あの花島である。しかし成功しなかった。釈放されるのは、敗戦後の八月末である。

軍国主義政府への憤り

小林勇ほどではなかったが、中谷も彼なりのやり方で、軍部に牛耳られた政府を批判した。

一九四〇年二月、いわゆる津田《つだ》左右吉《そうきち》事件が起きる。岩波書店から出版されていた津田の著作『神代史の研究』『古事記及び日本書紀の研究』（ともに一九二四年）など四種が発売禁止とされ、型紙も押収されたのである。翌月には、著者の津田と、出版者の岩波茂雄が起訴された。

このことを新聞で知った中谷は、三月一一日、岩波に宛ててこう書いた。

……津田先生の如き憂国の士、例へば新書の「支那思想と日本」の序文などを見ても十分了承出来る人に色々言ひがかりをつけることによつて愛国業の門戸を張り生活の資となさんとする一部の国賊共の陋劣なる心意には誠に驚きいる。「古事記日本書紀」の如きは小生等高等学校時代にたしか出版になりしものと存じ、爾来名著として二十年の生命を持せしものを今更言ひがかりの種とするは市井の無頼漢共も猶躊躇する所と存候。真に時勢の変化上流布を一時禁止する必要あらば極めて内密に懇談的に増刷を控へるやうにしてこそ初めて政治的に意味ある処置と存じ候。ともあれ事情かくの如くなりては誠に御迷惑の至りにて御心情推察致居り何卒御健勝にて勇猛心を振ひ御健闘と同時に適宜相手次第によりて臨機応変に御善処の程を遙かに祈り居候。

「真に時勢の変化上流布を一時禁止する必要あらば」云々の一文は腰砕けだと思うが、それは措こう。私信だけに、軍国主義政府の非合理さに憤りを露わにしている。

他方、雑誌などに寄稿する随筆でも、言葉を選びながら政府批判を続けた。どこに力点があるかに応じて、いくつかのタイプに分けられる。

科学無視や精神主義を批判

一つは、科学を無視することの非合理さを衝くものである。東條英機《とうじょうひでき》首相が一九四三年に国会で、「二足す三が八〇となるように頑張れ」という主旨の発言をした。それを承けて中谷は、「二＋三＝八〇の意義」と副題をつけた随筆を朝日新聞に寄せる。「科学者などといふものは、とかく眼界が狭くなり勝ちのもので、二＋三＝八〇になるやうに努力しなくてはならぬなどといふと、すぐ何かと論議したがる傾向がある」と、一旦は譲歩してみせる。そしていくつかの例を挙げて、「世の中のことは、意外に複雑微妙であつて、決していつも二＋三＝五にならないのである。そしてそこに為政者の苦心の存するところがあるのであらう」とも言う。人心の機微をとらえることで、予想外の結果が出ることもあるというのだ。

「ところが」と中谷は続ける。「かういふ術《て》を、自然を相手にした場合に打つと、とんだ目に遭ふことになる」。自然には理法があるのだから、科学者は二＋三＝五が厳密に成り立つようにしてこそ、「渡洋爆撃を可能にし、敵の戦艦を沈め得ることになるのである」。東條英機の言い分を、否定はせずに、遠回しに異議を唱える。奥歯に剣の表現ではあるが、言いたいことはよくわかる。

ところが、同じころ雑誌『文藝春秋』に発表した「千里眼其の他」のほうは、中谷の真意がよくわからない。一九〇八年からしばらく日本中の話題をさらった千里眼をとりあげ、この種の社会的熱病が「特に大戦争下などには」流行する「虞《〔おそれ〕》が濃厚」なので、「予防医学的な意味で、当時の世相を顧みておくことも無用ではなからう」というのだが、これを書いた一九四三年三月当時の何を問題にしているのか、皆目わからない。*

＊一九〇八年の夏、熊本県の御船《みふね》千鶴子《ちづこ》が、密封したものの中を透視できると言い出した。その後、丸亀市の長尾《ながお》郁子《いくこ》なども同じ能力を持つと言い始めた。さらには、念写（容器に密封した写真乾板に、いろいろな字や図形を念力で感光させる）の能力もあるという話になった。何人かの帝国大学教授などが、透視や念写はあると主張したこともあって、「燎原の火の如く、千里眼が全国に広がり」「正《まさ》しく流行性の熱病」となった。厳密な検証実験が行なわれた結果、「千里眼といふものが、手品或は詐欺的要素が十分にはひり得る条件で行はれるものであるといふことが明かにされた」。そして長尾夫人が謎の死を遂げ、結局「闇から闇へ葬り去られ」た。

中谷は戦後、随筆集『春艸《しゅんそう》雑記』にこの一文を収録するにあたり「附記」を加え、当時の意図を解説している。それによると、一九四三年二月五日の衆議院で東條英機首相が、「砂鉄を畑の中に盛り上げ、その中にアルミニユウムの粉を加へ、火をつけると、砂鉄が一遍に純鉄になるといふ」「日本式製鉄法」を取りあげ、「これで今次の大戦を賄ふべき鉄には不自由しないと演述し」議員は皆喝采した。さらにである、「我が国の科学技術の総本山たるべき」技術院が、この製鉄法を「大いに援助をして大規模製産に移すといふ声明」を出した。これぞ「内閣と海軍と太平洋戦とを股にかけた世紀の大千里眼事件」だと思い、「それを幾分でも食ひ止める為に」この随筆を書いたというのである。

結局は、「応用化学をやってゐる友人のＨ教授が、これは放つておくとたいへんなことになるといふので、時の技術院総裁を訪ねて詳しい説明をして、その不可能な所以を説いて」くることになった。Ｈ教授とはおそらく北海道帝国大学工学部の堀義路であろう。戻ってきたＨ教授の話では、「どうも此の話には何か政治的の陰影があるらし」いという。最終局面になってようやく、大規模生産のために買い上げられる「会社の方の猛運動とＨ教授の努力と、その他各方面からの忠言とによつて」日本式製鉄法は放棄された。「すつかり問題が片付いてから、Ｈ教授に「君の千里眼も大分役に立つたよ」と褒められた」という。

こうした裏の事情を聞けばなるほどと思うが、随筆だけでは意図がまったく不明である。戦局が重大な時期に「こんな暢気な話を書く」とは「時局をわきまへないとか何とか」批判されたというのも、無理はない。逆に言うと、そこまでオブラートに包まないと、批判を口にできなかったということだ。

非効率を批判

中谷による政府批判の第二のタイプは、科学ないし科学者を活用するときの非効率を衝くものである。

一九四三年一〇月、政府は閣議決定で、総理大臣を長とする研究動員会議を設置し、重要研究課題に従事する研究者はすべて内閣が戦時研究員に任命することにした。中谷もその戦時研究員として、ニセコ山頂での着氷の研究や、根室での霧の研究を行なった。

中谷は、焦眉の課題を解決するための戦時研究員なのだから、種々便宜を図ってもらえるものと考えた。ところが実際には研究者自身が中央官庁へ行って鉄やセメントの配給切符を「戦ひ取つて」こなければならず、切符を現物に換えることも研究者がやらねばならない。切削工具のバイトが手に入らないので自分で作ろうと材料を一本申請したが、二年越しでまだ配給されない。これでは研究どころではない、と憤慨する。

人材の使い方も不合理だと中谷は言う。戦時下のいま緊急に解決すべき問題は、応用に関する問題であり、科学工業の会社にいる有為な技師がそれらに対処するべきである。すべての科学者がこぞって、これら実際問題の解決にあたるのはよくない。いまの科学振興のやり方では、「却つて我が国の科学を消耗するだけの結果に陥りはしないか」というのだ。

基礎研究の軽視を批判

「科学振興」といいながら、何の計画性もない場当たり的な、したがって成果が出るまで時間のかかる基礎研究を軽視するような政策に対しても、厳しい批判の言葉を投げつける。

中谷は、基礎研究に時間をかけることで成功した例として、ソ連のW・J・アルトベルクが行なった研究を好んで挙げる。

アルトベルクはロシア革命の直後に、河川の凍結について研究するよう政府から命じられた。五カ年計画でシベリアを開発し重工業を興すには、水力発電が必要である。しかしシベリアの河川は冬に凍結するので、発電所のタービンが氷で破壊されないよう対策を講ずる必要があったのだ。

そこでアルトベルクは、河川が、それも発電用タービンを駆動するほどに速く流れる河川が凍結する機構を、まずは研究室で一〇年あまりかけて精密な実験で追求し、水の過冷却度と凍り方との関係を解明した。その後、今度はシベリア現地で、河の水温を精密に測定する。それに数年をかけた。そして最後に、河水の過冷却度と気象状態との間にどんな関係があるかを調べ、凍結がいつ起きるかを気象状態と水温から予測できるようにした。この計画性、そして性急に結論を求めない気の長さ、それを見習え、と中谷は言うのだった。

6 戦後に向け

戦時中の暮らしぶり

終戦前の一年ほど、冬はニセコ、夏は苫小牧と野外の仕事に追われ、「札幌の研究室での比較的静かな生活」は中谷にとって「大切なとき」であり、四五年の春からは、事情の許す限り研究室で泊まることにしていた。東京では空襲が頻々としていたが、「札幌は幸ひまだ平穏無事であります。……かういふ恵れた所は日本で只今のところ北大だけらしいので、せい〴〵今の中にと思つて勉強してゐます」と岩波茂雄に宛てて書いている（四月一二日）。

それでも、七月になると札幌も緊迫してくる。理学部に「防空司令当番」があって、司令室で待機することもあった。低温科学研究所と物理教室の器械の一部をニセコへ疎開させる準備も進めた。小学校の雨天体操場を借りて、札幌が空襲で焼けたらそこで研究を続けようという心づもりだった。食糧を確保するためだろうか、畑も八町歩（約八万平方メートル）購入した。

中谷は、数年間にわたり戦時研究で東奔西走してきた。そこで得られた研究成果のほとんどが、戦後に論文として発表された。高野玉吉《たかのたまきち》による翼型への着氷の研究、黒岩大助による模型プロペラへの着氷の研究、井上直一による電気視程計の研究などである。小口八郎《おぐちはちろう》による、着氷の色々なタイプと気象条件との関係を示した研究もあった。これらは主として、低温科学研究所が発行する雑誌『低温科学』に発表された。「航空機着氷防止の技術的応用には間に合わなかったが、現象の本質を解明する基礎的研究が大切だという中谷の考えは、戦時下も戦後の混乱期にも貫かれ、研究成果の発表が慫慂された」（東晃）のである。

研究成果は残す

中谷の妻、静子も言う。

［中谷は］敗戦のとき、大学から研究資料を全部焼けといわれましたが、その命に反して、自分の研究は後輩に伝えるものと拒否しました。

戦時研究の結果を廃棄しようとしない、中谷のこうした振る舞いについては、終章で検討しよう。

第四章　貧しくも希望に満ちた時代に

1　農業物理研究所

敗戦直後、東京へ

一九四五年八月一六日、敗戦が決まった翌日のことである。前日からの疲れでぐっすり寝入った中谷は、すぐに、けたたましい電話の音で起こされた。一刻を争う事態だという。小樽へ二万人のソ連兵が上陸したから、戦時研究関係の重要書類をすぐ焼却しろというのだ。

でも中谷は、デマだろうと思い、また布団に潜った。夕方まで何事もなかったはずだ、あのような設備しかない小樽港にそれから三、四時間で二万人もの武装兵力が上陸できるはずがない、そう冷静に考えた。一時間ほどしたら再び電話があり、案の定、「今のはデマだったそうだから」という話だった。

こんなことがあってから一週間ほど後、中谷は東京に向かう。今後しばらく途絶するかもしれないという最後の青函連絡船に乗って青森に渡ったのが、八月二四日の真夜中。船では、樺太から引き揚げてきた人たちが、折り重なるようにして甲板に寝ていた。「地獄絵のような場面を見続けながら」、三日かかって東京に着いた。

それから一〇日間ほど、ニセコ山頂にある「雪中飛行の研究所を農業物理の研究所として更正させるといふ一寸聞くと妙な話をとりきめ」るのに奔走する。そして、北海道帝国大学教授を務める傍ら「財団法人 農業物理研究所」を立ち上げ、その所長に就く。財団法人の認可を得たのは一九四六年二月五日だった。

農業物理研究所

中谷の自宅（札幌市南四条西十六丁目）を研究所の本部事務所（兼札幌事務所）とし、後志《しりべし》支庁の虻田《あぶた》郡狩太村《かりぶとむら》（一九六四年よりニセコ町）に後志事務所を置いた。さらに分室も配置した。有島分室（狩太村字有島）、曽我分室（狩太村字曽我）、蘭越分室（南尻別村字蘭越）、銭函分室（小樽市銭函桂ヶ岡）、芽室分室（芽室町）などである。中谷も、有島農場の一隅に立てた小さな住宅に、疎開と称して家族ぐるみで住んだ。

各分室には農家一戸分程度の試験農場があり、そこに研究者が数年単位で住み込んで「農夫と共同して試験農耕に従事し」、その地域に固有の農業上の問題を研究するとともに、「実際に増産をする」という心づもりだった。たとえば有島分室には、畑六町歩、水田二町歩の借地のほか、サイロ付の厩舎に馬二頭と牛三頭、宿舎（一部は研究室を兼ねる）三棟（計六七坪）を用意し、そこに研究員一名、嘱託一名、雇員二名を配した。

目的と背景

研究所設立の目的は、農業に物理学を導入すること、特に天候による影響を人工的に克服することであり、研究の結果を「直ちに増産に応用し研究と増産とを一致せしめる」ことであった。中谷の見るところ、我が国で農業に化学を取り入れることはかなり行なわれてきたが、物理学は、農業土木学や農業機械学を除けばほとんど導入されていなかった。「敗戦を利用すると言つては悪いが、今日こそ我が国で農業物理学を確立すべき好機」だと考えたのである。

中谷がこうした研究所を設立した背景には、敗戦の年一九四五年が、冷害で大凶作だったという事情もある。「特に北海道の米作は三分作とか四分作とかいふ惨憺たる状態」で、豆類も薯類も収量が少なかった。北海道帝国大学でも、教職員がキャンパスのあちらこちらを畑にして、食糧不足を補っていた。

こういう冷害の年にも食糧を生産するには「天候を支配する」ことが必要だと中谷は考える。天候そのものを人工的に変えるのは無理だとしても、物理学を応用して「消極的に天候を支配する」ことはできるはずだ。たとえば、長期予報の研究を進め、冬の気象状態から夏の天候を予知できるようにすれば、作付時期や作付品種をうまく選定し、天候に順応することができる。あるいは、雪融けを早めたり、水田の水温を高める、泥炭地の地温を高めるなど、「制御可能な地上条件を通じて」天候の影響を回避することもできる。

そこで中谷は、研究員たちと共同で「融雪促進の研究」を行なった。積雪面の上に東西方向にたくさんの畝を作り、畝の南側斜面に日光がよく当たるようにする。さらにその南側斜面に土を散布することで、土に日射を吸収させ雪融けを二週間ほど早めることに成功した。また、融雪が進むことで地温の上昇も二〇日以上早まることを確認し、馬鈴薯芽出法と併用すれば多雪地帯で二毛作ができる可能性もあると考えた。

戦前に積雪地方農村経済調査所が中心になって実施していたような、積雪がもたらす現実問題の解決に直結する研究に、中谷も取り組み始めたのだ。たとえば融雪促進の研究は、平田徳太郎（農林省林業試験場嘱託）が同調査所からの委託を受けて、一九三四年から小規模ながらも実施していたものである。

農業に物理学を導入するうえで必要な新しい機器を開発することも、農業物理学研究の大きな柱になると考えた。たとえば作物の生育と、気温や水温との関係を考えるとき、その時々の温度ではなく積算温度のほうが重要な意味をもつことがある。したがって農業用の積算温度計、「今年は積算温度がまだ八〇度足りないから、今のうちに何とかしなくては」といったことが目盛りを読むだけで簡単にわかるような機器があるとよい。

そこで、兵役から大学に戻った孫野長治《まごのちょうじ》が、極めて細いガラス管の中に水を流したとき、先端からぽたりぽたり落ちる水の量が温度に比例していることを利用した積算温度計を作り、野外で誰でも使用できるようにしようと改良を重ねた。

中谷が戦後すぐに農業物理研究所を設立したのには、別の事情もあった。研究者に食い扶持を与える必要があったのだ。

研究者に職を

岩波書店の編集者小林勇がのちに回想している。戦後初めて中谷に会ったとき、農業物理研究所に夢中になっている彼に向かって、食糧が足りないのは一時的な現象であること、世界のどこかには食糧が余っていることなどを話し、「あなたのような優れた物理学者がそんなことをしなくてもいいだろう」と言うと黙ってしまった。でもしばらくして「弟子たちの仕事を見つける必要がある」と言った、というのだ。

かつてニセコで、山頂観測所の管理運営にあたっていた大日本航空技術協会の現場職員に、当面の生活を保障してやる必要もあった。

低温科学研究所は、四五年一〇月に札幌に進駐してきた米軍によって接収され、所員は「あの明るく住み心地の良かった住居」から、「暗い冷い理学部の片隅に居候として」追いやられてしまった。そうした事情も、中谷たちを学外での活動へと駆り立てたであろう。

軍事研究のカモフラージュか

中谷が亡くなってしばらくたった一九六九年、石黒忠篤《いしぐろただあつ》の評伝が出版された。木《き》村昇《むらのぼる》（もと、共同通信社論説委員）が、石黒がかつて理事長を務めていた日本農業研究所から依頼を受け執筆した『石黒忠篤伝』だ。そこにこんな記述がある。

終戦後間もなく中谷が武見［太郎］のところへやってきて、農業物理研究所をつくりたいという。

北大にいて雪や低温科学を研究していた中谷は、戦時中ニセコで軍に協力、飛行機の翼に氷のつかない実験をしたり、雪を早く消す研究をしていた。武見によると、これがわかったらさっそく追放になるので、カモフラージュに農業物理研究所の看板をかけたいと、中谷がいってきたという。武見が石黒に相談したら「すぐに看板をかけた方がよい」と賛成したので、石黒を理事長、中谷を研究所長とし、渋沢敬三《しぶさわけいぞう》の奔走で財界などから善意の献金約二十万円を集め、札幌市南四条西十六丁目に財団法人「農業物理研究所」の看板を掲げた。中谷はこのため追放を免れたのはいうまでもない。

石黒忠篤は、農林次官や農林大臣、あるいは貴族院議員などとして永年、農政に携わり、また在野においても農村更正協会会長や日本農業経済学会会長に就くなどして、日本の農業を支えてきた人物である。敗戦後は、八月一七日に農林大臣を辞任して政界を離れ、全国農業会会長（九月〜一〇月）や日本農業研究所理事長（一〇月〜）に就く。

先に引用したくだりは、武見自身が『石黒忠篤先生追憶集』に書いていることと、木村による武見へのインタビューとに基づいていると思われる（木村が武見にインタビューしたときの、走り書きメモが残っている）。戦時中に雪を早く消す研究をしていたなど、武見が明らかに思い違いしている点も一部にある。しかしこれらの資料のどれもが、中谷が農業物理研究所の看板を掲げるにあたり、戦時中の自分の研究に対し占領軍から咎めがあるのではないかと気にしていたという点では一致している。

中谷自身は随筆「ガラスを破る者」のなかで、ニセコ山頂での研究を止めたのは観測所が泥棒に入られ設備を壊されたからであって、軍事研究との絡みで止めたのではないと強調している。

GHQとの関係

終戦後、連合国軍最高司令官総司令部（GHQ／SCAP、以下GHQと略す）は、航空や原子力など日本の再軍備と結びつきかねないいくつかの事項を、研究禁止にした。それで世の人々は、ニセコ山頂での研究も航空気象に関係があるので「航空に関する研究の中止命令に引つか〻つてゐると思つているらしい。しかし米国側からは、研究の激励の言葉は再三受けたが、禁止的の言葉は一度も聞いたことが無い」と中谷は言う。

GHQは、日本が降伏文書に調印した一九四五年九月二日、司令第一号を発し、日本軍の武装解除を命ずる。その司令の中には、戦争に関連する工場や研究施設、研究データなどを現状のまま保存するようにとの命令もあった。二二日には司令第三号を出し、ウラン二三五など放射性元素を大量に抽出することに関わる研究や開発を禁止する。さらに一一月一八日には、司令三〇一号を発して、航空機を所有したり運航したりすることはもちろん、航空科学や航空力学、その他航空機や気球に関する事項を研究したり教育したり実験したりすることを禁じる。

しかし一九四六年に入ると、一月にアメリカから物理学者H・C・ケリーが来日しGHQ内の経済科学局科学技術課に配属される。そして前年の一一月にオーストラリア科学調査団の団長として来日していたJ・オブライエンらとともに活動を本格的に開始し、戦争手段の開発をめざす研究など特定

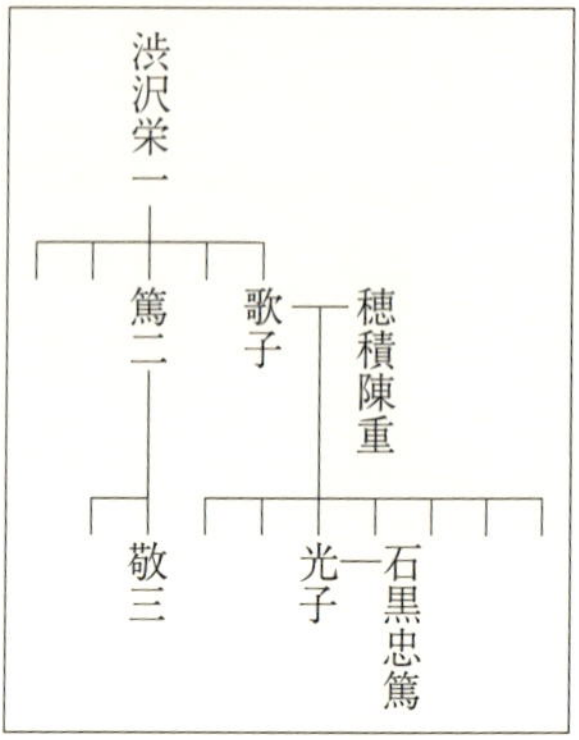

渋沢家の家系略図

のものを除き「科学知識の普及のための研究と教育」を許可する方向へと次第に舵を切っていく。

一九四六年二月、ケリーが北海道帝国大学にやってきた。戦時中に超短波研究所で行なわれていたという「殺人光線」の研究について調査に来たのである。そして数日後、札幌近郊の当別町に隠されていた電子装置を見て、それが殺人光線を研究開発するようなものでなかったことを確認する。

この出来事が一つの大きな契機となって、日本の科学者たちは、経済科学局（ひいてはＧＨＱ）が科学者を弾劾することを目的としているのでないと考えるようになっていく。逆に言うとそれまでは、ＧＨＱの対応について日本の科学者は不安を抱いていたのである。四五年の一一月二四日に、理化学研究所、京都帝国大学、大阪帝国大学にあったサイクロトロンが、原爆の製造と関係があると誤解されアメリカ陸軍の手で破壊されるという事件も起きた。

ＧＨＱのこうした対応を見ていくと、中谷の言うように「米国側からは、研究の激励の言葉は再三受けた」とすれば、それは一九四六年に入ってからだと思われる。そのときには、農業物理研究所はもう実質的に誕生していた。それに対し敗戦直後の時点では、占領軍が戦時研究に対しどういう対応をとるか、まだ予測がつかなかったはずである。したがって、あらぬ誤解を受けぬよう看板の掛け替えをしておくというのは、十分にありうる判断だったと思われる。

先に『石黒忠篤伝』から引用した文中に、「渋沢敬三の奔走で……」というくだりがあった。

渋沢敬三の知遇を得る

渋沢敬三は、「日本近代資本主義の父」渋沢栄一《しぶさわえいいち》の孫で、戦時中に日本銀行副総裁や総裁、敗戦後は幣原内閣の蔵相を務めるなど、政財界の実力者であった。渋沢栄一の長女穂積歌子《ほづみうたこ》の娘が、石黒忠篤の妻光子という関係もあって、石黒は自らの事業推進、政界進出にあたり、しばしば渋沢敬三の力を活用した。

他方、渋沢敬三はアチック＝ミューゼアム（のち日本常民文化研究所と改称）を主宰し、民具の蒐集や、民俗学、日本水産史の研究を自ら行なうほか、研究者を支援する活動も行なっていた。中谷も四歳年上の渋沢から、これから先、様々な支援を受けることになる。

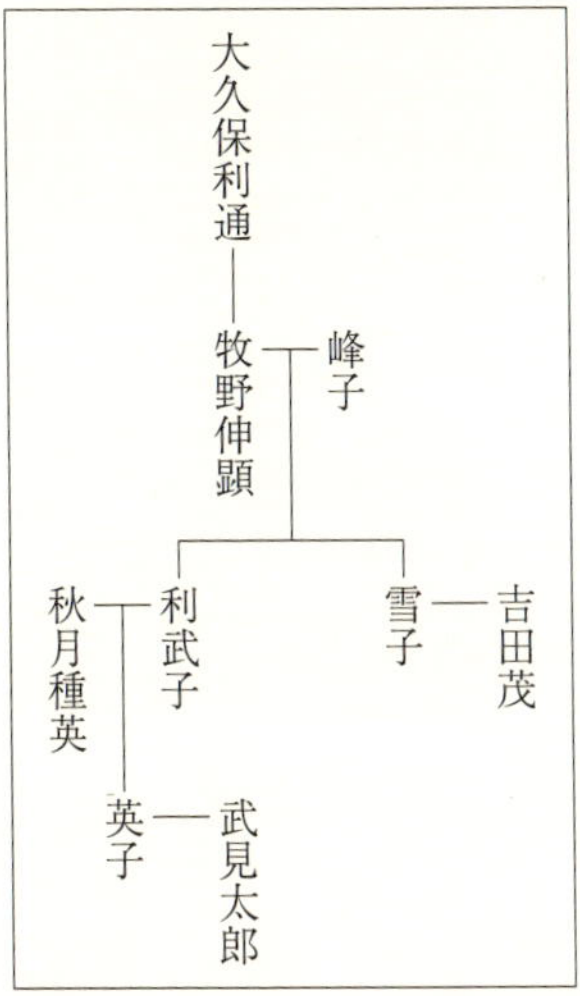

武見太郎，吉田茂，牧野伸顕の家系略図

石黒忠篤に頼る

中谷は、肝臓ジストマを治してもらって以来昵懇の間柄だった武見太郎の紹介で、石黒忠篤に引きあわせてもらった。

中谷は石黒を知らないわけではなかった。石黒は戦前に、中谷も一員であった積雪地方

石黒忠篤

農村経済調査所の理事長をしており、雪の会の例会で顔を合わせたこともあった。とはいえ、武見による仲介があったればこそ、石黒も中谷の企てを強く支援したのではなかろうか。

武見と石黒は、かねてより交友があった。一九二三年頃、農林省に共済会診療所ができたとき、次官として農林省にいた石黒が武見に「ぜひ診療所に勤めてほしい」と頼み、週に二回、午後の診療を担当してもらった。また石黒が武見に日本茶の生理薬理作用についての研究を依頼し、武見が輸出するお茶の規格を決める、ということもあった。

一方、武見は、第二次大戦の終戦時、農商務大臣だった石黒と牧野伸顕《まきののぶあき》の間にたって終戦工作の舞台裏で活躍したり、また吉田内閣の組閣にあたって吉田茂《よしだしげる》と石黒を結びつけて農林大臣の人選に奔走するなど、石黒の政界での活動を支えていた。こんな関係にある武見から頼まれれば、石黒も一肌脱ぐ気になろうというものだ。*

*牧野伸顕は、明治から昭和期の外交官、政治家。パリ講和会議全権（一九一九年）、内大臣（一九二五〜三五年）などを務める。元老西園寺公望《さいおんじきんもち》と親しく、親英米派宮廷勢力の中心人物として活躍したため二・二六事件で襲撃されるが、難を免れた。娘の夫に吉田茂、孫の夫に武見太郎がいる。

中谷は石黒に、一九四五年の暮になって、農業物理研究所の理事長への就任を正式に依頼した。あわせて、率直に資金援助も求めた。最近になって急に物価が高騰し予算も立てられないので、できれば五万円を支援してほしいと。

他方、石黒が会長を務める農村更正協会からは、一九四六年二月一日付で、不動産や物件、それと現金一万円、合わせて二八万円余りを寄附してもらった。不動産や物件の内訳は、狩太事務所木造一五・〇〇坪　一万二六九二円、曽我試験農場農家付　八町歩　一万三五〇〇円など、農業物理研究所で新たに使う土地や建物のほか、山頂観測所及風洞木造二階建地下室共　四一・七五坪　一三万六一五〇円や、実験器械一万二八八円、其の他備品五二六二円である。

実験器械には、発電用ガソリンエンジンのような大きなものから、ライカカメラのレンズやフィルターなど小さなものまで六三点、其の他備品には、布団やスキー、釜など一〇七点が含まれる。いずれも、戦時中、ニセコ山頂での観測で使っていたと思われる機器類、備品類である。

もともと中谷たちが研究に使っていた実験器械や建物などを、なぜ農村更正協会から寄附してもらうのか、その理由や経緯は、よくわからない。ただ、石黒宛の手紙などから推測するに、中谷が戦時研究のために大日本航空技術協会からの助成金で取得した物品類を、いったんは石黒が会長を務める農村更正協会へ寄附し、あらためて同会から寄附してもらったのだと思われる。軍から直接に寄附されたと誤解されないようにしておくという配慮もあったようだ。

人脈を活かす

農業物理研究所の発足に向け、中谷は財団の資産を集めるべく、知遇を得ていた人たちに働きかけを続けた。

その結果、株式会社壽屋社長の鳥井信治郎から、五万円を提供してもらうことができた。鳥井はかつて中谷に学資の支援をしてくれたほか、戦時中にも低温科学研究を何くれとなく支援してくれ、中谷のよき理解者、支援者であった。

桃谷嘉四郎には、四万円を寄附してもらった。桃谷は、第四高等学校で同級になって以来の親友で、明治時代創業の桃谷順天館を継ぎ、同社社長に就いていた。

九州に住む久徳通夫も四万円を提供してくれた。

中谷が久徳と初めて会ったのは、一九四三年一月、久徳が第十一野戦気象隊長として札幌にやって来たときのことである。中央気象台長の藤原咲平《ふじわらさくへい》が久徳のことを評価していて、「相談相手になってやってくれと、言って寄こ」していたのだ。中谷が言うに、「久徳さんは、日本人には珍らしい合理主義者であって、それが良いとなれば、その通りにする人」である。戦争末期に根室で霧の研究をして以来、「久徳さんとは、親しく付き合って来た」のだった。

農業物理研究所の、理事や監事の顔ぶれにも気をつかった。理事長は石黒忠篤、理事は鳥井信治郎、小熊捍、それに中谷とした。

監事には、藤原咲平、桃谷嘉四郎のほか、島善鄰《よしちか》にも加わってもらった。島は、日本におけるリンゴ栽培を科学に基づいた近代的なものに変えた人物で、日本各地のリンゴ農家から「リンゴ博士」「リンゴの神様」と呼ばれ、尊敬されていた。このときは農学部長だったが、一九五〇年には学長に就く。

北海道農業試験場の場長には評議員になってもらおうと考えた。実際に農業を始めるとなれば、種子や肥料、農具などが必要になる。中谷たちには結局のところ農業試験場から分けてもらうしか手がない。そこで場長に相談したところ、本来は試験場でも中谷たちのやろうとしている研究をする必要があるからと、たいそう乗り気でいろいろ便宜を図ってくれた。そこでいっそのこと評議員に入ってもらったほうが好都合だと考えたのである。

つづく苦労

一九四六年の春すぎには、何とか順調に進み始めた。五月末までには、畑二二町歩に種まきを終え、一息つくことができた。

そうした矢先、悲しみが中谷を襲う。一一歳になっていた長男の敬宇《けいう》が、この年の夏、病にかかったのである。一家は札幌に住まいを移し、敬宇を札幌医大病院に入院させて治療に努めるも、一一月三日、ついに亡くなった。

しかし中谷は、長男を失ったことを「強いて忘れようとするかのように、農物研〔農業物理研究所〕の仕事に打ち込んでいった」。葬式の終わった日の午後にはもう、自宅の応接間で研究所会議を開き、一二月一六日には農学部の講堂で研究発表会を開いた。石黒への手紙でも、ちょっと家に取り込みがあって連絡が遅れたと書くのみで、長男の死には触れていない。

資金繰りの苦労も続いた。札幌のビール会社支店長に七万円の寄付を申し込んだ。すると、石黒のような人物から社長に話をしてくれれば見込みがあるかもしれないとのことだった。中谷はさっそく、石黒に社長への働きかけを頼む。

その二ヶ月ほど後には再び石黒に、農業総合研究所から補助金を受けられないだろうかと相談する。この手紙を中谷が書いた頃、東京帝国大学農学部の教授（農業経済学が専門）東畑精一《とうばたせいいち》が農業総合研究所の所長となっており、石黒は東畑と親しかったので、石黒からの働きかけを期待したのである。

北海道帝国大学の総長にも助力を求めた。北海道興農公社（のちの雪印乳業（株）の母体）と北海道農業会からそれぞれ一〇万円、北海道拓殖銀行から三万円の寄付をもらったが、今後はもっと大規模にやらないと自活していけないので、総長と北海道庁長官とで北海道の各方面から百万円を目標に寄付を集めてくれるよう頼んだのである。とにかく着手して見てくれるというので、総長に理事になってもらい札幌での理事長代理を依頼することにした。戦前からの総長今裕が一九四五年一一月に辞し、代わって伊藤誠哉《いとうせいや》が戦後初代の総長（一九四九年五月から学長）に就いていた。

人脈を頼りに寄付を募る中谷の行動力は圧巻である。

2　科学の啓蒙

中谷が久徳から支援を受けた、ちょうどその頃、逆に中谷も久徳を支援していた。

久徳通夫への支援

久徳は、一九四五年三月に、札幌から福岡に第三陸軍気象隊長として移った。気象隊にとって一番重要なのは、観測データを印刷する紙である。そこで主任の川村敏雄が三ヶ月あまり駆け回って一年分に近い紙をなんとか集めた。

ところがそこに終戦の知らせ。「命令に依って民需へ移すことになった夥しい紙の山を見て私〔久徳〕と川村君とは涙ぐみました。「セメテ一部分でも本の形にした上で」といふ小さな希みがその時生まれて私の畏友中谷宇吉郎君（北大）と二神哲五郎《ふたがみてつごろう》君（九大）とに」相談したのだった。*
＊二神哲五郎は、東京帝国大学理学部で中谷と同級であり、卒業後も同期に理化学研究所の研究員となった。
このときのことを中谷は、「終戦直後、九州の或る友人から、むつかしい質問をうけた」と書いている。「公共的な意味で使ひたい紙の手持が少しあるが、それを新生日本の糧として残すといふ意味で、本にして少数の人に配つておきたい、その目的に適ふやうな本を、明治大正昭和を通じて一冊だけ選んで貰ひたい」と頼まれたのだ。中谷は考えた末に寺田寅彦の『物理学序説』を推薦した。

『物理学序説』は、『寺田寅彦全集』の一冊として一九三八年に世に出た。ところが、「反響を心待ちにしてゐたのであるが、学界からも一般知識人からも何の反響もなく、一二の例外を除いては、殆んど話題にすら上らなかつた」という。そこで中谷は、岩波書店からだけでなく久徳からも世に出してもらい、多くの読者に届けようとしたのではなかろうか。

久徳は、「博多で生れ、博多で滅びた部隊の悲しい記念として」表紙には博多織の布を用い、八〇〇部印刷して新聞広告で希望者を募り、実費で配った。版権については、岩波書店と寺田家に対し「中谷博士から御挨拶をお願ひ」した。「利益を挙げるのが目的でないなら岩波も見ないふりしてくれるだろう」と中谷は言ってくれた。

久徳は奥付に替えて自らのメッセージを掲載し、「此の小さな記念物が二十年後、三十年後の日本の一隅で一冊でも生き残つて敗残日本の在り方、行き方を真面目に考へてくれる青年を一人でも生めば私は本望であります」と書いた。メッセージの日付が一九四六年二月下旬であるから、本が世に出たのは春ないし夏ごろだろうか。

中谷が、志ある出版者に支援の手を差し伸べた例は、ほかにもある。敗戦後まもない頃、戦前に書いた随筆と戦後に書いた随筆とを二部に分けて構成した随筆集『春艸雑記』を世に出そうと思う。そのとき中谷は、鐵村大二の「熱心な希望で、生活社から」日本叢書シリーズの一冊として出すことにした。同社の鐵村が、「防空壕の中で読む本」を世に送りたいと奮闘し、「日本叢書」を始めていたからである。

ただし鐵村大二は一九四六年の七月に病気で亡くなってしまったので、一九四七年一月に出版された同書の奥付は、発行者　鉄村眞一となっている。

敗戦の翌年、一九四六年の春四月に、『科学と芸術』という雑誌が新しく発刊された。発行者は、三月一六日に総会を開き社団法人としてスタートした日本科学芸術協会である。

『科学と芸術』

日本科学芸術協会とはどんな団体なのだろうか。設立趣旨にはこう謳われている。

人間完成には飽なき人間探求がなされねばならぬ。その主なる基盤は科学と芸術である。過去に於るこの二つの遊離は人類を不幸にした。新しき高度の文化は科学と芸術の全き融合に胚胎する。我らはこれを新に認識し発足する。此の道こそ民主主義と世界協力へ通ずる大道である。

こうした目標を達成するために、日本科学芸術協会は世界の科学者や芸術家との交流を進め、講演会場やサロン、ホテルが備わった総合研究所を設立し、会員のための診療所など福利厚生事業を運営する予定だという。また、月刊総合雑誌『科学と芸術』と、一般大衆向け科学啓蒙雑誌『生産科学』の発行も行なうという。

『科学と芸術』第一号の冒頭には、プロレタリア作家徳永直《とくながすなお》による、「諸君！　白い飯を腹いっぱいに喰ひたいではないか」という書き出しで始まる檄文が掲載されている。

「聖戦」といひ「大東亜戦争」といひ、夫を、父を兄弟を、百万も殺したのは誰だ？……諸君！われわれ青年男女はもう眼をさまさなくては不可ない。……われわれは起たうではないか。われわれは白い飯を、りっぱな本を、楽しい映画を、真面目で自由な恋愛を、日本の封建的ファッシズムからうばひかへすために起たうではないか！」

この第一号に中谷は随筆「美しき泥炭地」を寄せ、泥炭地の、特に晩秋の風趣と色彩のすばらしさを描写している。

日本科学芸術協会は、陣容も立派である。顧問に岩波茂雄（岩波書店社主）、豊島與志雄《とよしまよしお》、徳永直、辻二郎《つじじろう》（理化学研究所副所長）、土方興志《ひじかたよし》（新築地劇団でプロレタリア演劇、戦後は共産党に入党）を迎えている。参与には石川達三《いしかわたつぞう》、壺井栄《つぼいさかえ》らを迎えた。

「地方支部」の制も設け、北海道支部長には中谷が就いている。彼が支部長としてどんな活動をしたのかは不明であるが。

雑誌『科学と芸術』は、どうやら四号までで終わったらしい。中谷が寄稿したのは最初の一回だけである。またもう一つの科学啓蒙雑誌『生産科学』のほうは、発刊に至らなかったようである。

中谷は岩波茂雄からの誘いでこの会に名を連ねたのかもしれない。いずれにせよ、敗戦直後に雨後の竹の子のように勃興する文化活動に、中谷が積極的に参加、あるいは支援の手を差し伸べたという一例である。

シベリア式農法への関心

中谷は、『科学と芸術』のような、プロレタリア作家徳永直の檄文が載るような雑誌であっても自分の文章を寄せ、同人に加わってもいる。〝左翼的なもの〟を特に忌避する様子は見られない。ソ連の科学技術についても同様であり、その優れた点を率直に称揚する。

シベリア式農法に強い関心を示しているのが、その一例である。中谷が遺した資料のなかに、「寒地農業研究所案」という文書がある。農業物理研究所を継承して設立することを想定し、一九四六年度からの予算が記されているので、おそらく一九四五年度末ごろに書かれたものであろう。研究所の主旨について「北海道における耕地の造成並に改良の研究と耕転法の研究とに力を注ぎ併せて適性農作物の決定に及ばんとす」と述べ、「ソ連のシベリア開発の方法を参考とし」、物理学的、地球物理学的、地質学的研究方法を導入するとしている。

また『農業物理学雑話』でも、「ソ連は凍土上に特殊の栽培法を行なふことによつて、シベリアで大量に小麦を生産し、それが今度の戦争中のソ連の食糧事情に甚大な貢献をしたのださうである」と述べ、農業物理研究所では「十勝の凍土地帯に小麦のシベリア式農法を導入するための基礎資料として」凍土の性質を調べる、と書いている。

ソ連の事情については、農業物理研究所の研究員でもあった濱田秀男《はまだひでお》（北海道帝国大学農林専門部教授）から情報を得たのであろう。濱田は戦中にハルビンで『小麦の超早春播種法』など、春蒔き小麦の早蒔法を紹介する本を出版していたし、戦後も『ミチューリン――ソ連農業の父』を表わすなど、ミチューリン農法を日本に紹介した重要人物の一人である。*

*ミチューリンは、ソ連の果樹園芸家。ダーウィンの学説を指針に耐寒性品種の育成を研究し、三百種以上の品種を作り出した。

ただし、中谷はその農法を「ソ連の輝かしい勝利」だと称揚しているが、共産主義への賛意を表するような発言は見られない。とはいえ、概してソ連に好意的であることも間違いない。アメリカやソ連では「本当の意味で積極的に天候を支配しようとする企て」に手をつけているが、「特にソ連の方が此の問題には興味を持つてゐるらしく、イリーンの通俗書などにも、砂漠の緑化、人工降雨、ヴォルガの改修などが、よく採り上げられてゐる」という。ソ連の、科学に基づいた大規模な計画的手法に共感を抱いていたのだ。

『村の科学』

久徳通夫が九州で『物理学序説』を出版した頃、同じく九州の福岡で『村の科学』という雑誌が発刊された。「新日本農業と技術」や「漁村科学化の基本的命題」といった、農漁村に関わる記事だけでなく、「暴風（雨）警報が出たら」とか「栄養失調」といった記事も掲載する、総合科学雑誌という趣のものである。

「創刊御挨拶」によると、雑誌のタイトルにある「村」は、都会に対する農漁村という意味ではなく、「国の縮図としての村」という意味である。「村は小さな町、町は小さな国であります。村が良くなり町が良くなればそのままで国が良くなるのでありませう」。今回の敗戦も結局のところは「文化の敗残」だった。文化の基本は「正しく物を見ることの出来る底力」だろうから、『村の科学』では真理を追究する。身の回りの小さなことについて、ほんとうのところを見抜けるようにしていくのだという。

この雑誌は、九州帝国大学の教授たちを中心とする雑誌だったが、そこに中谷も幹事の一人として加わっている。* そして随筆もいくつか寄稿した。

＊あと二人の幹事は、二神哲五郎と鈴木清太郎《すずきせいたろう》である。農業物理学者の鈴木は、寺田寅彦の影響を強く受けていた。

幻の『雪十五年』

『村の科学』第三号に、こんな社告が出ている。「中谷宇吉郎著「雪十五年」九月下旬発送予定にて出版を計画して居ります」。

そして第五号（一九四六年七月一〇日発行）には宣伝が大きく出た。

本誌に毎号執筆の幹事中谷宇吉郎君は寺田寅彦博士直門の物理学者で世界で初めて雪の結晶の人工製作に成功した人としても、優れた随筆家としても著名の文化人であります。中谷博士の雪に関する本格的出版は岩波新書の「雪」以来九年目で今回の様にまとまつたものははじめてです。雪を通じて博士は終戦後の日本に何を訴へられるでせう。（アート紙顕微鏡写真一〇〇枚、本文二〇〇枚、菊版美本）……

中谷は、戦時中の一九四二年暮、五〇〇〇枚を超える雪の結晶写真のなかから約一九〇〇枚の代表的な写真を選び、それに本文をつけて岩波書店に渡した。しかし戦局の悪化とともに「もはやあの膨大な著書が世に出る見込は極めて少くなつてしまつた」と思い、「せめてものことに、自分の雪の研究の過程と、簡単な結果の記録とを、もつと普通な型の本として出版しておきたいと思つた」。コンパクト版を作ろうと思ったのだ。そこで一九四四年の正月休みに、「北千島空襲の報を耳にしながら」序文を書いた。

案の定、「あの膨大な著書」は「刷り上つたところで、千九百枚の銅版と共に、戦災によつて焼失してしまつた」。でも、コンパクト版の序文は原稿が手元に残っていた。

敗戦後「その序文を読み返してみて私は再び勇をふるつて」、コンパクト版を出版することにした。

それが『雪十五年』である。そして「敗戦後の全く変つた心組の下で」あらためて「今一つの序文」を書いた。二つできてしまった序文は、『雪十五年』の出版予告を兼ねて、『村の科学』第四号に発表した。

しかし、『雪十五年』は結局、陽の目を見なかったようである。「八月十五日脱稿、八月二十日原稿印刷所渡し、九月中旬校正、九月下旬校了、十月中旬発売」、購入希望者は予約金四四円とともに申し込むようにという、村の科学社の社告まで出ていながら、幻に終わってしまった。

他方、「あの膨大な著書」のほうは戦後の一九四九年に、一九四二年六月付の序文を付して、岩波書店から『雪の研究』として出版された。

サントリーの雑誌に

敗戦から半年後の一九四六年二月、鳥井信治郎が社長を務める壽屋（のちのサントリー）では（財）食品化学研究所を設立し、信治郎の二男、佐治《さじ》敬三《けいぞう》が所長についた。

佐治は、大阪帝国大学の理学部で有機化学を学び、「大学で研究者になりたいという気持ちもあったが、会社の仕事が忙しくそうもいっておれない。そうしたなかで復興への情熱をかけて若者に期待を託した研究所の設立を思い立った」のである。研究所の趣意書にはこう謳った。「食品化学を研究し正しき食観念を指導普及して国民栄養の向上に寄与する」。

この目的を達成するため、家庭向け科学雑誌『ホームサイエンス』を発行することにした。日常生活のあれこれに話題を拾った文化記事、科学記事を掲載するもので、たとえば一九四六年一一月発行の創刊号には、「気象と文化」「女性と科学性」「乳幼児と果物」といった記事が並び、随筆のコーナーには中谷の「科学と秘密」が掲載されている。中谷は第三巻第一号にも「光栄の雪」という文章を寄せた。一九四六年の暮、東宮や天皇皇后らに、雪の研究に関する幻灯を見せたときの様子を描いたものである。

『ホームサイエンス』は八号で廃刊となるが、一九五六年になると、あらたに広報誌『洋酒天国』の発行が始まる。編集長は、二年後に芥川賞を受賞することになる開高健《かいこうたけし》で、『洋酒天国』はやがて大人向けのおしゃれな雑誌として「夜の岩波文庫」とも呼ばれる。

中谷はこの『洋酒天国』の創刊号に、「味を楽しむ」と出した随筆を寄せている。アメリカ滞在中の経験をもとに、「カクテルの本来の姿は、家庭で各自に好みの味をつけて、その味を楽しむ」、庶民の飲みものであると説いた。ちょうどこの頃、壽屋では、各種洋種の詰合わせセットや特製シェーカーなどを景品とする「ノーメル賞」を制定し、読者から新しいカクテルの提案を募集していた。手軽に洋酒を飲む習慣を広めようと、広報に努めていたのである。

これらサントリー広報誌への寄稿には、かねてより何くれとなく支援してくれた鳥井信治郎へのお礼の気持ちも込められていたのではなかろうか。

『秋窓記』

一九四七年の五月二九日、「空前の豪華な文士一行」が、横浜から氷川丸に乗船して北海道講演旅行に出発した。一行は、嘉治隆一《かじりゅういち》、亀井勝一郎《かめいかついちろう》、河上徹太郎《かわかみてつたろう》、川端康成《かわばたやすなり》、久米正雄《くめまさお》、小林秀雄《こばやしひでお》、清水幾太郎《しみずいくたろう》、田中美知太郎《たなかみちたろう》、中村光夫《なかむらみつお》、長谷川如是閑《はせがわにょぜかん》、柳田国男《やなぎたくにお》、そして中谷宇吉郎の一二名である。

講演旅行のお膳立てをしたのは、三浦徳治（鎌倉文庫・創元社北海道支社長）や那須国男《なすくにお》（青磁社社員）、巌谷大四《いわやだいし》（鎌倉文庫出版部長）らであった。氷川丸の事務長も、当代一流の作家評論家が乗り込むというので、特別に広間のような一室を提供し、そこにボーイが特別の料理を朝昼晩運ぶなど、大歓迎してくれた。

一行は、函館に上陸して湯の川温泉で一泊、列車で札幌に向かう。そして六月二日午後一時から、北海道大学の講堂で小林秀雄、田中美知太郎、長谷川如是閑、柳田国男の四人が講演し、その後「私小説について」と題したパネル・ディスカッションを行なった。

一行には、青磁社社長の米岡来福や専務の片山修三も参加していたから、青磁社と中谷との縁は、この頃に始まったのかもしれない。

中谷はその青磁社から、『秋窓記』と題した随筆集を一九四九年に出版する。「装丁が一寸自慢」と愛読者の一人に書き送っているから、中谷自身が装丁したのであろう。紺の布地に紙が貼ってあり、そこに中谷が黄彩色の鳥を描いている。

初版は、印刷も製本も札幌でなされている。戦後、北海道には印刷用紙が比較的潤沢にあったので、札幌に支社を置いていたのである。

「上伊那の気象」

中谷は一九四七年に「上伊那の気象」と題した小論を発表した。天竜川の上流、上伊那地方で、郡内三二の小学校の先生たちが毎日朝十時に、気温や湿度、雨量、風向などを子供たちに観測させるという活動を、もう一〇年も続けていることを紹介したものである。そして、ごく狭い地域内にこれだけ多くの観測所を設け、しかも一〇年も休みなく続けた観測は、局地気象の研究にとって極めて価値の高いものだと賞賛する。「素人にしては感心だとか、田舎の小学校などでよくやったとか」いう条件付きでなく、それ自体で価値が高いという。

中谷は、「所謂天下の大学者」でない人たちが、「殆んど器械らしい器械を使わなくてやった仕事」でも、「素直に自然の本体に没入した研究」でさえあれば、十分に科学の発展に寄与できると指摘する。そうした例として、ほかに「東京の自由学園の霜柱の研究とか、北海道の昭和新山の生成についての壮瞥《そうべつ》村郵便局長三松正夫《みまつまさお》氏の観測記録」もあげている。

「自由学園の霜柱の研究」というのは、同校の自然科学グループの生徒たちが、巧みな実験で霜柱の成因などを解明したもので、中谷も戦前からことあるごとに随筆でこの研究を取りあげ、激賞していた。

一般市民も研究に参加しうるという中谷の主張は、古生物学者の井尻正二《いじりしょうじ》が一九四八年に野尻湖畔で始めた発掘調査を彷彿させる。地元の旅館の主人がナウマンゾウの臼歯化石を発見したのを機に井尻が始めた、専門家でない人も参加する「大衆発掘方式」である。

自由学園の霜柱の研究で中心となって活躍し、卒業後の一九四一年、低温科学研究所の中谷のもとで研究したことがある藤田ミチにも、同じような発想が見られる。戦後の四七年、雑誌の投書欄に「専門家と素人のむすびつき」という一文を発表して、こう述べている。「「自然科学者」と「素人」

が本来共通であるはずの問題に、ともに直面出来るような方法がつくり出されることをのぞんでいます」。そのためには「素人が誰でも自分の問題を研究してみることの出来る「町の研究室」の設立と、それを指導する科学者の配置」が必要ではないでしょうか、と。科学者と大衆との学びあいを希求しているのだ。

敗戦で一挙に花開いた民主主義が、科学研究の場にも流れ込んできている。

『雪晴れ』

中谷研究室では戦後、若手が中心になって文芸雑誌を発刊しようということになった。中谷に相談したところ、「戦争も終つたことですし、ゆつくりやるのも良いでせう」と励ましてくれた。印刷用の紙も提供してくれた。ふと窓の外を見たら「降つてゐた雪もいつの間にか止んで柔い冬陽が雲間より洩れ輝いてゐるところに感じて」、誌名は『雪晴れ』とつけられた

第一号は、発行の中心となった若手の短編小説や詩などを掲載し、全二六ページで一九四六年一月に発行される。二号、三号と進むにつれ、内容も執筆者も次第に広がっていくが、発行は次第に遅れ気味となる。一九四九年三月の第五号までは確認できるが、その後は不明である。

第一号の編輯後記に「先生も大へん張り切りなされて何か書いて下さるとのことでした」とあるが、第五号までに中谷の寄稿は見あたらない。

3　水害の研究

洪水調査

北海道の中央部に位置する大雪山系、その最高峰旭岳に発し、北海道の主要な米産地である上川平野を流れ下って、旭川市で石狩川の本流に注ぎ込む忠別川。その忠別川の中流域で、一九四七年八月一五日、大雨が降って堤防が切れ、広範囲の田畑が冠水するという被害が出た。

中谷は「匆々《そうそう》のうちに計画を立て」、二八日にはもう、総勢二七名の研究者を旭川に集合させ、翌二九日から九月三日まで調査を行なった。農業物理研究所のメンバーのほか、北海道帝国大学（この年の九月末日に北海道大学と改称）の理学部、農学部、工学部、低温科学研究所、さらに札幌気象台などの研究者が参加した。

若手研究者たちの間では「農業物理研究所の仕事が多少マンネリ化していて何か新しい刺激が欲しかった」という面もあったようだ。洪水被害が新聞やラジオで報道された数日後、理学部中谷研究室の昼食会で、皆で洪水の調査に行ってはどうかという話が出たとき、東晃や菅谷重二などが新しい刺激を求めて「先生、ぜひやりましょう」と強く持ちかけたという。

常識にとらわれない

中谷たちは従来の水害調査とは違う、新しい視点を導入した。これまでの調査は、応急措置を講じたり復旧予算を立てるのに必要なデータを迅速に集めるためのもので、時間のかかる科学的調査は行なってこなかった。そこで今回は、代表的な被害地に調査地点を絞り、その代わり多角的な観点から精細な調査をすることにした。常識的な見解にとらわれない調査、と言ってもよいだろう。

洪水が起きると、異常なほどの降水量だったから、としばしば言われる。そこで中谷たちは、どの時間帯にどの地域でどれだけの降雨があったかを詳しく調べた。すると「十年に一度程度の豪雨ではあつたが、特に異例といふほど急激な雨ではなかつた」ことがわかった。

戦時中に山の樹木が大量に伐採されたため洪水が起きやすくなっていたのだ、とも言われた。これも調べてみると、山の木が伐採されているからといって出水が多いとは限らないことがわかった。

氾濫と農作物の被害との関係も綿密に調べてみた。すると、洪水域の大部分で「氾濫による堆積土は土地改良的な効果を及ぼしたと考へられる」ことがわかった。

中谷はこれらの調査結果を、農業物理研究所編『水害の総合的研究』にまとめ、一九四八年三月に発表した。

4 「国土の科学」

研究テーマ

敗戦直後、雪の研究から農業物理の研究へと方向転換を図った中谷だが、それから二年もたたないうちに、今度は水害の研究へと、またまた方向を変えたのだろうか。

中谷が一九四八年五月ごろにまとめたと思われる、『国土の科学』と題する冊子がある。これから進める研究の提案書、マニフェストとでもいうべき性格のものである。その冊子で中谷は、一九四八年度の主要研究題目として次の五つを掲げている。一、水害の総合的研究、継続　二、大雪山積雪量および融雪出水調査　三、大規模融雪促進の研究と凍土地帯秋蒔き作物増収の研究　四、融雪促進の農業的研究　五、北海道農業における春化処理の応用

筆頭にあがっているのが水害の総合的研究で、前年度（一九四七年度）に忠別川流域で行なった研究をさらに発展させることを目論んでいる。

第二項目は、一見したところ、まったく新規のテーマに見えるが、じつは第一項目「水害の総合的研究」の発展形である。忠別川の水源となる大雪山について、上流域全体にわたって約一〇〇〇地点を定め、冬期間の積雪量や、融雪速度、融雪速度と気象との関係、融雪速度と河川流出量との関係、雪面からの蒸発量、地下へ浸透する水の量などについて、現地調査を行なうというものである。

河川の水源としての積雪がどのように融け、どのように川の水として出てくるかを調べる。その結果を、洪水の予防や河川水の有効利用につなげようとの目論見である。

そして三～五の項目はどれも、農業物理研究所がこれまで各分室で行なってきた研究の継続である。

こうしてみると「国土の科学」は、農業物理研究所が当初から計画していた研究に、水害の調査に由来する研究を加えたものになっている。農業物理学を包含しつつ農業物理学をさらに発展させたものとして、「国土の科学」を位置づけているのだ。

「国土の科学」というアイデアには、もう一つの根があった。TVAである。Tennessee Valley Authority 略してTVAは、一九三三年にルーズベルト政権のもとで設立された、テネシー川流域の総合開発事業を展開するための公社である。七つの州にまたがる約一〇万平方キロメートルの広大な地域で、ダム建設と発電、植林、土地保全、洪水防止、水運の改善、肥料工場の建設と農業の振興など、多目的の開発事業に取り組み、開発の遅れていたテネシー川流域に豊富な電力を供給することで地域の発展に寄与した。

TVAと結びつける

中谷の見るところ、TVAは「科学と技術とを極度に利用し」問題解決に成功した例として重要である。また土地も河川も森林も鉱山も農業も産業も人畜もすべてが統一的な全体をなしていると考え、「総合問題として採り上げた点に特徴がある」。ただし、TVAの精神を活かした総合開発計画を進めるには、その基礎となる、しっかりとした科学的知見が必要である。そして「国土の科学」こそ、そうした科学的知見を追求するものだ、と中谷は主張する。

中谷は、研究マニフェストともいうべき『国土の科学』の冒頭で、自らの提案する「国土の科学」をこのようにTVAと結びつけることで、その意義を高めようとしている。

中谷のこうした研究戦略の背景には、政府内での、ある動きがあった。

資源委員会とTVA

一九四六年八月一二日、政府は経済安定本部を新設する。戦後の経済再建とそのための緊急対策を立案するには、既存官庁の枠を越えた総合的な調整が必要だというGHQの意向を受け、経済政策に関する総合企画官庁として設置したのである。

経済安定本部では、経済復興計画を進めるにあたって、国内資源の保全と利用のあり方を徹底的に再検討し、計画的・総合的に利用することが重要だと考えた。そこに、ＧＨＱ天然資源局技術顧問アッカーマンの発言が飛び出す。「資源の有効な利用を図れば、日本の将来は明るい。そのために日本は近代科学の成果を取り入れることに積極的な努力を払い、かつ総合的な計画を立てるために整備された機関を持つべきである」という趣旨の発言である。

これを機に、安芸皎一《あきこういち》（内務省土木試験所長）や大来佐武郎《おおきたさぶろう》（外務省調査局員）らは頻繁にアッカーマンと会談し、日本における資源問題を議論するようになった。そして一九四七年一二月、経済安定本部の中に資源委員会を設けた。その役割は、「経済安定のための緊急な施策に関する経済計画の樹立に必要な、資源の有効かつ総合的な利用に関し、その基礎資料を蒐集整理し、調査審議し、これに基づいて、経済安定本部総裁に対し必要な報告及び勧告を行なう」ことであった。

大来佐武郎はこの当時を振り返って、「資源委員会のアイデアは……アッカーマンと、安芸皎一博士や私たちが何度か会って、アメリカの資源委員会やＴＶＡの話を聞き、敗戦後の国土再建と結びつけて発想したものであった」と述べている。この発言からわかるように、資源委員会にはＴＶＡの発想が流れ込んでいるのだ。

他方、経済学者の都留重人《つるしげと》も活動を始めていた。都留は、戦前にアメリカに留学して経済学を学び、ＴＶＡ資源開発総合計画について研究していた。敗戦後は、ＧＨＱ経済科学局（ＥＳＳ）に勤める傍ら、雑誌『新人』の一九四六年三月号に「アメリカ経済の新しいフロンティア　ＴＶＡのことども」と題した小論を発表し、TVAの意義をいち早く日本に紹介した。そして一一月には、安芸皎一、大来佐武郎らとともにTVA研究懇談会を立ち上げる。さらに社会党片山内閣のもとでは、経済安定本部の次官に就任する。都留のこうした活動からしても、経済安定本部や資源委員会には、TVAの考え方が浸透していたと考えられる。

そして中谷は、一九四八年三月、この資源委員会の委員に就任した。TVAについて、自ずと詳しく知ることができたであろう。

ちょうどその頃、TVA研究懇談会は、都留が先に雑誌『新人』に発表していた小論を、『米国経済の新しいフロンティア』と題して再刊した。中谷は『国土の科学』を、この書の紹介から始めている。

すばやい着目

TVAへの関心が一般の人々の間で高まり始めるのは、一九四八〜四九年ごろである。読売新聞が一九四八年の八月に「時の言葉」というコーナーでTVAを解説しているように、このころからTVAが人々の話題に上り始めた。そして翌四九年の七月、TVA理事長だったリリエンソールの著書『TVA、民主主義は進展する』の邦訳が出版されるころになって、新聞紙面にTVAの文字が頻繁に現われるようになり、ラジオ番組でもTVAの解説がなされる。そして一九五一年三月、リリエンソールその人が来日するに至って「TVAの全盛時代」を迎える。

こうしてみると、中谷はかなり早くからTVAの意義や重要性を見抜き、しかも日本でもやがて大きな話題になるであろうことを見越して研究マニフェスト『国土の科学』のなかにTVAを取り込んでいたのだ。
武見太郎は、かつて中谷が敗戦を知るやニセコの研究施設を農業物理研究所に看板を掛け替えたことを評して、「学者の中ではまれにみる頭の回転の早い人であった」と言った。それに倣って言えば、農業物理を「国土の科学」へと展開し、それをいち早くTVAと結びつけた中谷は、やはり「頭の回転の早い人」だったと思わざるを得ない。

高野與作の守り立て

中谷は資源委員会と接触することでTVAへの理解を深めたと思われる。では、何が彼を資源委員会と結びつけたのだろうか。

一九四七年の夏、忠別川の洪水調査を「ぜひやりましょう」と中谷に持ちかけたときのことを、東晃はこう回想している。

宇吉郎は、その場ですぐには賛意を表さなかったが、内心これはよい機会と思ったようだ。……宇吉郎の親友・高野與作は満洲から［一九四七年二月に］引き上げてきて、一九四七年六月には経済安定本部建設局長になっていた。高野に頼んで研究費を出させることにすれば、地元北海道庁の援助も得やすくなると考えてさっそく東京に電話したのではないかと想像される。

この資金獲得の見込みは的中し、一二月には、経済安定本部から約束通りもらえることが確実になった。さらに北海道庁からも援助をもらうことができた。

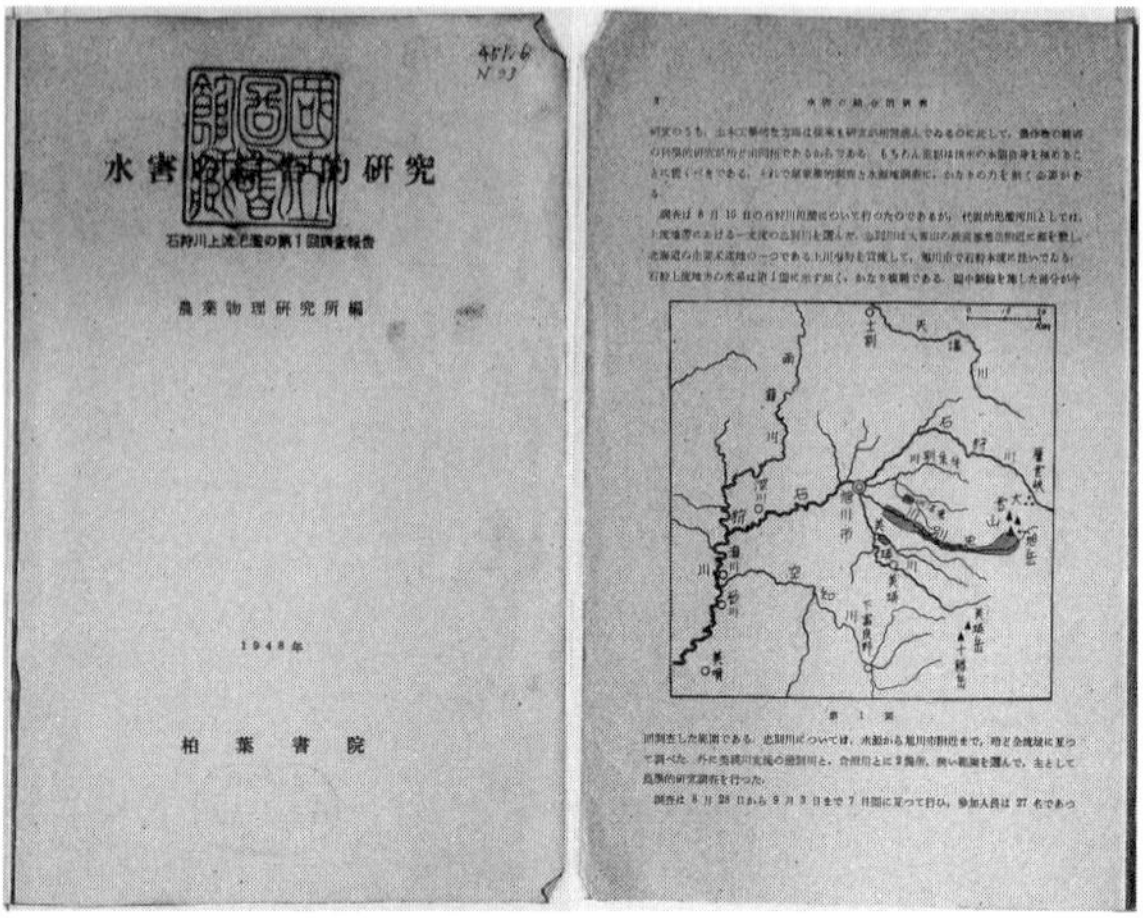

『水害の総合的研究』

忠別川調査の報告書『水害の総合的研究』も、「経済安定本部建設局長の委嘱による水害の総合的研究の第一報告」であった。建設局長とは、高野與作その人である。そして「当時の安本［経済安定本部の通称］の建設局長は公共事業費を一手ににぎる大変な権力を持つポジションだった」。

中谷が資源委員会の委員に就くにあたっても、この高野が一枚噛んでいるのではなかろうか。委員名簿で中谷の専門が「農業物理」となっているから、雪を中心とする戦前の研究ではなく、敗戦後に始めた農業物理分野での活躍が買われて、委員に招かれたのであろう。

ちなみに、高野與作が経済安定本部の建設局長に納まるにあたっては、茅誠司の口添えが効いたようである。茅がこんなエピソードを書き残している。

或る日和田博雄《わだひろお》さんの使いで大来佐武郎さんが私を訪ねてきて、高野さんについて意見を聞きたいと言われた。和田さんは社会党だったけれど、吉田茂氏が大変ほれこんでいた人だった。彼は経済安定本部の長官に任命されたので建設局長に適当な人を探しているとのことだったが、高野さんがその候補の一人にいるという。私は和田さんに会って唯一言、「彼はお世辞を言わぬ男だ」とだけ言った。和田さんは「わかった」とうなずき、それで高野さんの局長は決まった。

こうしてみると、中谷が資源委員会の委員となるにあたっては、高野與作―中谷宇吉郎―茅誠司、この三人の結びつきが効果的に働いたことになる。

なお茅誠司は、戦時中の一九四三年一二月に、北海道帝国大学から東京帝国大学（兼東京工業大学）に転出していた。そして敗戦後は、大学での教授職のほかに経済安定本部顧問（一九四七年一〇月から）や文部省科学教育局長（一九四八年八月から）などを兼任し、科学行政の面でも活躍した。

水部会

資源委員会の第一回会合は、三月二九日に開催され、委員は定員二〇名（のち三〇名に増員）のところ、中谷も含む一六名で出発した。四つの部会（水・土地・エネルギー・地下資源）を設置し、同年中に、衛生・繊維・地域計画・防災の四部会を追加する。

中谷はこのうちの水部会に所属した。部会長は、当初は安芸皎一だったが、のちに中谷に替わる。

水部会の目的は、洪水や海岸の浸食など水資源に関連する危険や損害を防ぎ、なおかつ、水力発電や、農業、工業、飲用などに水資源を、競合を避けつつ有効に活用するための、科学的検討に基づいた方策を提言することであり、そのための基礎データを収集することであった。

中谷が大雪山の積雪量調査のために必要とした空中写真については、資源委員会を経由して、GHQ天然資源局の局長スケンク博士に協力を求めた。資源委員会の「月報」に、「航空写真は第一回分は撮影され、フィルムは事務局を通し中谷委員に渡された」など、GHQとのやりとりや進捗状況が掲載されている。

GHQは最終的に、積雪盛期、融雪進行期、残雪期の三つの時期について、二五六平方キロメートルに及ぶ範囲の航空写真を撮影してくれた。二五センチメートル四方ほどの写真が、一回分で約一六〇枚、「虫眼鏡でみると、立木の一本一本まではつきり写つてゐる」「非常に立派なもの」だった。

調査費用については、資源委員会から助成してもらった。現地での実際の調査は、菅谷重二が、北海道庁河川課の鈴木公平や、札幌管区気象台観測課の小林幹夫らの協力も得ながら進めた。一連の調査結果は、報告書『大雪山積雪水量及び流出調査』として発表された。

その報告書の最後で中谷たちは、融雪期の豊富な水をもっと有効に活用することを検討すべきだと提言している。たとえば忠別川に発電所がいくつかあるが、ダムを造って貯水するなり、今の水路式発電所を揚水式発電所にするなりすれば、雪融け水をもっと有効に活用できるというのだ。

水路式でなく、ダム式を

中谷は、一九五〇年代に入るともっと強力にダム式を推すようになる。

水路式発電では、川の一地点で流水を取り込み、高低差のある長い水路に水を導いて、その落差を利用して発電する。川を流れ下る年間の平均的な水量に合わせて発電設備が造られるので、増水時には過剰の水を発電に使うことなく川の本流に棄てる。逆に渇水時には流量が足りないので、石炭火力発電で不足電力を補う。だから「このやり方で、今後の電源開発を遂行すると、電力が多くなればなるほど、石炭がたくさん要ることになる」。その石炭たるや、増産は望めないし、価格も高騰していた。

それに対し大型ダムを造る方式では、雪融け水や、台風がもたらす多量の降雨をいったん貯水することで、年間を通して同じペースで大量に発電することができる。洪水を防ぐこともできるし、十分な灌漑水で水田を豊かにし、工業用水と豊富な電力で大工業を興すこともできる。中谷はこう考えたのである。ダム式水力発電を推進すべきというのは、資源調査会のメンバーに共通した意見でもあった（一九四九年五月をもって，資源委員会は資源調査会と名称を変えていた）。

5　ダムの埋没

総合研究を組織する

ところが一九五一年末、その中谷が「ダムの埋没」という一文を雑誌『文藝春秋』に発表し、突如、国土総合開発による水資源の利用には盲点がある、と警告を発した。

日本で大きなダムを造ったとき、そこにできる貯水池ははたして何年、水を湛えつづけてくれるのだろうか。上流から流れてくる土砂礫が池の底に堆積して、貯水池の役割をすぐに果たさなくなってしまうのではないか。中谷はこれを「ダムの埋没」と呼んで警告を発したのである。

現に、比較的信頼できるデータが揃っている五五のダムについて見てみると、二五の貯水池で「すでに貯水量の半ば以上が、土砂によって埋められてゐる」、北海道の空知川に造られた野花南《のかなん》ダムにいたっては、もう全貯水量の九八パーセントが土砂で埋め尽くされている、と中谷はいう。

これまでは大多数の発電所が水路式だったから、土砂堆積の問題はあまり騒がれなかった。しかしダム式発電が本格化すれば、問題を捨て置くわけにいかない。にもかかわらず、土砂堆積についての科学的な研究がほとんどなされていないというのだ。

中谷自身は、この文を発表する少し前まで、「電力界の某長老」からの懇請により「電源の開発に関する或る会」の中にできた科学委員会に主査として参加し、「アメリカ流の総合研究」を試みていた。「電力界の某長老」とは、当時、電気事業再編成審議会会長で、のちに「電力の鬼」とも呼ばれる松永安左エ門《まつながやすざえもん》であり、「電源の開発に関する或る会」とは、財団法人電源開発調査会のことであろう。

「ダムの埋没」に、科学委員会のメンバーがイニシャルで紹介されている。該当すると考えられる人物名を（ ）内に補いながら紹介すると、河川学の第一人者A博士（安芸皎一）、砂防学のA博士（赤木正雄《あかぎまさお》）、野口研究所の理事長K氏（工藤宏規《くどうこうき》）、運輸研究所のH博士（堀保広か）、中谷と一緒に水量調査を行なってきたS博士（菅谷重二）である。さらに、科学委員会のメンバーには加わらなかったが協力してくれたのが、科学研究所のY博士（人工放射能の専門家、山崎文男《やまざきふみお》）、地質学者のH氏、治山に関心の深い林野庁のXX部長のO氏、信頼できる電気技術者二人であった。

科学委員会では調査対象を、予算の都合でまずは只見川だけに限ることにした。そして地質学者H

氏には、流路に沿って詳細な地質図を作ってもらい、どこからどのくらいの土砂が流れ込むか予測できるようにし、ダムの埋没をできるだけ遅らせるための方策も検討できるようにした。「ダムの埋没を完全に防止することは出来ないであらう。それは医学がいくら進歩しても、不老不死の法は見付からないのと同じことである」。しかしダムの建造費は巨額である。だから埋没を一年でも遅らせることができれば、得る利益は大きい。

どうせ完全に防げないのだから、埋まったら下流に新しいダムを造ればよいという議論は乱暴である。「人間は必ず死ぬものだから、死んだら息子が働けばよいといふのでは、これは全然学問が介入する余地のない議論になつてしまふ」。

人工放射能の専門家Y氏には、河の中の岩石が流れによってどのように下流に運ばれていくか調べてもらうことにした。岩石に、ガンマ線を出す放射性物質（コバルト六〇）を埋め込んでおき、ガイガーカウンタを使ってその岩の移動を追跡しようというのだ。「この方法はまだ世界中何処でもやつてゐないが、何だか出来さうな気がする」と中谷。一九五〇年の夏に放射性アイソトープの輸入が認められたので、さっそくそれを活用しようというのだ。

そのほか、降水量（降雨量と降雪量の総計）の高度分布を測定して、理論包蔵電力（只見川の流域に降った雪と雨をすべて完全に発電に利用したら、最大でどれだけ電力が得られるか）も求めた。

反　論

中谷の畏友茅誠司が、「ダムの埋没」には批判が多かったと書いている。「素人の私共が読んでまことに面白い文章だが、その内容は、その方面の専門家にあとで会ってきいてみると、相当独断的なところがあるといって、随分と気を悪くしていた」。

批判の一例は、鹿島建設の技術研究所長、安藤新六《あんどうしんろく》による「ダムの埋没心配無用——中谷宇吉郎氏の説を駁す」である。安藤はまず、こんなに早く埋没していると中谷が例に挙げたものは不適切な例だという。

ダムには多くの水を蓄えることを目的としたダム（貯水池）と、水流に高低差をつけることを目的としたダム（調整池）があり、後者の調整池では土砂が堆積しても致命的なことにならない。中谷が例に挙げたものは一例を除き、この調整池である。そして貯水池のほうについて埋没量を調べてみると、平均で百年ぐらいは大丈夫であり、工事費の償却期間を五〇年ほどとするのが普通だから、問題はない。また貯水池の上流端で砂防工事を施すなどの技術開発も進んでいる。安藤はこう指摘する。

川の中の岩石に放射性物質を埋め込んでおいて、その岩石の移動を追跡するという、中谷のアプローチにも疑問を呈する。「学問的には興味があるかも知れないが、埋没問題研究の目的を外れてゐる」。ダムを埋没させるのは、岩塊ではなく、土や砂、小石だから、岩塊の移動を調べてみても、埋没のスピードを調べる手立てにならないという。

黒部川ダム建設主席技師の石井穎一郎《いしいえいいちろう》も同種の議論を展開するが、もう少し穏やかである。日本の河川は急流が多いので、土砂の堆積が重要な問題であることを基本的に認める。そのうえで、中谷は埋没したダムの例ばかり拾い上げているが、埋没していないダムもあるし、堆積した土砂を排出するためのゲート（排砂門）を設けるという新しい技術も登場しているという。

しかし中谷への批判一色というわけでもなかった。たとえば、河川工学を専門とする井口昌平《いのくちしょうへい》（東京大学助教授）が「貯水池の幾つかの問題」と題した論説を発表し、中谷の名前こそあげていないが、「貯水池の埋没」が深刻な問題であると指摘している。「ダムの底近くに排砂門を設けておいて、時々これを開いて土砂を流し出す方法がとられているが、それによって排出されるのはダムの近くのごく一部の土砂だけである。したがって貯水池の建設には上流の渓流や山腹の浸食を防ぐ砂防工事が必要な場合が多く、建設に要する費用はますます大きくなる」という。

貯水池での堆砂の問題は、中谷が指摘する以前にも、研究されてはいた。しかし中谷が『文藝春秋』という「専門家でない読者を相手にする大衆雑誌」を舞台に「読者を引きつける」ため（太田更一の表現）、「日本の埋没にもなりうる」など刺激的な表現まで使って問題提起したことで、堆砂の問題に光があたった。とはいえ論戦は、小出博《こいではく》（地質調査所）との間で、感情的で非生産的なやりとりをしたのを最後に、いつのまにか終息してしまった。ダムをめぐる事態が、一連の論争によって何か変わったわけでもなかった。

その後も今日まで、ダム貯水池の堆砂問題がしばしば提起されきた。中谷の「ダムの埋没」が引き合いに出されることもあった。たとえば、一九六九年に衆議院の災害対策特別委員会で、衆議院議員の斉藤正男《さいとうまさお》（社会党）が中谷の「ダムの埋没」を持ち出して、総合開発のあり方について電力会社の意見を問いただした。また一九七七年には、開発問題研究所が機関誌『開発』で六回にわたり「埋没するダムの現状とその対応策」についてキャンペーンを展開し、その中で中谷の「ダムの埋没」を

「話題を呼んだ中谷論文」として紹介した。

それにしても、中谷はなぜこの時期に、ダム湖に堆積する土砂の問題を提起したのだろうか。

政治的な横やりに憤る

先に述べたように、「ダムの埋没」を発表する少し前まで、中谷は財団法人電源開発調査会に設けられた科学委員会で、只見川を対象に、ダム建設に向けた基礎的調査に取り組んでいた。ところがこの調査が、突然、途中で打ち切りを宣告される。中谷曰く、「あの調査は電力会社の方でやることにしたから、貴方の方はやらなくてもよろしい」と言われたのである。

電力会社にそんな調査ができるはずがなく、研究や調査に対する妨害であると中谷は受け止める。そして、妨害の「真意は甚だ不可解である。外から覗かれたくない何ものかがあるのでないかといふ疑問が起きるのも、さうひどい邪推ではないであらう」。

中谷たちが只見川で調査を行なっていた、まさにその当時、只見川は政争のまっただ中にあった。只見川は福島県と新潟県の県境を流れる。それがため、福島県と新潟県のどちらが開発し利用するのかをめぐって対立が起きた。政治家や電力会社幹部への政治工作が行なわれ、会津若松の東山温泉で接待が行なわれる。ただ酒でもてなしたことから、只見川のことを「タダノミ川」と皮肉るメディアもあった。無駄なお金を浪費していることへの批判である。水利権をめぐる電力会社の対立もあったし、電力事業再編成の行く末（地域電力会社が発送配電を一体的に担う現在のような体制で結着するまでの過程）も未だ見えず、さらに電力業界の重鎮である松永安左エ門の追い落としも絡んでいた。政治的な対立や思惑が渦巻いていたのである。

只見川の開発が政争に巻き込まれ、科学的調査も途中で止めさせられる、そうした現実に中谷は憤り、「ダムの埋没」を発表したのであろう。

中谷は言う。日本は「科学軽視の国柄」、現実の問題を解決するにあたり科学を活用するという文化がない国だ。「科学は今日の政治には全く使はれてゐないといつていい。科学的行政などといふ言葉はあるが、それは非科学そのものの政治に科学の鍍金を施したもので、一寸こすればすぐ地金の出るものである」。今ふうにいえば、根拠に基づいた政策決定がなされていないということだろう。それだから「陳情団と宴会とが流行する」。それにひきかえアメリカでは、総合的な科学研究に基づいて政策決定が行なわれ、「科学の前には陳情はない。羨しい国である」。

「科学軽視の国柄」という批判は、興味深いことに、戦時中の軍部批判と同類である。矛先が、軍部から政界に変わっただけである。

首相に訴える

一九五一年九月二五日付で、「水文学資料の欠陥に関する報告」と題する文書が、資源調査会議長の安芸皎一から資源調査会会長の周東英雄《すとうひでお》に提出された。そして周東から、経済安定本部長（すなわち総理大臣）の吉田茂に提出された。

その報告書で安芸は訴える。河川に関する諸事業は水文学的資料に基づいて計画されるべきなのに、資料が不十分なため「重要工事の計画の規模を合理的に決定」できないでいる。現在計画されている「大貯水池による河川の総合開発」のためにも水文学資料が必要であり、巨額な投資を無駄にしないためにも、水文学上の観測と研究を充分盛んにする必要がある。

全体を通して、どの地域のどの開発に関してということはなく、一般論として述べられている。ただ「雪の問題」と題した節だけは異例で、具体的な地名を挙げて問題を指摘している。北海道の積雪については、中谷による大雪山をサンプルにした詳細な研究があるが、本州の積雪についてはほとんどないに等しい。そうした「調査がなされて後に、只見川その他の開発地域に於ける雪資源の価値について適確なる判断ができる。又融雪気候の分析が出来、早春の出水の予知が出来る様になつてはじめて電力、灌漑計画をより合理的になし得るのである」。

この記述には、只見川流域での調査が途中で中断させられたことに対する不満が、暗に表明されていると言えよう。中谷を中心とする科学委員会のメンバーが、資源調査会の安芸皎一を通して首相に訴え出たのである。

「ダムの埋没」は、只見川がタダノミ川とまで揶揄されているなかでの問題提起であった。それだけに、『文藝春秋』に掲載されたこの一文は、大きな反響を呼んだ。福島県の地元の新聞『福島民友』にも、「ダムの埋没」を「誠に興味深くかつ福島県民として特別の関心を以て読んだ」という、篠崎《しのざき》平馬《へいま》(日本大学工学部教授)の随想が載った。中谷も「未知の友人の方々から、たくさんの手紙を戴いて、非常にうれしかつた」と、掲載から半年ほど後に書いている。

満洲人脈

経済史学者の小林英夫が、満洲国から経済安定本部へと連なる「満洲人脈」があり、統制的経済政策を立案し実施したと指摘している。本稿に関連する限りで、ざっと紹介しよう。

満洲国に国策立案機関として設置された経済調査会は、ソ連の計画経済を研究し、ソ連の社会主義とは異なる日本独自の統制経済の道を模索し、「満洲経済統制策」や「満洲国経済建設綱要」を立案した。そしてこれをもとに、日本から渡った満洲国官僚が、官僚統制による軍需産業育成政策を進めていった。

この政策は、日本国内における物資動員計画（物動計画）へと発展する。物動計画とは、毎年の財を軍需と民需に計画的に配分するもので、お金の予算に対し「モノの予算」とも言われた。企画院がこの物動計画を推進した。それは、社会主義的色彩の強い統制経済政策であり、企業家や一部右翼から「アカ」として批判されることもあった。

敗戦後は、経済安定本部に、戦前の企画院経験者が多数入り込む。和田博雄もその一人である。そして「傾斜生産方式」を進めた。戦後復興をまんべんなく全産業で進めるのでなく、重点産業を決めてそこに資金や資材、労働力を集中的に配分し、これを突破口に生産の拡大を図るというものだ。戦時中に企画院が実施した物動計画や生産力拡充計画と同類である。目的こそ、戦争のためから戦後復興のためにと変わったが、やり方は同じだった。

経済安定本部では事業を進めるために、優秀な人材を「各種の勉強会などを通じて」探していった。その結果、満鉄出身者が多くなったという。傾斜生産方式の原案を策定したと言われる大来佐武郎は、文科系が圧倒的多数を占める高級官僚のなかにあって、数少ない理工系出身者（東京帝国大学工学部卒業）であった。そして高野與作は、和田博雄と大来佐武郎の引き立てで経済安定本部の建設局長に就いたのだった。彼もまた、小林のいう「満洲人脈」の一人と言ってよいだろう。

そして中谷もまた、満洲人脈の一員でこそないが、満洲人脈の人たちと親和性の高い思想を持っていた。科学的な調査を重視し、その調査結果に基づいて合理的な事業計画を立て、それを着実に（統制的に）推進していく、これは両者に共通する思想である。その意味で、敗戦後の中谷は、満洲人脈の活躍に助けられつつ、それと並走する形で自らの活動を展開していったと言えよう。

現実との擦り合わせ、他に委ねる

「科学の前には陳情はない」と中谷は言う。客観的な調査データに基づいて科学的な政策提言が行なわれ、それが現実の政策として遂行されていく、それが理想だと考えていたのだ。それゆえ、政策提言を行なうための調査の過程に、科学、それも自然科学の埒外にある要素が入り込むことを強く嫌った。資源委員会でも、「委員会としては如何なる問題をとり上げるとしても、その研究は自然科学的［に］確固たる基礎の上に立つべき」という趣旨の発言をしている。

また、「利根川洪水予報組織」（資源委員会の勧告第一号）をめぐって、こんなやりとりも展開している（第二回資源委員会委員懇談会、一九四八年一一月八日開催）。

安芸［皎一］　勧告第一号は閣議で決定を見て具体化すること、なつた。今後の勧告も同様に進行することとならう。

大来［佐武郎］　今後資源委員会の運営にも六ケしい事が出てくると思ふ。殊に問題が直接ある省の施策を批判すると云ふことになると尚更である。内容が特殊細分化すればする程、さうなると思ふ。

中谷［宇吉郎］　資源委員会は初めからそう云ふ事には無関係な筈で行政面に触れる筈ではなかつたのではないか。水、土地等と云ふ部会が道具を揃え地域［計画］部会がそれらの部会の得た結論を使ふ部会の様に考へて居た。

内田《うちだ》［俊一《しゅんいち》（副会長）］　近頃は他の行政官庁でもなかなか科学的にやつて居るから資源委員会だけが純粋に科学的見地に基づいて運営されると云ひきる訳には行かなくなつた。

仮に中谷が言うように水部会で純粋に学術的に検討したとしても、それを政策にまとめ実現していくには、どこかで現実との擦り合わせ、利害関係者との調整が必要になるはずだ。そうした作業を中谷は地域計画部会に委ね、自らの水部会を圏外に置こうとするのみで、社会との擦り合わせがどうあるべきかについては語らない。

科学は、現実のごく一部分を切り取って考究する。それゆえ、科学を現実社会で活かすにあたっては、科学の枠に収まらない様々な問題があることにも留意が必要であろう。

敗戦後に誕生した日本積雪連合の会長が、一九四九年にこんなことを書いている。

日本の産業を振興する動力源、熱源は水力電気の開発にあるが、水力電気の基は東北・北信の住民をおびやかす豪雪である。積雪が天然の貯水池となり、これによって発電された電力は天候に恵まれた地方へ送られている。雪は昔ながら降り、科学は日進月歩に進んでいるが、寒冷積雪に対する施策に進歩の見るべきものがない。［傍点は引用者］

積雪を資源として活用することを説いた中谷だが、地域格差ともいうべき社会的問題、自然科学的な議論に収まりきらない問題に、どう対処しようとしたのだろうか。

引っ張りだこ

中谷は物理学者である。物理学者がなぜ「ダムの埋没」などという問題に口を挟んだのか。それは、農業物理学を発展させた「国土の科学」を提唱し、水資源の有効活用を実現するためだった。そう考えると、河川工学やダム工学などテクニカルな部分は専門外だとしても、広い意味では自らの専門に関わる問題だった、だから積極的に発言したと考えることができる。

中谷はしかし、この一九五〇年頃から、自らの専門に関係するとは思えない問題についても、しばしば積極的に発言するようになる。一般社会の側でも、学者の意見を歓迎する風潮があり、なかでも中谷の発言は引っ張りだこだった。何しろ、旧帝国大学の教授であり、雪の研究で一般の人々にも知られる有名な科学者であり、随筆も物する文化人だったのだから。

たとえば医薬分業について、中谷は衆議院と参議院それぞれの厚生委員会で、参考人あるいは公述人として意見を述べている（それぞれ一九五〇年秋と一九五一年春）。新聞に「医薬分業」という題で意見を書いたのが関係者の目にとまり、招かれたのであろう。

中谷が随筆「医薬分業」で表明した意見は、「医者の薬をのもうが、薬局の薬をのもうがそれは病人の勝手だろう……。全く第三者のお役人が、法規でそれ〔医者が薬を処方すること〕を禁止するという点」が気にくわない、というものであった。

衆議院厚生委員会では、こうした「評論家として」の意見に加え、「物理学者として」の意見（薬の効き方は化学成分だけでは決まらない、だから患者に選択権を与えるべきだ）と「教育者として」の意見（社会教育を通して医薬分業を進めるべきで、法律で決めるべきではない）も述べている。とはいえ、委員会の委員たちと議論がかみ合っていない。

もう一つの参議院厚生委員会のほうでも同じ趣旨の発言をするのだが、議場がいささか騒がしくなる。外国で医薬分業をやっているところは知る限り一つもないなどといった中谷の発言のいくつかに対し、それは事実に反する、「失礼だけれども全然おわかりになつておらないで、実にあなたはむちやくちやを言つていらつしやる」などと発言する議員がおり、「無礼なことを言つちやいかん、公述人に」とヤジも飛ぶ。

仮名遣いをめぐっても、専門外での軽率な発言が飛び出した。敗戦後まもない一九四六年、日本政府は当用漢字と新仮名遣いを内閣訓令として公布し、学校の教科書や新聞雑誌など社会全般で広くこれを使うよう促していた。その仮名遣いをめぐっての話である。

中谷は一九五一年、ある雑誌の座談会で、「漢字を制限したり、へんな仮名づかひ〔＝新仮名遣い〕を強制したりして、古典を読めないやうに皆をしてしまったら」、「日本人全体の心の中に灯をともすものが無くなってしまう、という主旨の発言をする。

その発言を京都大学教授で古典文学者の吉川幸次郎《よしかわこうじろう》が目にとめ、別の雑誌でこう批判した。「日本の古い文学のあるものは、今のわれわれがどういうかなづかいを使うかに関係なく、言語の様相全体が、すでに今日の言語と甚だしく遠ざかっている」のだから、古い仮名遣いを守っていたからといって古い文学を読むことがたやすくなるわけではない。

すると中谷は、あっさりシャッポを脱ぐ。「座談会の御馳走の席での失言と、御容赦を願ひたい」と。

6 農業物理研究所の解散

遺した成果

中谷が「農業物理の研究もそろそろ終焉にしてもよいと考えたのは一九四九年の秋頃であった」と東晃は言う。かつてニセコで着氷の研究に携わってくれた「航空技術協会残党の職員の身のふり方も、弟子たちの進路も次々に決まって」いったからだという。

それに加え、研究資金の調達が難しくなったという事情もあったようだ。農業改善を科学に基づいて進めていくという当初の構想が、なかなか思い通りに進まないというジレンマもあった。

結局、一九五〇年の八月に、財団法人農業物理研究所を正式に解散する。一九四六年から四九年まで四年間の研究成果は、井上直一や東晃の手で取りまとめられ、報告書『農業物理研究』第一輯～第三輯（一九四九～一九五四年）に発表された。

中谷が手がけた農業物理学は、得られた各種の知見もさることながら、「農業物理、農業気象の大きな躍進の幕開きの役目を果たした」。たとえば灌漑用水の水温を上昇させて増収をはかるという面では、中谷のあと、水田や温水池、用水路などの熱収支が系統的に解明され（三原《みはら》義秋《よしあき》によって）、また水温上昇施設を熱学的根拠に基づいて設計する理論が作られる（井上直一によって）などの展開があった

吉田茂首相のブレイン

このころの中谷は、農業分野の研究者ともずいぶん交流を持つようになっていた。また農業総合研究所所長の東畑精一とも親しく交わり、『農業物理研究』第三輯を同研究所が発行する『雪の研究』の第一号に位置づけてもらってもいる。

そうした顔の広さが買われたのだろうか、吉田茂首相にも頼りにされたようだ。一九五〇年四月、内閣で農業対策樹立相談会を開くことになり、中谷が吉田の依頼でそのメンバーを集める、ということがあった。このころ吉田は、食糧管理制度を改めてはどうかという総司令部の意向をうけ、また肥料を増産し米価問題の解決もはかるため、農業政策の転換を検討していたのである。

ひところ中谷の経歴欄に「吉田茂のブレインとしても活躍した」と書かれたのは、こうした活動のことを指しているのであろう。

第五章　新しい世界へ

1　オスロでの学会

家族の住まいを東京に

敗戦から三年、一九四八年は中谷の暮らしが大きく変わる一年であった。

この年の九月、中谷は家族の住まいを東京に移し、自らは札幌で単身赴任の生活を始めた。春に長女の咲子が高校へ進学し、二女の芙二子が中学三年になるというタイミングを考えたのであろう（三女の三代子は四歳）。また「子供たちの健康をひどく心配してのこともあったらしい」と芙二子は言う。長男の敬宇を一年あまり前に肺炎で失っていたからだ。

自宅の場所は、原宿。まだ焼け跡がたくさん残っており、妻が庭でニワトリを飼って子供たちに卵を食べさせた。宇吉郎がチャボを手際よく捌いては、料理上手の静子がそれを金沢流のじぶにして食卓に載せることもあったという。

茅誠司

原宿を選んだ理由の一つは、茅誠司が近くの渋谷に住んでいたからだ。宇吉郎は札幌にいることが多い、そのことを考慮したのだろう。芙二子も、「父親が不在がちだったわが家にとって、茅一家の存在は大きな安心感であった」と語っている。中谷一家は茅を大いに頼りにしていた。

しかし、宇吉郎が家族を東京に移し、自らは札幌で下宿生活を送るようになったことに、失望落胆した者も少なくなかったようだ。たとえば、かつて宇吉郎とともに凍上対策に奔走した小川清は、「先生がお家を東京に作られた事に対してあの当時は私勝手な理屈で〔、〕北海道のために、又雪寒地のために残念な事のように考えました」と、のちに書いている。

低温科学研究所の兼任を辞す

中谷は、低温科学研究所の兼任教授を辞し理学部の専任教授に戻ろうと、一九四八年の秋ごろには心を決めたようである。

低温科学研究所の米軍による接収は、一九四六年一一月に解除されていた。所員は一年ぶりにもとの建物に戻ったが、すぐに研究再開というわけにはいかなかった。建物がひどく荒らされていたし、研究費や実験機器も不足していた。

それでも、一九四八年頃から次第に研究所の体制立て直しが進んだ。所員会議と運営委員会を設けて、所員の合議により事を決めていく体制が作られた。所長も、小熊捍が三月に定年で退職し、一〇月から青木廉《あおききよし》に替わった。

こうした変化を一つの区切りと考えたのであろうか。中谷は翌一九四九年の春に、理学部の専任教授となる。ただし、兼任教授を辞したあとも、「兼任所員」ではあったようだ。

中谷が低温科学研究所の兼任を辞した理由について『北大百年史』は、中谷の学外での幅広い活動が「研究所本来の枠の中での研究一筋の行きかたとしだいに相容れなく」なったことと、GE研究所が米空軍からの研究費で購入した映画フィルムを中谷がもらったことが「当時の平和運動に熱心であった研究者らの間で問題となった」からだとしている＊。

＊中谷が映画フィルムをもらった（かもしれない）ことは資料で確認できる（本書の以下でも言及する）が、そのことが問題視されたことを示す資料は、見出すことができなかった。

映画の提供を求められる

一九四八年には、大きな出来事がもう一つあった。この年の二月、国際雪委員会の会長J・E・チャーチから中谷のもとに手紙が届いたのである。

中谷が戦前、同委員会に寄贈した映画「雪の結晶」が、フィラデルフィアのフランクリン研究所で上映されたのを最後に行方不明になってしまった、とチャーチはその手紙で詫びていた。そして、新たに作ると以前言っていた別の映画、もしくは前の映画のコピーを送ってくれないかという。

中谷は考えた、「前の映画とは、学術的にも映画的にも見ちがへるやうなものを作つて、オスロに集まった戦勝国の学者たちを一つ驚かさうではないか」と。翌年の夏にノルウエーのオスロで、国際雪氷河委員会が開催されることになっていたのだ。

中谷はさっそく返事を書く。

……私はお陰様で、困難な時代を無事にくぐり抜け、雪の研究を続けることができるようになりました。この間に私の実験は大いに進み、今では雪のどんな結晶も実験室で意のままに作ることができるようになりました。結晶の種類によっては天然のものより綺麗ですし、形を決める気象条件もほぼ解明できました。顕微鏡下で映画に撮る技術も大きく改善できましたので、一九三九年に送ったのよりずっとよい映画をお送りすることができます。

敗戦国の中谷から無事を知らせる便りが届いて嬉しかったのであろう、チャーチは後にオスロ大会での会長講演で、中谷からのこの手紙を紹介している。

さて中谷は、チャーチ宛の手紙をさらに続ける。残念ながら日本製のフィルムは、雪の結晶の成長をきれいに撮影できるほど品質が良くないので、アメリカ製のフィルムを手に入れたい。とはいえ、大学の研究費などで代金を支払うことができないので、国際雪氷河委員会、もしくは映画に興味をもってくれる別の団体から寄附してもらえないか、と書いた。さらに、同じものを三本製作して、それぞれオスロ大会での上映用、国際雪氷河委員会への寄贈用、北大に残す分にしたいと伝え、必要なフイルムの長さも記した。

フィルムを寄贈して欲しいという中谷の一言が、アメリカの関係者たちを突き動かした。

フィルムの調達

チャーチはGE（ジェネラル・エレクトリック）社のシェファーに、スポンサーを見つけるなどしてフィルムを調達してくれないか、とにかく中谷と直接に連絡を取り合ってほしい、と頼んだ。

中谷のためにできるだけのことはすると、シェファーは快く引き受け、一ヶ月後、中谷に朗報を知らせた。フィルムは、プロジェクトCIRRUS《シラス》を介して入手できそうである。中谷が希望した分に、さらに四千フィート分のフィルムも加えて船便で送る。その四千フィートを使って、プロジェクトCIRRUSの分も作ってほしい、というのだった。プロジェクトCIRRUS（巻雲プロジェクト）とは、GE社が陸海空軍と協力して進めていた、気象に関する研究プロジェクトである（詳しくはこの章の第三節参照）。

先に、中谷が低温科学研究所の兼任を解消することになった要因の一つとして、「GE研究所が米空軍からの研究費で購入した映画フィルムを中谷がもらったこと」が『北大百年史』に挙げられていると記した。それはシェファーが手配してくれたこのフィルムのことであろう。

しかし、シェファーが六月一六日に発送したというフィルムは、なかなか届かなかった。そこで中谷は、オスロでの大会に間に合わせるため、やむなく日本製の三五ミリフィルムで三つの作品（英文ナレーション）を作り、八月六日にGHQを介して航空便でオスロに発送した。

三つの作品とは、「雪の結晶」「霜の花」「大雪山での積雪調査」（各二巻ずつ）である。「大雪山での積雪調査」は、資源委員会からの委託で調査を行なったときに、観測技術の指導に用いることができるよう調査の全過程を収録し資源委員会に納めたものの、複製と思われる。「霜の花」は、日本映画社が製作してくれたものである（本章第四節参照）。「雪の結晶」は二種あり、一つは、東宝映画社の倉庫で見つけたという、戦前の「雪の結晶」の複製から、さらに複製したものである。もう一つは、「補足的なもので、顕微鏡下で撮影する現在の技術と、私の実験のレベル」を示したものである。*

＊ニューヨーク州立大学の〈Schaefer Papers〉の中に、Snow Crystals をタイトルに含む映画フィルムが二つある。そのうちの一つが映像の内容からみて、この「補足的なもの」ではないかと思われる。もう一つのものは、二〇一三年一一月の時点では行方不明で現物を確認できなかった。

中谷は、これらの映画すべてを寄贈すると、チャーチに申し出た。映画会社の人たちにフィルムと費用を借りて作ったのだが、文部省が映画会社から買ってくれたので、それをチャーチとシェファーに贈るという（茅誠司によると、「霜の花」は「文部省を通して出品した」のだという。茅は当時、文部省の科学教育局長に就いていた）。

中谷はさらに北海道庁にも「雪の結晶」と「霜の花」の購入を依頼し、それらを国際雪氷河委員会に贈ると申し出た。そして「大雪山での積雪調査」も含めた三つの作品、六ロール分が、一一月末に発送された。チャーチは折り返し北海道庁宛てに礼状を書き、すでに利用申込みがイギリスから来ている旨を伝えている。

北海道庁は、これらの作品を海外の学術団体に寄贈することにどのような意義ないしメリットを見出したのだろうか。また中谷も、これらを寄贈することでどのような効果を期待したのだろうか。

それにしても、中谷の交渉力には圧倒される。

尽力してくれた背景

シェファーが送ってくれたフィルムは、中谷がオスロに出発予定の八月一六日になっても、まだ届かなかった。GHQ経済科学局のディーズに調べてもらったところ、ハワイにあるらしいとわかった。その後、当のフィルムが届いたのかどうか、届いたとしたらどのように使ったのかは不明である。

それはともかく、フィルムを寄贈して欲しいという中谷の希望をかなえるために、アメリカの研究者たちはたいへんな努力を重ねてくれた。なぜ彼らは、そこまで尽くしてくれたのだろうか。

一つには、戦前に寄贈されたフィルムを行方不明にさせてしまったので、それを償いたいという気持ちがあった。もう一つには、敗戦国日本に対する配慮があった。

チャーチは、求めに応じて映画フィルムを中谷に送ることは、前の映画を紛失したことの償いになるし、つい最近までの敵国に対し好意を示すことにもなると考えていた。

マテス夫人は、中谷に映画フィルムを贈ることは、ついこの間まで敵国だった国と国際親善を深めるための活動であり、自国のための活動でもあると考えた。マテスは国際雪氷河委員会の幹事として、オスロ大会に向けて実務的な作業を担当していた。ただ病で床に伏していたので、妻に一部の仕事を任せていたのである。

ブルーヒル気象観測所のブルックスは、中谷のフィルム代金に充てるべく募金活動を始めた。ブルックスは、戦前に寄贈された映画を最後に上映した人物、つまり紛失した張本人であり、責任を強く感じていたのだろう。

中谷が一九四八年二月にチャーチから受け取った手紙には、九月にオスロで開催される国際雪氷河委員会に参加して、最近の研究成果を発表してほしいとも書いてあった。これについて中谷は、オスロ大会には出席することを検討している、新聞報道によると近いうちに海外への旅行が認められそうだと返答した。

難しい海外渡航

しかし今のように、誰でもいつでも外国に出かけられるわけではなかった。海外へ出るには、日本政府からのパスポート、渡航先の国からのビザに加え、GHQからの許可も得なければならない。

これらの手続きを進めるため、中谷は国際雪氷河委員会からの公式招待状をチャーチに求めた。GHQについては、自分はオブライエンとケリーを知っているし彼らも私の研究のことを知っているので、たぶん大丈夫だろう、だがチャーチからも彼らに手紙を書いてくれるともっと可能性が高まるだろう、そう書いて、オブライエンらの住所を知らせた。

雪氷河委員会の幹事マテスも、マッカーサーに手紙を書いて中谷の出国について頼んだ。兄弟のコイルが、マッカーサーと知己だという。中谷にも、出国に困難があればコイルの伝手に頼るといい、とアドバイスした。

この当時、直接マッカーサーに働きかけることは必ずしも異例ではなく、湯川秀樹の海外渡航のときにも行なわれた。湯川は一九四七年一〇月、プリンストン高等研究所所長のオッペンハイマーから、客員教授として研究所に来て欲しいと招聘を受ける。そこで、ケリーに、海外渡航を認めてもらえるか打診した。するとケリーはオッペンハイマーに手紙を書き、湯川の招聘について直接マッカーサー元帥に書簡を出すよう勧めた。そしてオッペンハイマーが、高等研究所に湯川を受け入れる計画について詳細に説明した書簡をマッカーサーに送り、その手紙が届いたことで、一九四八年九月、湯川の渡米が実現した。

ところが中谷の場合には、誰が旅行費用を負担するのかという問題が持ち上がった。この当時、日本人がドルなどの外貨を買うことは許されていなかったから、日本円で費用を用意しても仕方がない。オスロ大会の主催者が旅行費用を負担して中谷を招聘してくれるか、あるいは第三者が中谷のために外貨で旅費を出してくれるか、いずれかの道を探るしかない。

同様のことは、戦後、海外に旅行する科学者の第一号となる木原均《きはらひとし》の場合にも起きていた。京都大学の教授であり日本遺伝学会会長でもあった木原は、一九四八年七月にストックホルムで開催される国際遺伝学会議に参加するよう招聘されていた。招聘されたとはいっても、先方が渡航費用を負担してくれるのではなかった。そこでGHQ側の担当者ディーズらの働きかけもあって、最終的には木原の友人二人、それぞれアメリカ人とイギリス人が、必要な資金の大半を提供し、残りはユネスコからの助成金で手当することにして、GHQから出国許可を得た（湯川の場合は、高等研究所がすべての経費を負担することになっていた）。

中谷は、フィルムの替わりに旅費を出して欲しいとシェファーに頼んだりもしたようだが、結局は中谷のアメリカ人の友人が三〇〇〇ドルを銀行に預けてくれたので、外貨の問題を乗り越えることができた。

オスロに行けると確信した中谷は、八月一六日発のNWA（ノースウエスト航空）と乗り継ぐSAS（スカンジナビア航空）のフライトを予約した。

しかし、土壇場で出国できなくなってしまった。オスロ大会を主催する国際測地学地球物理学連合が、「連合の規則に関わる、手続き上の問題」を理由に、中谷を招聘するという形をとってくれず、ノルウエー入国のビザを取得できなかったのである。

オスロ大会での上映

それでも、大会に間に合うよう送った映画は、無事に上映された。「オスロのヴィクトリア劇場で、水文学会会員の外に、測地学地球物理学関係の人たちにも見せたさうである。そして好評を博したといふことで安心した」と中谷はのちに書いている。

ただ、中谷の映画だけが上映されたわけではないことにも留意しておきたい。メルカントンによる氷河の映画二本、ブッヒャーによる雪崩の映画、シェファーによる過冷却雲内での氷結晶の生成、中谷による「雪の結晶」と「霜の花」、ワークによる「雪の貯蔵」といったぐあいに、雪氷に関する様々な映画が上映されたのである。中谷は「大雪山での積雪調査」も送っていたが、これは上映されなかった。

2　アメリカへ

念願のオスロ大会に出席できなかった中谷であるが、気持ちの切り替えは早かった。ノルウエーのビザが取れなかったことをチャーチに報告するとともに、アメリカに行きたいと伝えた。オスロ行きは諦めたが、アメリカの研究者たちと会っていろいろ情報交換したい、と。

行き先を変更

渡米の準備もすぐに始めた。GHQのディーズに相談したところ、国際雪氷河委員会の会長であるチャーチからの招聘状と、用務が終わり次第日本に戻るというチャーチの保証があれば、許可が出るだろうとのことだった。費用はアメリカ人の友人から既に得ているので問題ない。今すぐ出発できるし、一一月末もしくは一二月半ばまで日本を留守にしてもよい、今がいいチャンスなので五〇日間滞在したい、とチャーチに伝えた。

中谷はこうして、招聘を依頼し、招聘された形をとってアメリカに出かけようとしたのである。行き先をオスロからアメリカに変えただけだったからだろう、準備はとんとん拍子に進んだ。年末までにチャーチとベアード（国際雪氷河委員会事務局長）から中谷を招待する旨の手紙がGHQ経済科学局に届き、ディーズはこれらの招待状があれば十分だと言ってくれた。そこで一月一四日、チャーチに一月二〇日に出発する予定だと知らせた。

チャーチも、受け入れ準備を進めた。中谷がアメリカを訪れる機会を利用して中谷の講演会を、専門家向けに、あるいは一般の人向けに開催するよう、各地の研究者たちに働きかけた。その結果、首都ワシントンで開催されるアメリカ地球物理学連合の大会や、コロラド州デンバーで開催される西部地域積雪会議などで講演する予定が組まれた。もちろんチャーチの足もとネバダ大学でも、由緒あるマッケイ・サイエンス・ホールでの講演が予定された。多くの場合、「雪の結晶」など中谷の映画を上映することとセットで企画が立てられた。

チャーチが声をかけた研究者たちのほとんどは、中谷を迎えて映画上映や講演会を開催することに積極的だった。とはいえ、中谷の研究にさほどの先進性や魅力を感じない人たちがいたことも否定できない。

ミシガン大学のE・H・クラウスは、中谷の講演会を開催するようにというチャーチからの働きかけに、あまり乗り気でなかった。一年前にP・ニグリがやってきて、雪や氷に関しスイスで行なわれてきた研究を映画も上映して紹介し、とても興味深い講演をしてくれた、中谷の講演のために特別に日程や会場を確保するのが困難でもあるから、無理して開催する必要もないのではないか、というのだった。

ニグリは、スイスのチューリッヒ連邦工科大学などを舞台に、鉱物学や岩石学の分野で活躍していた学者であるが、雪や氷の研究にも強い関心をもち、雪に関する著書を出版するほか、積雪や雪崩について調査研究する国の委員会の委員も務め、結晶学的な観点からの研究が重要であることを主張していた。アメリカにおいては、スイスが雪の研究の先進国だとされていたのだろう。

とんとん拍子に進むかに思えた中谷のアメリカ行きであったが、出発予定日の一月二〇日を過ぎ二月の中旬になっても、まだGHQから許可がおりなかった。

出国の許可がおりない

そこでチャーチは、ネバダ州選出の上院議員P・A・マッカランに手紙を書いた。首都ワシントンのGHQ関係者に事情を説明し、中谷が早く出国できるよう特段の配慮を頼んで欲しいと依頼したのである。中谷が日本に戻ることをベアードと自分が保証する、とも書き添えた。

三月中旬になってもまだ許可がおりない。中谷はずっと東京の家で回答を待ち続ける。ディーズに何度も会って理由を聞くが、返ってくるのは「新しい情報はない、連絡があるまで待ちなさい」という言葉ばかり。三月一七日にはチャーチに宛て、アメリカやカナダでの講演の予定を設定してくれているのに、出発が遅れて申し訳ないと詫びたあと、ディーズは言ってくれないが、何か障害となっている事情があるのだろうと書いた。

前年の夏にはオスロ行きの件で二ヶ月にわたって北海道大学を留守にし、今度はアメリカ行きの件で二ヶ月も東京にとどまっている。中谷は、ほとほと困り果てていたことであろう。

チャーチに宛て、思い詰めたような手紙を書いた中谷であったが、その翌日、再び手紙を書いた。今度は、ぐっと明るいトーンで。親友の茅が文部省の科学教育局長としてケリー宛に推薦状を書いてくれたので、この困難な情況も打開されると思う。貴方からもケリー宛に手紙を書いてくれると、もっと確実だろう、と。

四月に入ると、ビザの申請を受け付けてもらえるところまで進んだ。でも、そのビザが下りない。中谷の渡航費の出所が問題になっているのかもしれないと、ディーズが中谷の友人を介して教えてくれた。

中谷の旅行費用は、いまはアメリカに住むアメリカ人の友人が、中谷がオスロに出かけるためにと、その友人が東京にいるときに用立ててくれたものだった。しかし、日本人がアメリカを訪問するときの旅行費用は、原則としてアメリカの組織から提供されるべきであり、個人から提供された資金だとGHQが認めないことがあるというのだ。

中谷は、渡米の夢を実現させようと必死だった。チャーチもあれやこれやと手を尽くしてくれ、毎週のように手紙をやりとりした。あまりに頻繁で、家族の者が「また恋人からの手紙ですよ」と言うほどだった。

七月五日、ようやく出国の許可が下りた。その日のうちに、翌六日発のフライトを予約する。ヨーロッパ留学から戻ってほぼ二〇年、再び海外の土を踏むことができるのだ。

手こずった理由

それにしても、中谷が訪米するにあたり何が障害になったのだろうか。ケリー宛の推薦状を書いてくれた茅がずっと後に、「これは中谷君が共産党から研究費を受けて、農業物理学の研究をやったからだとのことだった」と書いている。具体的には、積雪を早く融かす方法を研究するための費用が共産党から出たと、嫌疑を受けたのだという。茅がケリー宛に書いた一九四九年三月一八日付の推薦状でも、こうした嫌疑を晴らすことに意が用いられている。

都留重人によると、中谷の親友高野與作にも、類似の事件が起きたことがあるという。経済安定本部が、国家予算の一部を公共事業費の名目で北海道の共産党支部に注ぎ込んでいると「片山内閣を快からず思う保守反動の人物」から中傷され、GHQの一部がそれを真に受けたため、高野が矢面に立たされたというのである。社会党の片山哲《かたやまてつ》が首相だったのは、一九四七年五月から一九四八年三月までである。中谷の件も、もしかしたらこれと関連していたのかもしれない。

もちろん、高野の嫌疑も晴れた。茅は言う、「われわれは戦後の様々な人間の生態の中で眉をひそめざるをえないものを沢山みたが、この進駐軍に無名の手紙を出して、人を陥れようとした態度ほど浅間しいものはなかったように思う」。

3　カナダとアメリカの旅

冷戦下のアメリカ

一九四九年七月六日の午後、中谷はノースウエスト航空の「三十六人乗りのあの大きい飛行機」に乗って、雨降る羽田空港を飛び立った。かつて霧の研究をした北海道根室の上空を通過し、アラスカのアンカレッジへと向かう。

ノースウエスト航空は、一九四七年六月、初めて大圏コースで太平洋を横断する定期路線を開設し、ハワイなどを経由する旧来の路線より大幅に距離と時間を短縮していた。ダグラス社のプロペラ機D

C-4で、マニラ―上海―東京―アンカレッジ―ミネアポリス間を週三便運航し、羽田を午後四時三五分に出発、アンカレッジ到着は午後四時三〇分（現地時刻）である。途中、アリューシャン列島の南端にあるセミア島のアメリカ空軍基地に降りて給油する。その時間も含め、東京からアンカレッジまで一六時間ほどのフライトであった。

アンカレッジでは、空港から街へ向かうタクシーの運転手が、日本人は珍しいといっていろいろ話しかけてきた。「中国赤化の日本に及ぼす影響はどうかといふのが、最初の質問だつたのには、少少驚いた」。

この年の四月、中国共産党軍が南京を制圧し、そこを首都とする国民政府が崩壊の道を歩み始めていたのである（一〇月に毛沢東が中華人民共和国の建国を宣言する）。そして「マッカーサーは巧くやつてゐるかと、まるで自分の叔父さんみたやうな口をきいてゐた」。日本やアジアに対し、冷戦下のアメリカがどのような視線を向けているか、中谷は肌で感じとったことだろう。

その翌日、すぐシアトルに飛ぶ予定にしていたのだが、せっかくアラスカに立ち寄ったのだからと、アラスカ航空のフライトでフェアバンクスまで行き、アラスカ大学を訪ねてみる。電離層やオーロラの研究をしているシートン教授に会うことができた。翌日に地球物理学研究室で講演する機会も作ってくれた。

ある席で雪の話が出たとき、中谷はさっそく世界の広いことを思い知らされる。中谷が「雪なら日本が一番ひどいでせう、本州の北海岸では、五米くらゐ積る所が珍しくない」と言うと、いやいやアラスカの氷冠《アイスキャップ》では、一度の嵐で一〇メートルくらい積もることがある、その氷冠も北海道くらいの面積がある、という話が返ってきた。「今まで日本で、若い学生たちに、「世界を見る眼が大切だ」などと話してゐたのは、少少冷汗ものである。どうも世界は広大なものだと、つくづく感心した。北陸や北海道の雪も、これからはあまり自慢しないことにしよう」と思う。

チャーチ博士に会う

七月一三日、いよいよ、チャーチ博士がいるネバダ州レノへと向かう。

中谷がチャーチなる研究者のことを知ったのは、一九三七年のことである。それ以来、手紙のやりとりはしていたが、実際に顔を合わせるのは今回が初めてだ。空港で出迎えてくれたチャーチは、思っていたより高齢で、「聞いてみたら八二歳」だというので、びっくりする。ただし、チャーチは一八六九年二月生まれだから、ほんとうは満八〇歳である。さらに、「初めは冗談かと思つたくらいの珍しい事実を知つた。チャーチ博士は今でこそ世界的に「積雪水量測定の父」と呼ばれてゐるが、ネバダ大学では、美術史の教授」だというのだ。

書画や陶芸に関心をもつ中谷のことであるから、美術史教授だったチャーチ（そして建築を学んだ息子のチャーチ）に、ふつうの科学者以上に親しみ深いものを感じたことであろう。他方チャーチのほうでも、中谷との戦前からの交流に深い満足を覚えていたようだ。あるジャーナリストがチャーチにインタビューして雑誌に書いた記事では、チャーチの親友たち数人の筆頭に中谷の名前が挙がっている。

内務省開発局を視察

七月一四日から一九日までの六日間、レノを拠点にあれこれ見学したあと、七月二〇日、レノからソルトレイクシティを経由して、コロラド州デンバーへと飛ぶ。

二一日には、内務省開発局デンバー支局を視察する。

何百といふ部屋があつて、一つの部屋に二三人から五六人の役人がゐる。それ等の全部の人たちは、たくさんの数字の表を見てゐるか、地図を作成してゐる。陳情団と応接をしたり、お茶をのんで雑談したりしてゐる人間は一人もゐない。部屋は森閑としてゐる。まるで研究室のやうな雰囲気である。かういふ人人とこの雰囲気ならばこの天文学的数字の大計画を実行することも可能である、といふ気がした。

日本での水資源開発の状況と思い比べたのであろうか。「この天文学的数字の大計画」とは、一九四四年からスタートしたミズーリ川流域開発計画で、三〇の水力発電所で年間四三億三〇〇〇万キロワット時を発電し、二万平方キロメートル以上の土地を灌漑するという、「日本では全く想像外」のものである。

乳業会社ボーデンを視察

七月末の土曜と日曜はシカゴでゆっくり休養をとる。月曜日は資料集めに出かけたが、翌日は下痢のためホテルで過ごす。疲れがたまったのだろう。

でも水曜日からは、また元気に活動を開始。九日まで、シカゴ大学の気象学者ロスビーを訪ねたり、科学技術博物館、エンサイクロペディア・ブリタニカ社、有名な乳業会社ボーデンを訪問したりして過ごす。

ボーデン社を訪れたのは、雪印乳業株式会社から依頼を受けていたからだ。中谷は同社（かつての北海道興農公社）に、農業物理研究所の件で世話になっていた。今度は中谷が同社から、アメリカの最新の製造施設を見てくるよう頼まれたのだ。

日本ではまだ敗戦後の混乱もあって、衛生面の施設などが思うようにできていなかった。ところがここボーデンの工場では、どの部屋も「まるで手術室のやうに清潔になつてゐて、人がほとんどゐない」。数人の監督者がいるだけで、「すべての操作は自動装置で運ばれてゐる。アメリカの近代工業としては、当然のことであるが、やはり感心した」。

ハーバード大学での講演とワシントン山観測所

八月の下旬は、ボストンを拠点に行動する。ハーバード大学で、アメリカ文芸科学協会主催の一般向け講演をしたり、MＩＴを訪問したりして過ごす。ここでの講演については、中谷もいささか緊張したようだ。東海岸の学問の中心地、ボストンでの講演だからだ。

二三日からは一泊二日で、ボストンから北に二〇〇キロメートルほど、ニューハンプシャー州にあるワシントン山（標高一九一七メートル）の気象観測所に、ハウエル所長が自動車で連れて行ってくれた。一九三二年に設置されて以来ずっと着実に気象観測を続けており、今も霧水量や着氷量の測定など中谷たちが「ニセコの山頂でやつてゐたのと全く同じ問題を採り上げて」いた。とはいえ「観測所の設備の完備さは、ニセコ山頂観測所などと較べては、全くお話にならぬほど上等」である。夕食後、スタッフに雪の結晶の映画を見せてから宿舎へ戻るとき、「濃霧が山頂をすつかり包んでゐたので、ちよつとニセコの山頂を思ひ出した」。

レーン夫妻に再会

その後は、ボストン郊外のレーン夫妻の家に滞在した。ハロルド・メシー・レーンとポーリン・ローランド・レーン夫妻は、戦前、ともに北海道帝国大学予科の英語教師をしており、中谷は雪の研究について英語の論文を書くと、きまってハロルドに添削してもらっていた。

ところが二人は、一九四一年一二月八日、軍機保護法に違反したとして学内の宿舎で特別高等警察に逮捕される。その後、懲役一二～一五年の有罪判決を受けて服役中、一九四三年九月に捕虜交換船で帰国した。

中谷がレーン夫妻に会うのは、彼らが日本で逮捕されて以来、八年ぶりである。そして今回も、ハーバード大学出版部が出してくれるという『雪』の英語版 *Snow Crystals* の英文に目を通してもらった。

じつは、レーン夫妻が逮捕されたのと同じ日、工学部の学生宮澤弘幸《みやざわひろゆき》も、ラジオで日米開戦の報を聴いて夫妻を訪問しその直後に軍機保護法違反で逮捕されていた。そして懲役一五年の判決を受けて服役、一九四五年一〇月にGHQ覚書にもとづき釈放される。しかし苛酷な服役生活がもとで四七年二月に死去した。

戦後一九八〇年代の調査で、三人の罪はいずれも冤罪であったことが明らかにされるが、中谷がレーン夫妻に再会したこのとき、そのことを中谷は未だ、知らなかった。夫妻は札幌での生活を懐かしがり、「機会があったらいつでも札幌へ帰りたい」と言っていた。そして一九五〇年、ハロルド・レーンは再び北海道大学に招聘され、夫妻揃って札幌にやって来る。再び北大に戻りたいというレーン夫妻の意向を中谷が学長らに伝えたことで、夫妻の再招聘が実現しやすくなったのだろうと言われている。

シェファーと雪の化石

八月二九日、中谷はボストンからニューヨーク州スケネクタディへ移動し、翌日、GE研究所を訪れる。午前中に講演をし、午後は実験室などを見せてもらった。

映画フィルム調達のために尽力してくれた、あのシェファーにも会った。実は二週間ほど前、オタワで開催された「雪の分類に関する国際会議」でも会っていたのだが、今度は彼の研究室を訪れたのである。

中谷がシェファーの名を初めて知ったのは、おそらく、戦後一九四八年のことだろう。「雪の化石」（一九五〇年）と題した一文に、こう書いている。

……戦争がすんで、三年ばかりして、アメリカから送つて来た論文を見たら、雪の化石の写真が載つてゐたので、一寸驚いた。研究者は、人工降雪で近年有名になつた、GE研究所のシェファー博士である。

雪の化石の写真が載った論文とはおそらく、一九四八年の雑誌『ネイチャー』に掲載された「実験室および大気中での氷結晶の形成」であろう。

雪の化石とは、雪の結晶そのものは融けてしまっているが、結晶の型はそっくりそのまま残ったものである。シェファーは簡単な作り方を考え出した。零度以下でも凍らず水を溶かすこともない溶媒に、ある種の樹脂を溶かした溶液を作り、その溶液を雪の結晶に振りかけて結晶を覆う。氷点下五～一〇度くらいの所でこうした操作をして暫く待っていると、溶媒はやがて蒸発し、樹脂だけが雪の結晶の表面に薄皮となって残る。これを温度が氷点下の乾燥した空気中に置いておくと、雪の結晶は樹脂の膜を通して昇華していき、半日か一日たつとすっかりなくなってしまう。あとには雪の結晶の外形や表面構造をそっくり写し取った膜が、蟬の抜け殻のように残る。これが雪の化石、雪のレプリカである。

シェファーは、溶媒に揮発性の二塩化エチレンを使い、そこにポリヴィニール・ホルマールという合成樹脂を一パーセントの濃度で溶かした溶液を使った。この溶液がミソなのである。

中谷もかつて、いろいろな液で試みたことがあり、「コロホニウム［という樹脂、別名ロジン］をクロロフオルムに溶かした液は可なりこの目的に適ふが、その化石ではまだ一週間位しか」持たなかった。その後は、「やはり自然にはかなはないといふことにして」手をつけないでいた。「日華事変の進展とともに、雪の化石どころの騒ぎではなくなつた」という事情もあった。

シェファーのほうでは、先の方法を戦前の一九四一年三月に雑誌『サイエンス』に、一九四二年一月には写真入りで『ネイチャー』に発表していた。『サイエンス』のほうは日米開戦前に日本に届いていたと思われるが、中谷の目にはとまらなかったのだろうか。一頁にも満たない、写真もない短報である。

というわけで、GE研究所を訪れてシェファーに会った中谷は、雪の化石の実物を見せてもらった。「合成樹脂は透明で白く光り、形は微細な点までそつくり残つてゐる。見たところは全くの雪の結晶である」。大いに感心した中谷は、雪の化石と、それを作る薬品を少し譲ってもらった。

話は少し先に飛ぶが、中谷は帰国後、さっそく大雪山でその薬品を試してみた。すると「なるほど美事な雪の化石が出来る」、この薬品は日本でもできるようなので、これからどしどし雪の化石を作ろうと思う。

雪の化石（レプリカ）は、研究を進めるうえでとても具合がよい。雪の結晶の形や構造を微細なところまで記録できるし、保存性がよいので冬に作ったレプリカを暖かいところで、融けるのを心配することなくじっくり観察することもできる。

しかし戦後しばらくは、レプリカを作るときの薬品の品質に、日米で差があったようだ。一九六二年になっても、レプリカの作り方を解説した文の中にこんな記述がある。「原料のホルムバール［ポリヴィニール・ホルマールのこと」がよくないといけない。筆者〔樋口敬二《ひぐちけいじ》〕には、アメリカ製を使っているが、最近は国産の電子顕微鏡用として売られているのがよいとされている」。

シェファーが、ポリヴィニール・ホルマールと二塩化エチレンという組合せで成功した背景には、当時のアメリカで高分子化学が急速に発展していたこと、さらにはシェファーがラングミュア（界面化学における発見と研究で一九三二年ノーベル化学賞受賞）の助手として、各種の高分子化合物に精通していたことがあるように思われる。

プロジェクトCIRRUS

GE社は戦時中から、軍の委託を受けて、飛行機の翼への着氷や、雪や雨のせいで飛行無線に入る雑音などについて研究を進めていた。シェファーもそれに関わっており、市販の冷凍庫を使って実験をしていた。

幅、奥行、深さがそれぞれ六〇、四五、五〇センチメートルほどの市販の冷凍庫で、（店頭でアイスクリームを売るのに使うタイプのように）上部が開いたものを使い、そこに湿った空気を送り込む。すると、庫内に過冷却の微小水滴が雲のように浮かぶ。その水滴を氷に変えようと思い、氷結の核になりそうな物質をいろいろ（火山灰や、硫黄、シリカなどなど）落としてみたが、どれも駄目だった。

ところがある日、ドライアイスのかけらを落としてみたら、「十秒もたたないうちに、過冷却の雲がすっかり氷の結晶に変わった！」そこで今度は、実際の雲で大規模にやってみることにした。一九四六年の一一月一三日、GEの所有する飛行機に乗せてもらって、四〇〇〇メートルほどの高さにある層雲の中にドライアイスを三ポンド散布した。飛行機から後ろを振り向くと「通過したばかりの雲の底から雪が長い筋となって降っているではないか」。さらに実験を続けて飛行場に戻ると、ラングミュアが走ってきて、熱狂的に祝福してくれた。

GEはこの実験成果を大いに宣伝し、メディアも「人間による水蒸気制御の新たな可能性が生まれた」などと書き立てた。陸海空軍とGEは共同で巻雲プロジェクト（プロジェクトCIRRUS）を立ち上げ、一九四七年から実験を開始した（一九五二年にかけ、二五〇回ほど実験を行なう）。

気象制御の可能性でアメリカ社会は熱狂の渦に包まれる。その熱狂は日本にも伝わり、電力会社などがダムのある地域に雨を降らせる実験をするようになった。中谷が先に引用した文で「人工降雪で近年有名になった、GE研究所のシェファー博士である」と書いているのは、このことである。

ニューヨークでくつろぐ

八月三一日、ノーベル賞受賞者のラングミュアに会ってから、夕刻、ニューヨークへ向かう。アメリカを一人で旅して約二ヶ月、行程の三分の二が終わった。ニューヨークでは久しぶりに日本人と会い、九月四日の日曜日、五日のレイバー・デイの休日も含め、のんびりと楽しい日々を過ごす。

まず湯川秀樹に会った。湯川はプリンストン高等研究所から研究員として招聘され、中谷より一年ほど先にアメリカに来ていた。プリンストンでの任期が終わったので、つい最近、ニューヨークのコロンビア大学に移って来たばかりだった。同大学の物理学者ラビがヨーロッパに行っているので、とりあえずラビの家を借りて住んでいた。

中谷も三晩そこに泊めてもらう。そして二晩、一緒に画を描いた。ラビが珍蔵するアメリカインディアンの壺を中谷が描き、そこに湯川が「ハドソンの川ははるけし今も猶、人岸に来て網をなげうつ」と賛をした。中谷は、すっかりくつろぐ。

二人共通の先輩、仁科に、連名で手紙を送った。渡米にあたって世話になったディーズにも、元気で旅している旨を知らせ、謝意を表した。

日本人がもう二人、ニューヨークに到着した。朝永振一郎《ともながしんいちろう》と小平邦彦《こだいらくにひこ》である。プリンストンへ行く途中、湯川のもとに立ち寄ったのだ。この一ヶ月ほど後、「湯川秀樹日本人初のノーベル賞受賞」と報じられるのだが、今の彼らはそのことを知る由もない。

ＴＶＡを訪問

中谷は九月一一日、テネシー州ノックスヴィルに到着し、翌日ＴＶＡを訪れた。都留重人にクラップ長官宛の紹介状を書いてもらい持って来たのだが、同氏はあいにく海外出張中で会うことができなかった。

いろいろとうるさく、大した資料も得られないので二日で切り上げる。「ＴＶＡも有名になると同時に、官僚的になったやうであります」と都留宛の手紙で感想を漏らしている。とはいえ、得るところもあったようだ。帰国したあとＴＶＡ視察の感想を訪ねられ、こう答えている。「資料室が実に立派で、諸計画、設計図、工事経過、その他何十という資料が整然と並べられていた」。

話は飛ぶ。中谷が帰国して半年あまり後、一九五〇年六月のことである。農林省農業総合研究所（東畑精一所長）で「雪に関する研究懇談会」が開催された。同研究所に属する積雪地方支所（戦前にあった積雪地方農村経済調査所の後身）が今後どのように事業を進めていくのがよいか、「関係権威者」

から綺譚のない意見を徴するためである。

中谷もそこに招かれ、研究文献を網羅的に収集することが大切だと力説した。

雪の研究は方々でやつていますが、せつかく過去に於て行われた雪の研究の文献が非常にバラバラになつていますので、雪氷〔日本雪氷協会の雑誌『雪氷』〕には雪の理学的研究はたいていでていますが、ほかのはなかなかそろつていません。けれども現在は学問になつていないものを今後学問にするためには過去の研究はその基礎になりますので、前のものも文献をはつきりさせて利用できるようにしたいものです。そうでないとなかなか近代学問になつてゆかないと思います。

「日本中にある文献をあつめて、あそこに行きさえすれば何でもあるということにならなければ学問にはならん」というのだ。こうした発言の背景には、TVAを視察したときの強い印象があったのかもしれない。

ミネソタ大学に招かれる

さて、TVA訪問のあと、当初の予定ではラスベガスに飛んでボルダー・ダムを視察する予定だった。ところがワシントン滞在中に、ミネソタ大学から手紙を受け取っていた。「ここの大学で雪の総合研究所を作ることになつて、今準備をしてゐる、君がアメリカへ来てゐることを最近知つたので、帰る前に一寸寄つて貰ひたい、相談したいことがあるからといふ意味のことが書いてあつた」。

「飛行機といふものが、ほんとうに実用になつたことがよくわかつた」と中谷。ノックスヴィルからミネアポリスまでの距離を日本に置き換えてみると、「鹿児島へ来たのなら、丁度いい都合だから、一寸札幌へ寄つてくれ」というようなものである。身体の疲れも、汽車に較べれば全然問題にならない。そこで予定を変更し、ミネソタ州ミネアポリスにひとっ飛びしてから、ラスベガスに向かうことにする。

ミネソタ大学では、一五日と一六日の二日間、会議に出る。それについては第六章三節で詳しく述べよう。

ボルダーダム視察、帰国の途へ

一七日にミネアポリスからラスベガスへ飛んで、一九日と二〇日にボルダー・ダムを視察した。

TVAでの経験をふまえ、今回はマッカラン上院議員に頼んで開発局局長の許可をとって貰った。そうしたところ大変都合よく、写真の撮影や資料の蒐集など全般にわたって便宜をはかってもらえた。マッカランとは、さきに中谷の渡米許可がなかなかおりないときチャーチが助力を頼んだ、ネバダ州選出の上院議員である。おそらくチャーチが、中谷の意をうけて頼んでくれたのであろう。

いよいよ旅も終盤である。カリフォルニア大学などを訪れたあと、ネバダ州のレノに飛ぶ。チャーチに会ってこれまでの旅の報告をしてから、サンフランシスコに戻る。

一〇月三日、サンフランシスコを発つ。今度はパンアメリカン航空で、ハワイ島、ウエイク島を経由して、五日に羽田に到着した。

帰国した中谷は、大学での授業のため札幌に戻る。同僚や学生たちは、中谷のアメリカでの体験に強い関心を示し、アメリカの現状について何であれ情報を得ようと必死だった。井上直一も、教官や学生が集まる「食堂は、先生のTVAの視察談などの土産話でにぎやかだった」と回想している。＊人々はアメリカに憧れ、アメリカの情報に飢えていたのだ。『花水木』

＊中谷研究室では、皆が「食堂」と呼んだ北向きの一室で、中谷を囲んで昼食を共にしながら、研究の話をしたり世間話をしたりする慣わしがあった。

一九四九年一月、朝日新聞で、アメリカの人気作家チック・ヤングの四コマ漫画「ブロンディ」の連載が始まった。のちに美術家、随筆家として活躍する赤瀬川原平《あかせがわげんぺい》が、中学生になったばかりの頃である。毎日届く新聞を心待ちにしていたことを思い出し、こう書いている。

漫画の出来栄えに関心というより、そこに描かれるアメリカ人の生活に目を見張っていたのだ。ブロンドの美人奥さんの名がブロンディで、一方のずっこけ亭主の名前〔＝ダグウッド〕は忘れたが、小さな子供が何人かいて、そのころのアメリカの中産階級の典型的な家庭生活らしい。……それよりも何といってもその生活内の文明である。電気掃除機、電気洗濯機、自家用車、大きな家、広い庭、緑の芝生、もちろん色はついていないが、すべてがありありと実感されて、その生活に感嘆する。四畳半の破れ畳に芋と雑炊で生き延びている人々は、当然のように憧れた。

それだけに、中谷が帰国して半年後、一九五〇年七月に出した随筆集『花水木』は、中谷がこの眼で見てきたアメリカを軽妙な文章で紹介するものとして、多くの読者を獲得した。科学研究の世界だけでなく、人々の日々の暮らしぶりを紹介する文章も、たっぷり含まれていた。

同書に収められた「アメリカの婦人生活」も、そうした文章の一つである。中谷の見るところ中流家庭が「アメリカの骨格をなしてゐる」。そこでごく普通の中流家庭をとりあげて、その暮らしぶりを描いてみせる。

中流家庭では共稼ぎが常識で、それでいて女中を雇っている家はほとんどない。だから主婦はとても忙しい。その代わりに家の設備は完備している。電気冷蔵庫と洗濯機のない家庭は考えられない。料理した暖かいものは夕食の時しか食べないのが普通だ、それも冷凍食品を自動調理器、つまり「時計仕掛けの天火」に入れるだけだ。

「要するに、アメリカ人の生活は、ひどく積極的である。よく働いて金をとり、その金で家庭の設備をよくし、それで生活の能率を上げ、産み出した時間を外で働いてまた金をまうける」。そして「不用なものは、どんどん棄てる」、それでまた生活能率を上げる。

時間は金銭なのだ。能率第一で時間はすなわち金銭という生活を始終やっているから、ものごとの処理が事務的になり、男女の関係にもそうした態度が入ってくる。男女の関係、夫婦の関係は、対立的なものになる。「経済的に独立性があり、女が男の従属物でない以上、さういふ対立関係が成立することは、何も不思議ではない。そしてまた悪いことでもない。ただちよつと淋しいやうな気がするだけである」。

結局アメリカには、日本の婦人たちが考える「婦人生活」というものはない。このいちばん肝心なことが、日本では理解されていない。中谷はこう解説する。

日本の人々は、断片的な情報をもとに「アメリカの生活」を、憧れとともに思い描いていた。そこに中谷は、実際に現地を訪れこの眼で見た「現実」を送り届け、憧れをさらに掻き立てるとともに、他方では陰の面にも言及して日本の人たちに慰めも与える。

中谷の畏友小宮豊隆も、『花水木』には「日本が無条件にアメリカに学ぶべき所とさうでない所とが実にはつきり描分けられてゐる」と評した。しかも中谷は、アメリカ生活のあれやこれやの現実に、社会学的な分析とは言えないが、それでも彼なりの脈絡を与え、一つの完結した随想にまとめあげている。なるほどと思う読者も、情報の飢えを満たされる読者も、多かったことだろう。

両陛下への進講

ところで話は少し前後するが、中谷は帰国した年の暮一二月二日に、天皇皇后両陛下に「米国の科学・文化その他社会全般について、幻灯を用いた進講」を行なった。シェファー博士の雪の化石の話をし、もらってきた標本も見せた。「昨年のアメリカの雪でございます」と言って差し出したら、「両陛下顔を見合はせて御笑ひになりながら、虫眼鏡で仔細に御覧になった。そして「この薬品は何かね」と御たづねになつた」。

ＴＶＡやミズリイ河流域開発などの話もしたところ、「総合開発の話は、よほど御関心があつたやう」だった。天皇皇后両陛下も、アメリカには一方ならぬ関心を抱いていたのだ。

4　科学映画の再興

科学映画に光明

一九四九年の正月三日、朝日新聞社主催「昭和二三年度 朝日賞」の受賞者が発表された。

小説「細雪」の著者谷崎潤一郎《たにざきじゅんいちろう》、湯川秀樹の中間子論を発展させ「二中間子の仮説」を提出した坂田昌一《さかたしょういち》、水泳競技で世界最高記録を出した古橋広之進《ふるはしひろのしん》と橋爪四郎《はしづめしろう》、そして日本映画社教育映画部である。

日本映画社の教育映画部は、前年の一九四八年に「霜の花」「生きているパン」「北方の霧」「富士山頂観測所」など一連の科学映画を製作した。その功績が認められて受賞したのである。「映画界初の朝日文化賞受賞」に日本映画社は湧いた。「渇望せる社会情勢の中で、凡そ営利の対象とならない教育映画の製作を続けるなど、愚の骨頂とも申せましょう。然し、われ〳〵のこの小さな努力は遂に識者の認むる処となり、映画界初の朝日文化賞を授興されました」と喜びを表現した。

「霜の花」

映画「霜の花」は、この章の一節で述べたように、一九四八年八月にオスロで開かれる国際雪氷河委員会に提出することを目指して、中谷の依頼で製作したものである。四七年の年末から準備にかかり、五月いっぱいかかって撮影を完了、それに音楽と英語のナレーションを入れて八月初めに完成した。実験は主として花島政人が担当、撮影は吉野馨治の指導のもと、小口禎《おぐちてい》三《ぞう》と吉田六郎《よしだろくろう》が担当した。

ガラス板上にできる霜の花は、どこにできるか予めわからない。大きさもせいぜい一ミリか二ミリである。その小さい部分を逃さずカメラに収めることができるよう、工夫を重ねた。戦前の「雪の結晶」のときはパルボ撮影機を使ったが、今回はベル撮影機を使った。パルボは「容量と重量を節約するためにデリケートに作られているので故障が多く難渋した経験から」、「温度や湿度の影響が少いといわれるベル撮影機を用いた」。

音楽は、伊福部《いふくべ》昭《あきら》が担当した。のちに映画「ゴジラ」（一九五四年）の音楽を担当する、あの伊福部である。この当時は、東京音楽学校（一九四九年五月から東京芸術大学）で作曲科の講師をしながら、映画音楽を作曲していた。映画の最初と最後にオーケストラが入り、その間の部分はピアノのソロが流れる。

英語のナレーションは、五十嵐新次郎《いがらししんじろう》が担当した。五十嵐は、早稲田大学高等師範部を卒業後、日本交通公社や国際文化振興会を経て日本放送協会に入局し、海外放送課に勤めた。のちに早稲田大学教授となり、ラジオの英会話番組「百万人の英語」を担当するようにもなる。

日本語版のナレーションは、徳川夢声《とくがわむせい》が担当した。

科学映画を取り巻く状況

この時代、科学映画の製作が軌道に乗る見通しなど、あったのだろうか。

戦時中は、一九三九年に施行された映画法により、映画館で「国民教育上有益なる特定種類の映画」を上映することが義務づけられていた。そのおかげで、自然科学や体育運動、軍事国防などをテーマとした「文化映画」への需要が高く、映画製作会社が数百も乱立した。なかには東宝のように、軍からの委託で「水平爆撃要領 第一〜第三部」「無線理論・三極真空管」など、劇場公開用ではない、教育訓練用の映画を製作する会社もあった。

中谷も軍の委託研究などで映画を使いこなし、映画技術者たちは軍の嘱託として記録係を務めた。当時の映画用カメラは、パルボに代表される手回し式で、操作には熟練を要した。現在のように、研究者が観察や記録の道具としてカメラを使いこなすなどということは考えられなかった。そこに小口禎三のような若い映画技術者の出番もあった。

またこの種の映画製作には優先的にフィルムが割り当てられたので、映画会社にとってもメリットがあった。小口も「フィルムに不自由したことはなかった」と証言している。

ところが敗戦によって、環境は激変する。軍や軍需産業からの委託がなくなったのはもちろん、フィルムなどの資材が極端に不足するようになった。そして何よりも映画法廃止の影響が大きかった。文化映画を上映する義務がなくなるや、大衆性に欠け、時間だけとる文化映画は、映画興行者から見向きもされなくなったのである。

日本映画社が四八年度に製作した映画も、一作品あたり百万円近くの費用がかかったのに、「大雪山の雪」や「北方の霧」などは未公開のままで製作費が回収できていなかった。「霜の花」も英語版こそオスロの国際雪氷河委員会で高い評価を得たものの、国内向けの日本語版は「プリントがわずか一本。アナうめ程度に上映されているだけ」だった。

そうしたなかでの朝日賞の受賞である。「映画界が科学映画、教育映画に何ら関心を示さなかった時代に「科学映画の火」を守ろうとして並々ならぬ努力をつづけて来た」日本映画社は、大いに励まされた。文部省科学教育局長の茅誠司も、「映画を通しての科学教育が世界を通じて重要な意義をもっている現在、黙々として精進する同部［日本映画社の教育映画部］の努力に対して一段の注意を喚起したい」と祝してくれた。

「中谷研究室」

日本映画社の朝日賞受賞が発表になる数週間前、一九四八年暮のことである、中谷は原宿の自宅に、旧知の吉野馨治と小口禎三、それに岩波書店の小林勇を招いて、科学映画の製作会社を作ろうと切り出した。

受賞のことは、関係者には事前に知らされていただろうから、このとき中谷はすでに、日本映画社が受賞することを知っていただろう。だとすると、日本映画社の朝日賞受賞で科学映画に光があたる、そのタイミングを見はからって中谷は立ち上がったのかもしれない。

小林勇は、岩波茂雄の娘婿となり（二女小百合と一九二八年に結婚）、一九四六年四月に茂雄が亡くなってからは支配人として岩波書店の経営に携わっていた。その小林に中谷は、この日に先立って、映画製作会社の構想を伝えていた。小林は、用紙不足など前途に不安がある出版界を生き抜くために、ラジオ放送や映画など新しいメディアへの進出を検討していたからである。

この日の中谷は、「われわれの手で新しい科学映画を作るんだ。なあにぼくが営業部長をやればスポンサーは大丈夫。とにかくいい映画を作るんだよ」と、終始、上機嫌だったという。

岩波映画製作所，創立当時の神保町社屋入口

年が明けての四月、今度は鎌倉の小林宅に集まって、映画プロダクション「中谷研究室」の創立を正式に決めた。この日は新たに、小口八郎と、吉田六郎、羽仁進が加わった。

小口八郎は、戦時中から中谷のもとで、霧や着氷の研究に携わっていた。数ヶ月後に博士の学位を取得する、新進気鋭の物理学者である。

吉田六郎は、吉野馨治と小口禎三という日本映画社のコンビが中谷のもとで雪の結晶の撮影をしていたとき、ずっと二人のカメラ助手をしていた。微速度撮影については名人といわれる腕前を持ち、撮影用の実験装置を製作するのも巧みだった。

羽仁進もすでに中谷と接点をもっていた。中谷が戦前、岩波書店の少国民シリーズの一冊『寒い国』を執筆するとき、編集を担当した小林勇の方針で、子供たちに話を聞いてもらって意見を求めた。その「子供たち」とは自由学園の生徒たちで、羽仁もその一人だった。

今回、羽仁を映画プロダクションに誘ったのも、中谷でなく小林のほうだったらしい。羽仁は自由学園を卒業したあと、共同通信社に入社し社会部記者として修行中だった。けれど「学生のころから映画には強くひかれるものがあり、入社後も何か新しいことをやってみたい気持ちがあった。映画からは新鮮な感動をうけていたし、映画に対するあこがれみたいな気持ちがあった」ので、映画に転身したのだという。

中谷が主宰する映画プロダクションは、神田神保町の岩波書店小売部の裏手にあった木造二階建の建物を借りて本拠地とした。

小林は岩波家からこの事業のために三百万円ほど借りた。けれど、岩波書店と関係ないという体裁をとるため、プロダクションの名称を「中谷研究室」とした。おかげで岩波書店側でも、店主格の岩波雄二郎とごく僅かの首脳陣以外は、中谷の〝東京のたまり場〟だと思っていたという。

こぢんまりと出発した理由には、いきなり本格的な映画会社をつくっても上手く行くはずがないという、中谷の読みもあったようだ。あるいは、まもなく三ヶ月間ほどアメリカに出かけるので、帰ってきてから本格的に取り組もうという目論見だったのかもしれない。

広義の教育映画と、教材映画

先に述べたように、終戦後に映画法が廃止され文化映画を上映する義務がなくなると、大衆性に欠け時間だけとる文化映画は、映画館でほとんど上映されなくなった。

しかしその一方で、映画流通の新しいルートができつつあった。ＧＨＱの民間情報教育局（ＣＩＥ）が一九四八年、一六ミリ映写機（National Company 製のもので、人々はそれを「ナトコ」と呼んだ）一三〇〇台と、アメリカ的生活様式や民主主義思想を描いた映画（人々はそれをＣＩＥ映画と呼んだ）を全国の都道府県に貸与した。これがきっかけで国産映写機も製造されるようになり、全国の学校や公民館で一六ミリ映画が上映されるようになっていた。

日本の短編映画製作者たちも、自分たちの作品をこうした一六ミリ映写機のネットワークに乗せる努力を始めた。たとえば、日本映画社と東宝教育映画という二つの短編プロダクションをもつ東宝が、一九四九年に「映画教室」運動を始める。児童向け劇映画、科学映画、記録映画、漫画映画などを組み合わせたプログラムを編成し、学校の講堂などに児童生徒を集めて上映するのだ。「テレビの無かった時代に、この運動は一定の支持を獲得したように思われた」。

しかし他方には、映画をこのように、いわば「土曜の午後の健全娯楽」として利用することは、視聴覚教育の本道ではないと主張する人たちがいた。「学習に映画を利用することこそ真の視聴覚教育であり、映画教室など邪道である」（中央教育研究所の矢口新《やぐちはじめ》）というのだ。この観点に立つと、映画は学習指導要領に基づくカリキュラムに沿ったものでなければならない。「社会科教育映画体系」シリーズの作品が、その代表的なものだった。

中谷が「中谷研究室」を立ち上げ、本格的な科学映画の製作に乗り出そうとしている頃には、こうして「広義の教育映画」と「教材映画」という二つの潮流ができつつあった（傍点は引用者）。

岩波映画製作所

「中谷研究室」は、立ち上げから一年後、一九五〇年五月に株式会社岩波映画製作所へと飛躍する。役員に岩波書店の小林勇をはじめ、岩波雄二郎、曽志崎誠二《そしざきせいじ》が参画し、岩波書店が公式に前面に出た。そして中谷は、顧問として協力を続けることになった。岩波映画製作所の第一作目は、科学映画「凸レンズ」（一九五〇年公開、一七分）である。凸レンズの働きを様々な実験を通して解説するもので、中谷が指導、小口八郎が実験を担当、吉野馨治が撮影、小口禎三が製作という役割で作業が進められた。

製作に向けた準備は、「中谷研究室」の頃から進められていたものと思われる。プロデューサー兼営業担当の小口禎三が、文部省学術局にいた知人に働きかけ製作意図を話したところ、当時としては破格の五〇万円が補助金として交付されたという。この件について映画ジャーナリストの草壁久四郎《くさかべきゅうしろう》は「第一回作品からすでに文部省をスポンサーにしたというのはさすが中谷博士の威光であり岩波の陰の信用保証ということによるものだろう」と評している。

製作にあたっては、「従来線画でしかやれなかったところを、こんどは直接に光線を使った実験でやってみたい」という中谷の意向で、暗箱に煙草の煙を吹き込み、そこに光を通すことで、光の進む様子を視覚化した。撮影に立ち会った中谷自身が煙草の煙を吹き込む役割を買って出ることもあったという。

これまでは、抽象度が高くて映像にしにくい部分は図解もしくはアニメーションで逃げるというのが、科学や技術を扱う映画での常識だったから、これは画期的なことだった。

5　よい映画とは

「分らす」を断念する

中谷は戦前の一九四〇年に「科学映画の一考察」という短文を著わし、科学映画のうちでも「理化もの」には「博物もの」と違って特有の難しさがあると述べていた。

「博物もの」というのは、動物や植物の生態などを描いたもので、「蛙の話」や「蚊の一生」「春の呼声」などである。ときには顕微鏡撮影や微速度撮影を用いて、眼では見えない現象や、普通には行けない環境での生態を見せてくれるもので、「日本の科学映画では、此の種のものに所謂珠玉編が相当ある」という。

ところが、数学や物理、化学の題目を取りあげた「理化もの」になると、「大抵の場合大変むつかしくなる」。たとえば「音楽の表情」とか「レントゲンと生命」である。「理化もの」で現象を説明しようとすると、どうしても線画が多くなる。「しかし線画の多いのは、どうもその映画全体を幼稚なものに見せる損があり、事実幼稚なものが多いのである」。

そこで中谷は、「「理化もの」にも出来るだけ線画を少くするやうにした方がよいのではないか」と提案する。そして、言う。

……もっとも線画を少くしたら、観客に分らすことが出来ないと思はれるかもしれない。……しかしその心配は無いのであつて、本当のところは、映画だけでは、いくら線画を沢山使つて説明しても、結局分らないものは分らないのである。……どうせ分らないものならば、思ひ切つて「分らす」といふことを初めから断念してしまふのが、此の種の映画の一つの進む道ではないかと思はれる。例へば線画による現象自身の説明などに余り労力を使はずに、実際の実験室の光景を写して、何だか分らないが怖さうな器械だとか、何だかむつかしさうな実験だとかいふものを見せるやうなやり方も一つの方法であらう。別の言葉で言へば、現象自身の説明よりも、その現象をつつむ雰囲気を説明するのである。

戦前に製作した「雪の結晶」では、こうした考えに基づいてであろう、線画をできるだけ少なくし、研究の雰囲気と朧《おぼ》ろな内容を伝えることに力を注いでいた。

しかし岩波映画製作所での第一作「凸レンズ」のほうは、線画を使わないという点では同じ方針に沿っているものの、線画に替え実際の光を使って示したものは、結局、線画と同じ「光の進み方」であった。そのため、少なくとも結果的には、「分らす」ことを断念するどころか、「分らす」ことにこだわった映画となっているように思われる。扱っている題材が、幾何光学という、抽象度の高いものだということに依るのかもしれない。

それでも、映画「凸レンズ」は好評を博し、その後「三十年間に岩波映画が製作した科学短編の中では販売成績も上位の部にランクされ」るほどの成功をおさめた。

教育映画から産業映画へ

そして岩波映画製作所は、民間企業をスポンサーとする科学映画を製作するようになる。「発電機」（東京芝浦電気、一九五一年）や「回虫——感染と対策」（生命保険協会、一九五二年）などである。

しかしそうした状況も、一九五〇年代半ばになると変わり始める。よい教育映画を提供することで企業イメージの向上を図ることから、より直接的に自社の技術を記録しPRする産業映画へと、企業の期待が移っていったのである。

産業映画の最初期のものの一つが、「只見川」（岩波映画製作所、一九五一年）である。スポンサーは電源開発調査会であるが、企画の発端は中谷にあった。アメリカから持ち帰ったTVAの記録映画を、電源開発調査会会長の松永安左エ門に見せ、映画によるPR効果を説いたのである。

岩波映画製作所はその後、「天竜川」（中部電力委託、一九五二年）、「進む電源開発」（北陸電力委託、一九五三年）など、ダム建設映画を次々と製作していく。

なかでも「佐久間ダム」（電源開発株式会社委託、第一部一九五四年、第二部一九五五年、第三部一九五七年）は、時代を画するものだった。規模の壮大さもさることながら、イーストマンコダックのカラーフィルムを用いて撮影し、登場したばかりのテープレコーダーで、ダイナマイトによる発破やアメリカ製建設機械の現場音を録るなど、映画技術の面でも新しい試みがなされた。一九五四年一一月に第一部が劇場公開されるや、台風の襲来や川の増水と競って進められる、スリルさえも感じる土木工事の展開に、そしてまたカラーで描かれた映像に、観客は釘づけになった。推定で三〇〇万人の観客を動員し、興業的にも大成功だった。

こうした産業映画こそ、中谷がかつて言った、「分らす」のでなく「現象をつつむ雰囲気を説明する」タイプの映画であろう。そしてこのタイプの映画が、岩波映画製作所の屋台骨を支えていくことになる。

それに対し、「凸レンズ」のような「分らす」タイプの科学映画は、新たに登場したテレビの世界に活路を見いだしていった。吉野馨治と綿貫敏男が中心になって製作し、一九五七年から日本テレビ系で放送された「たのしい科学」シリーズ（八幡製鉄がスポンサー）などである。ただ、説明のために様々な実験を工夫し、基礎から論理的に展開しようとするため、映画としての幅広い面白さを追求することは最初から放棄し、地味な作品になったと言われる。

この頃の岩波映画製作所を間近で見ていた吉原順平《よしはらじゅんぺい》は、この二つの潮流――「中谷型科学映画」と「産業映画」――は、ついに交わることが無かったと言う。

ロマンティックな大作主義ムードに支配されている産業映画製作部門と、科学の原理・技術の基本を小さな予算枠の中で分かりやすく視覚化することに心をくだく「たのしい科学」の製作部門とは、現場レベルでの交流がほとんど無く、まるで別々の会社のようにみえたことを記憶している。

映画「教室の子供たち」（岩波映画製作所、一九五四年）で一躍脚光を浴びた羽仁進、そしてかつて中谷が『寒い国』を執筆するとき話の聞き役だった羽仁進も言う。「映画教室と教材映画、この二つの考え方が対立し、……既成の映画界の見かたでは、あらゆる利点をもった映画教室が、映画には素人の教育家たちに敗れてしまった」。

教育への活用

中谷は、映画教育つまり「映画を教育に活用すること」についても持論を展開している。

機械の作動の様子など、言葉による説明ではなかなか呑み込めないことも、映画（映像）で見せられるとすぐ分かってしまうということが、たしかにある。しかし多くの場合、映画（映像）で見せられると「一応分つたやうな気がするが、それはさういふ気がするだけであつて、実際には、本当に理解したことにはならない」と中谷は言う。

ものごとを理解しようとすれば、「どうしても一定量の頭脳の力を消費」する必要がある、つまり自ら考え、理解しようと努力しなければならない。ところが「映画は懶惰《らんだ》の芸術であつて、見る人の方から頭をその方へ向けなくても、映画の方から適当に働きかけてくれる」ため、分かった気になることが多い。

したがって映画教育が成功する鍵は、映画を使っていかに勉強させるか、いかに「自覚的能動性を発揮させるか」にあると中谷は言う。たとえば、一つの授業で見せる映画は一つか二つにとどめ、映画の前に予備知識を講義し、観おわったら理解の程度を確認し、必要なら、注目すべき点を教えたうえで何度でも再上映するなど、それなりの工夫が要る。

映画教育の優れた点は、「視覚を通してはつきりと頭の中に焼きつけることによつて、理解を深める点にある」のであって、「時間の短縮」でも「児童の脳力消費の節約」でもない。だから、映画なしで一時間かけて教へていたことは、映画を使ってもやはり一時間ほどかけて教える必要がある。大教室に多くの生徒を集めて何本もの映画をただ見せるなどというのは、「娯楽であつて、教育ではない」。

設備についても言う。映画教育のためには、音楽教育のために「音楽室」があるように、それにふさわしい教室、映写機と暗幕装置が備わった「映画教室」が必要だ。

暗幕装置といっても、本格的なものでなくてよい。「窓わくにきちんとはまるベニア板の戸」を作って、内側だけ墨を塗っておけば十分である。普段ははずしておいて、暗くしたいときに「生徒が立つて行つて、一枚づつはめれば、二三分間で完全な暗室になる」。また多くの所では、電圧が下がっているので映写機の光量が少なく、画面が暗くて映画の魅力が半減する。それへの対策として、簡易変圧器を常備しておくと良い。こんな、国情にあった実践的なアドバイスもしている。

中谷の見るところ、「現在の日本の状態で一番困ることは、よい教材フィルムが非常に少いことである」。それへの対策として、製作費が少なくてすむ「無声映画」をもっと活用したらどうかと提案する。映画を教育に活かそうとすれば、どのみち講義と組み合わせなければならないのだから、「映画が発声であるか無声であるかは、さう大して差がない」というのだ。

「学校なりPTAなりの方でも、もっと映画教育に経済的な援助が出来ないものであらうか」とも言う。フィルムを丁寧に扱えば、「街の場末の映画館で、丹下左膳を一回見る金と、学校で一年中毎日のやうに映画教育を受ける費用とがほぼ等し」くて済むのだから、と（ただしこれは、同じ映画を一年間に一五〇回見せるとしての計算である。理解を深めるためとはいえ、これでは生徒が厭きてしまうだろう）。

中谷のこうした「映画教育」観を、映画のプロたちは必ずしも肯定しなかった。たとえば羽仁進は言う。

教材映画には音楽や効果などはいらない。いやサイレントでよい、解説は指導者がつける、という声は方々からあがっている。二〇分の映画をつづけて見せる必要はない。適当に分断して、映写を中止し、質疑応答をおこない、必要なら残りを見たらよいともいわれる。

「いまやこのような考え方は、映画を教育や指導に利用しようとする人々にとってはもっとも有力な方向となりつつある」。これは、「学校における視聴覚教育の代表的指導者」である矢口新の、教材映画は芸術として作る映画とは違ったもの、教材映画は映画でなくてもよい、という考えに通じるものだと羽仁は言う。

しかしそれでよいのだろうか、と羽仁は問題提起する。「教材」というレッテルを貼って映画製作に型を押しつけるのでなく、また「指導者が見せたい映画ばかり」見せるのでなく、「見たい観客がたとえ少数であっても、希望された映画が上映できる」ような仕組みが必要ではないかと言う。「教材」という枠にとらわれず、映画ならではの表現力を自由に使って映画を作りたいというのだ。

映画「キュリー夫人」

一九四六年二月、映画「キュリー夫人」（原題：Madame Curie）が日本で封切られた。美貌の女優グリア・ガースンがキュリー夫人を演じる、一九四三年製作のアメリカ映画で、アメリカ映画の輸入再開第一号として「春の序曲」とともに公開された。「地方の中都市などでは、中学校や女学校の生徒たちが、団体で見に行ったものである」というほどの人気ぶりだった。

「多感な十六歳」だった高野悦子も、そうした中学生の一人だったのだろうか。当時を思い起こして書いている。「空襲のため焼け野原と化した富山市の、バラックのような映画館でこの映画を見た私は、電撃的なショックを受けました。眠っていた目が一度に覚める思いでした」。

高野の子供時代は、戦争中で、「物理や化学を学びたかったのに、それは女性には不得手なもの、不必要なものといわれて、勉強する機会がなかった」。

ところが、マダム・キュリーは女性の身でありながら、その不得手な分野で男も成し得ない二つのノーベル賞受賞という偉業を成しとげ、社会に貢献したのです。私もマダム・キュリーのようになるのだ。そう決心すると私は迷うことなく、日本女子大の願書に生活科学科と書き込みました。また、キュリー夫妻の夫婦愛に深く打たれた私は、結婚するならキュリー博士のように尊敬できる人、共に助け合って仕事を一生続けられる人を見つけようと思い、日記に結婚は絶対に恋愛でなければと書き記しました。こうして映画「キュリー夫人」は、私の女としての自立、働く女性の原点となったのです。

日本女子大を卒業した高野は東宝に入社し、やがて、ミニシアターの草分けともいうべき岩波ホールの総支配人として活躍することになる。

高野の心に大きな刻印を残した映画「キュリー夫人」だったが、中谷はあまり評価しない。「この映画は少し型の変わった恋愛映画としては、極めて上出来のものであり、また画面も美しいので、十分楽しめる映画ではあつたが、科学者の立場から云へば、極めて拙劣な映画と云はざるを得ないものであつた」。原作の「肝心なところが、いづれもとんでもなく間違へて脚色して」あるからだ。

たとえばラジウムを分離する場面がそうだ、と中谷は言う。キュリーは、化学的な操作を何千回もくり返して、ラジウムをだんだんとバリウムから分離晶出していくのだが、最後に残った液を蒸発させてみたら皿の底にわずかのしみがあるだけで、ラジウムの結晶らしいものは残っていない。マリーも夫のピエールも落胆して家に帰る。けれどどうしても眠れない。ベッドの上で呻吟するマリーが、はたとしみのことを思い出す。ピエールを起こして二人で夜中に実験室へ行ってみる。はたしてそのしみがラジウムであって、暗闇の中で美しい光芒を放っていた。こんなふうな筋書きになっている。

しかし実際の研究では、この「映画の筋のやうなことは、決してないはずである」、なぜなら、何千回もの分離操作の過程でつねに放射能を調べながら、だんだんとラジウムが分離されていく様子を確認しているはずだから、と中谷は言う。

似た場面が原作にあるのだから、「この映画のような筋書きに脚色するのは、大した変更ではない、そう一々やかましく言ふ必要はないと思ふ人もあるかもしれない」と、反論を予想する。「しかしこれは科学の本質を誤り伝へるものであると私には思はれる。少なくともこの脚色は、科学上の発見と宝探しとを混同してゐる」と、あくまでも譲らない。「科学上の発見は、いつでも、寺田〔寅彦〕先生の言葉を借りれば「曉の空がいつの間にか白んで来るやうに」だんだんとわかつて来るもの」だからだ。

大いに感動したという高野と、拙劣な映画という中谷。この食い違いは結局、この映画の主題がどこにあると考えるか（受け止めるか）によるのだろう。「映画教室」ではなく「教材映画」の路線に立つ中谷であるから、「科学を正確に描くこと」を重視するのも当然であろう。

キュリー夫人の伝記

映画「キュリー夫人」には原作があった。娘のイーヴが母について著わした『キュリー夫人傳』（一九三八年）である。

この書は、同年一〇月末に日本語訳が出版されるや、大好評を博した。小説家・翻訳家として活躍していた阿部知二など、「若し私が一生の間毎月婦人雑誌に新刊紹介をつづけたとしても、このやうに熱情を以て薦め得る本を、いくつも発見することは到底出来ないであらう。……夜半からすこし読まうと思つて頁を繰りはじめて、たうとう曉方までに一気に読んでしまつた」と絶賛、翌年四月までに、六八刷を重ねるほどの売れ行きを示した。

出版社の広告が「理想的良妻にして賢母、然も偉大なる科学者　愛と智と力の奇跡的女性の全傳！」と謳うように、この書に描かれるキュリー夫人は、伝統的な女性観の枠内で描かれている。それだからこそ文部省も、「社会教育に便益ある優良の図書」として推薦したのだろう。

中谷も「たいへん面白くてつい夢中で読んでしまつた」。朝日新聞に寄せた書評でも、偉大な科学者の生涯や環境がとてもよく描かれていて「非常に感心した」と書いている。

しかしその一方で、「大概の人の感心され褒めてをられる点は、私には腑に落ちないところが沢山あつた」とも言う。「多くの賛辞は、夫人があれほど偉い科学者であつた以上に、一夫人としての立派な婦徳をそなへてゐた点を余りに強調されてゐるからである」。キュリー夫人の偉さはラジウムを発見した点にあるのであり、母として、あるいは妻としてのキュリー夫人は「背景」として描かれるべきこと、とばっさり切り捨てる。キュリー夫人を良妻賢母として描くこと自体への違和感でなく、科学者を描写するにあたり科学研究と直接に関係しない要素を絡ませて脚色することに違和感を抱くのである。

中谷と同郷でかつ中学時代からの同窓に、演出家、劇作家として活躍する北村喜八がいた。築地小劇場に参加したあと、一九三七年から、女優で妻の村瀬《むらせ》幸子《さちこ》とともに芸術小劇場を結成して主宰するようになった。

その北村が、戦前の一九四〇年一月、芸術小劇場の第八回公演として「キュリー夫人」を上演したことがあった。原作は先の『キュリー夫人傳』、脚色は北村自身である。女学生の観客が多く、しかも大入りがつづいて、最終日にはかなりの客に入場を断わるという好評ぶりだった。

北村は脚本を書くにあたり、科学者に教えを請うた。「門外漢の口惜しさには、原著に書かれてある専門的な事柄を台詞に移す場合、字面では一応理解できても、はなはだ自信のないたよりなさであつた」からだ。相談する人として先ず思い浮かんだのは、同窓の中谷であった。しかし「いかにせん同博士は札幌にゐる」。そこで「手紙を出すと風邪で病臥中にもかかはらず折りかへしその方面の科学者を紹介し、且つ、台本のプリント刷を送つておいたのにたいしてやはり丁寧に目を通して重要な指示を興へてくれた」。

こんなことがあったので、「キュリー夫人」は中谷にとって思い入れのある作品だったに違いない。それだけに、映画「キュリー夫人」を観る目もいっそう厳しくなっていたかもしれない。

6　映画と書籍を連動させる

岩波写真文庫

話を戦後の一九五〇年に戻そう。この年の五月に株式会社としてスタートした岩波映画製作所は、映画（やスライド）を製作するだけでなく、書籍「岩波写真文庫」シリーズも製作した。新書より一回り大きいB六版、六四頁の小冊子に、写真をふんだんに（平均で二〇〇枚ほど）配した、「当時の出版界としてはまったく斬新なグラフィック・スタイルの出版物」である。岩波映画製作所が写真の撮影、取材を担当し、岩波映画製作所と岩波書店が協力して編集し、岩波書店が販売するという体制で進められた。

一九五〇年に最初の四冊、『木綿』『昆虫』『南氷洋の捕鯨』『魚の市場』が発売されると、一冊百円という値段の手頃さもあって、たいへんな反響を呼ぶ。映画からの収入が少なかった岩波映画製作所の初期には、写真文庫シリーズからの印税収入が同社を支えたという。

写真文庫を思いついたのは、小林勇である。敗戦後は紙不足が甚だしく、配給制がとられていた。そんななか小林は、アート紙は早めに自由化されるだろうとの情報をキャッチする。そのアート紙を使えば、配給の制限を受けずに本を作ることができると考えたのだ。映画づくりと本づくりを連動させることができる、という読みもあった。写真文庫で好評だったものを映画にしたり、映画の素材から写真文庫を作ることができると考えたのである。

写真文庫シリーズ七冊目の『雪の結晶』(一九五〇年七月発行)は、また新たに製作中の映画「雪の結晶」のフィルムから写真を取りだし、解説文をつけて文庫にしたものである。中谷と花島が監修した。

本書の特徴の一つは、シェファーやラングミュアによる人工降雨や人工降雪についての研究を、彼らから提供してもらった写真も使って紹介していることである。中谷が前年の秋に渡米した際、実際に彼らに会い、聞いてきたばかりの話題だった。

もう一つの特徴は、中谷が渡米中に花島が発見した新しい方法で、雪の結晶を写真に撮り、それをふんだんに用いていることである。新しい方法とは、顕微鏡写真を撮るときに、結晶の斜め下から光を照射するなどの工夫により、結晶の内部の構造も表面の凹凸もともによく写るようにする、というものである。

『霜の花』

岩波写真文庫が世に出る前、一九五〇年一月に、中谷と花島政人の共著で『霜の花』と題した書が、甲文社から出版された。こちらも映画をもとにした書である。しかし岩波写真文庫の『雪の結晶』とは違い、書籍のための解説文をあらたに書き下ろすことなく、映画のナレーションをそのまま載せている。しかも、映画「霜の花」はもともと、オスロで開催される国際雪氷河委員会で上映するために作られたという事情から、英語と日本語のナレーションが対訳の形で掲載されている。

7　海の研究に、潜水探測機

構想を練る

三日間にわたる潜水試験を終え、中谷はようやく、いささか肩の荷がおりた気持ちになった。「バスに乗るよりも安全なことは確信していたのであるが、始めての仕事というものは、やはり不安が伴う。理性ではなく、感情上の話であるが、人間である以上、それもやむを得ない」。

日本で初めて、研究用に製造した潜水艇が二百メートルの潜水に耐えうることを実証したのだ。一

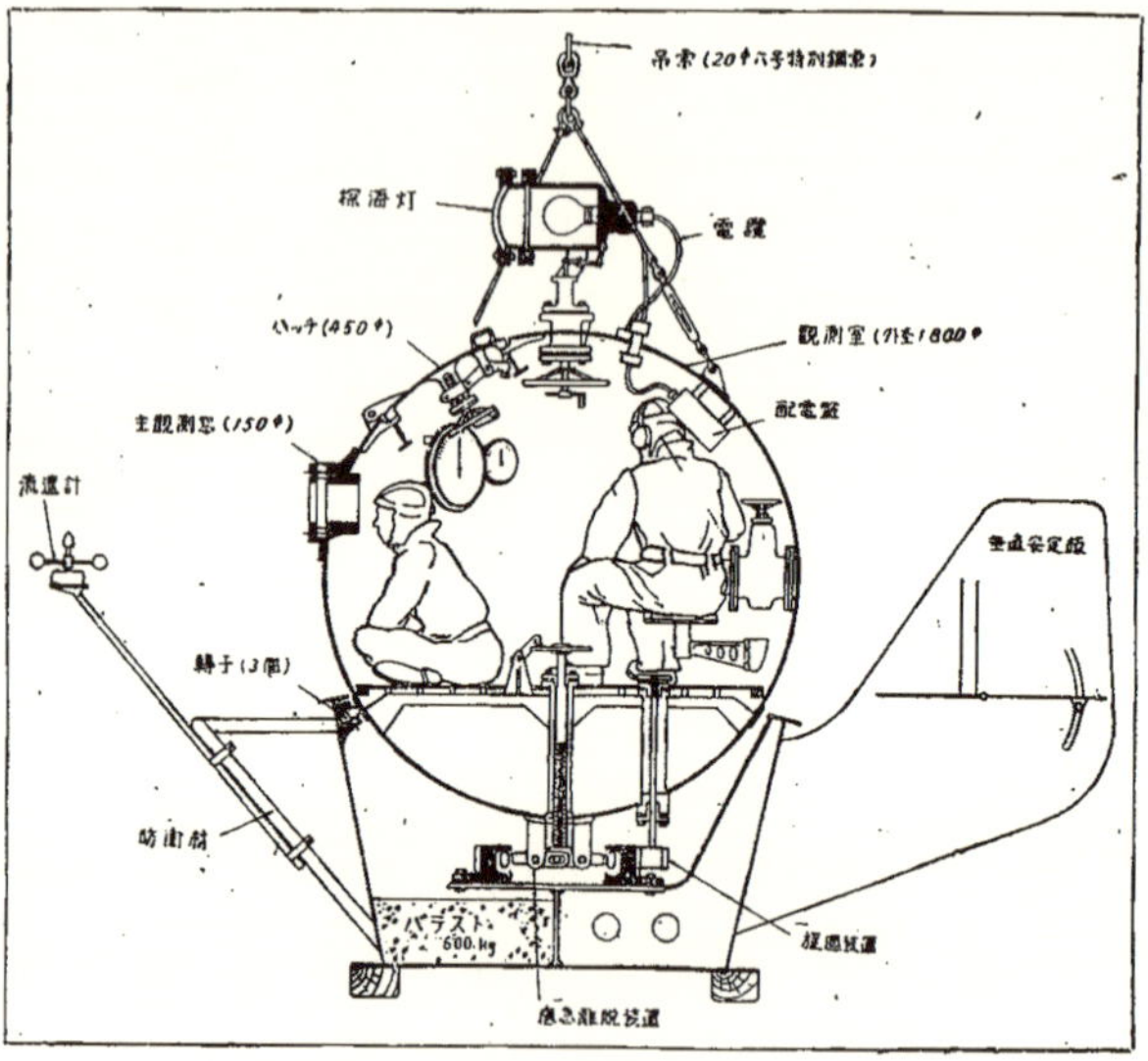

井上直一が構想した潜水探測機の一つ

九五一年八月のことであった。潜水テストに、ときには中谷も乗り込んだが、研究の主役はあくまで、自分の教え子、井上直一である。

井上は、中谷が低温科学研究所の兼任教授だったとき、中谷のもとで助教授を務めていた。しかし一九四九年に函館に水産学部ができるのを機に、水産学部に移ることにした。

ある日のこと、水産学部でどんな研究をするのがよいか、中谷に意見を求めてみた。すると、「井上君、君は海の中に潜ってみないかね。水産の研究者は海の中を見ないで水掛け論ばかりしているからね」。待ってましたといわんばかりの調子で答が返ってきた。「しかし研究費を集めるのは大変ですね」と井上が返すと、「あまり急がずにじっくりやりたまえ。資金の方は僕も応援するから」と中谷。

井上はさっそく、アメリカのウイリアム・ビーブが一九三〇年代に潜水球で九〇〇メートルまで潜った時の記録を参考にしながら、さらに「漁業の科学に利用するために若干の工夫」もこらして、潜水機の構想を練り始めた。その一端を完成予想図とともに雑誌『科学朝日』一九四九年八月号に発表し、「この潜水球が実現するためには、母船を含めて約一〇〇〇万円かかるので、問題は資金の点にかかっている」と、資金面での支援を世に訴えた。

設計の詳細については、伝手をたどって緒明亮乍《おあきりょうさく》に頼んだ。緒明はかつて呉海軍工廠の潜水艦部で仕事をしており、この当時は国際船舶工務所の計画課長だった。科学研究所（かつての理化学研究所、現在の（財）理化学研究所）の佐々木忠義《ささきただよし》にも協力を求めた。北海道帝国大学理学部で井上の七期後輩にあたる佐々木は、同所の海洋部門主任研究員として、海洋光学や光による魚群の誘導など、ユニークな研究をしていた。

資金集め

肝心の資金集めについては、中谷が大活躍した。

中谷は一九五〇年七月、読売新聞の安田庄司《やすだしょうじ》（当時、編集局長）に会い、相談する。二年間で計四五〇〇万円の資金提供を同社から受け、代わりに報道の独占権を同社に与える、などの条件でいい感触を得ることができた。

ただし四五〇〇万円は出せない、半分の二二五〇万円なら出すということだった。中谷はこの結果をさっそく井上に伝え、読売新聞社が半分負担するからという条件で、水産庁、北海道庁などと交渉してみるよう指示した。

中谷はその後、井上を伴って安田に会う。その結果、「今の日本では、中谷先生の言われるとおり、水産や海洋開発の研究は非常に意義があることと思う。当社では二〇〇万円を用意するから研究費の一部に使って下さい」ということになった。

井上と佐々木は、総額五〇〇万円の資金集めを目標にして、各方面に働きかけた。すると水産庁の藤永元作《ふじながもとさく》（当時、調査研究部長）が井上たちの計画に賛同し、渋沢敬三の力も借りて大手水産会社に寄付金を依頼する、という手はずを整えてくれた。

中谷は、かつて農業物理研究所の件で渋沢の世話になっており、二人は旧知の間柄だった。そこである日、井上は中谷とともに渋沢を訪ねた。井上が今度の計画について説明すると、「これは中谷君と合同のアイデアだろうが、大変ユニークな研究だ。我々は普段魚屋の店先で、横に並べられた魚を見ているだけだけれど、海の中で魚と面と向かって見詰め合うのはさぞ面白いことだろうね」と興味をもってくれた。そして、「先ず中谷先生に会長になって頂いて後援会を作ることだね」とアドバイスしてくれた。

その後援会は「潜水探測機の会」という名称で、一九五一年六月に正式に発足する。会長は中谷で、顧問には石黒忠篤、渋沢敬三、安田庄司（このときは読売新聞代表取締役）をはじめ、元水産庁長官、水産五社（大洋漁業、日本水産、日本冷蔵、極洋捕鯨、日魯漁業）の社長または副社長、北海道庁水産部長など、錚々たる顔ぶれが並んでいる。茅誠司も参与として名を連ねている。

潜水探測機の事業は、結局、水産大手五社がこの後援会に寄附してくれた一〇〇万円、読売新聞社からの二〇〇万円のほか、北海道庁や青森県庁が提供してくれた資金、文部省や水産庁からの試験研究費など、総計五五〇万円余りで進められた。

科学研究のためにこれだけの大物人物を糾合し資金集めを成功させるという、中谷の、人脈を活用する力、事業を組織していく力は、驚くばかりである。

メディアと連携したゆえの苦労

一九五一年四月二三日、潜水探測機の設計が本格的に始まり、六月一七日から日本鋼管鶴見造船所で製造が始まった。目標は、八月一五日完成、翌一六日に出航である。しかし、七月中旬の進捗状況からすると、完成は八月末になりそうだった。

七月二一日、井上は読売新聞の担当者に相談した。すると、「とんでもない。社としては十五日でも十七日でも駄目なので、敗戦の翌日の十六日［に］、この仕事を始めるというのが「狙い」なのだ」と、にべもない返事。

読売新聞社ではすでに、七月三日の朝刊一面に、大きく社告を掲載していた。「深海の神秘にいどむ／水産日本の画期的壮挙／潜水探測機の完成援助」と見出しをつけ、すでに製作中の潜水機は「八月中旬に完成、直ちに相模湾において第一回潜水試験を行う計画」だと宣言していた。

そして、魚群ならびに海中生物の生態研究、漁撈漁網の動態観測、海底地質の探索などの科学的調査を行なう予定で、「本事業は平和な海国日本再建のために幾多の画期的貢献をなすものと信じます」と、その意義を強調していた。「日本再建」の象徴とするためにも、敗戦の翌日に出航というスケジユールが効果的なのだ。井上は、「なる程、新聞社感覚というものは、一日一日が違うものなのだ」と思い知らされる。

結局、緒明ら技術陣に相談し製造計画の一部を変更することで、ぎりぎり八月一六日の出航に間に合わせることにした。八月一六日に出航できなければこの企画から降りるとまで、読売新聞社に言われていたのだ。

読売新聞社では、八月一六日の出航に合わせ、さらに広報戦略を進めていた。社告から四日後の七月七日、中谷と渋沢敬三、藤永元作らの対談記事を大きく掲載し、潜水機の構造を詳しく紹介するとともに、二百メートルの深海で何が見えそうかを語り合って、読者の期待を高めた。

七月三〇日には、潜水探測機の機名を一般から広く募る、という社告を出した。機名の選定は中谷が会長を務める潜水探測機後援会が行ない、当選者には謝礼金のほか、希望すれば航海テストにも招待するという。

さらに八月三日から松竹系映画館で、事業の途中経過を報告するニュース映画を公開するなど、映画メディアも活用した。*

＊当時の映画館では、本編の上映に先立ち、短編のニュース映画が上映されていた。松竹系では、読売新聞社系の読売映画社が制作した「讀賣国際ニュース」が上映された。

関係者の間では、テスト航海がうまくいったら、鹿児島、下関を回って、山口で軍艦の沈没したのを見ようという計画も出るようになっていった。ジャーナリズムにふりまわされかねない事態に、資金を提供してもらっている立場の井上は苦虫を嚙みつぶすしかなかった。

広報に努める

中谷のほうでも、読売新聞社の広報戦略に協力した。七月三日の社告にいう「二百メートルの潜水性能をもつ本機による涼味スリル百％の「海底現地報告」」を執筆することにした。もちろん、潜水観測の意義を自らの言葉で社会に語りかけようとの思いもあったろう。

しかし、「海底現地報告」を書くには、潜水艇に乗り込んで海の底まで沈まなければならない。そのため一騒動が起きた。中谷は何といっても国立大学の教授であり、しかもこの潜水探測機を使った研究の直接的当事者ではなく、後援会の会長でしかない。万が一にも事故が起きた時に、誰がどのように責任をとるのか。この種の議論が持ち上がったらしい。そこで、文部省や人事院の担当者とも相談し、大学から中谷に、潜水試験のため東京に出張を命ずるという形を整え、潜水実験の実行委員会を作ってそこに中谷も加えるなど、万全の事前手続きをとった。

完成した潜水探測機は、球形（外径約一・五メートル）の観測室に、ハッチや方向安定板、架台などが付いたもので、重量は陸上で約五トン、海水中で四トン余り、安全潜水深度二百メートルで、母船からロープで吊り下げられる（自ら推進することはできない）。観測室には直径一〇〜一五センチメートルの窓が計六個あり、二名（最大四名）が搭乗して、装備されている酸素放出装置や炭酸ガス吸収装置を使って最大一〇時間（二名のとき）潜水できる。観測用に、照明や、生物採集、採水、採泥の機器、水中聴音機なども備えていた。

八月一六日午前九時半、潜水探測機の命名式が行なわれ、一般応募二万二〇六三通の中から選ばれた「くろしお号」が潜水機の名となった。

午前一〇時半、いよいよ出航である。北海道大学水産学部の練習船忍路《おしょろ》丸の甲板に載せられ、鶴見港から、相模湾に面する網代へと向かった。ところが久里浜沖で「米艦通過のためLST〔アメリカ軍の戦車揚陸艦〕に停船を命ぜられ」、網代港に到着した時はもう夕方であった。アメリカ軍による占領統治がまだ続いていたのである。

翌一七日、いよいよ網代の沖合で潜水試験を開始。まずは、白木屋デパートから寄贈されたセキセイインコのつがいを乗せて、一〇メートルほどの潜水試験。その後、佐々木と緒明、それに読売新聞記者の三名が乗って深さ四〇メートルの海底まで潜水する。中谷が乗り込んだのは、つづく三度目の潜水時で、飛び入りで「中谷宇吉郎教授の愛娘三代子（七つ）ちゃんさえ加わって」（読売新聞）行なわれた。二〇〇メートルまでの潜水は、一八日と一九日に行なわれた。

中谷は一七日の潜水体験を読売新聞に寄稿した。われわれは何となく海中の様子を知った気になっているが、「その姿は、いわば頭の中で作り出されたもので、実際の海底の景観は水中に潜ってみなければ、実感をもって体験することは出来ない」。たとえばアジの色には十分馴染みがあるつもりだったが、「海中では、それがまるでちがった色彩に見える。というよりも、ほとんど色彩がない」のが意外だった。魚体の色と周囲の海水の色とがほとんど同じで、「極端に形容すれば、ガラスの魚が泳いでいる感じである」。実際にその場に行ってこの眼で見てこそわかることがある、というのだ。

数日後にも、「潜水探知機は海中の実験室である。しかも非常に有効な実験室である」という趣旨の文章を読売新聞に寄せた。くろしお号が設計通り二〇〇メートルの潜水に耐えうるかどうか試験するのが今回の目的だったが、それでも試験の副産物として、「水産資源学上本質的な重大問題を解くカギが見つかった」。集魚灯の周りに、魚は円筒形に集まると推測されていたが、実際は球形に集まることや、稚魚やプランクトンの分布が深さによってどう変化するかなどがわかった。今後、研究のために本格的に使うようになれば、水産学にきっと多くの知見をもたらしてくれるだろうと結んでいる。

潜水艇、その後

くろしお号はその後（一九五二年）、潜水探測機後援会から北海道大学に寄贈され、北大水産学部や科学研究所のほか、大学や水産企業、造船企業、メディア企業などで組織した潜水探測調査実行委員会が運営するようになる。そして忍路丸を母船に日本の沿岸を一周して各地で潜水を行なうなど、一九五七年七月までに延べ三八一回の潜水を行ない、自走式の潜水艇「くろしおⅡ号」に後を譲った。

その間、一九五二年一一月には広島県の宇品沖で、沈没した戦艦陸奥を観測したり、海水中で雪が降るかのように白く見える懸濁粒子（プランクトンの遺骸やその糞粒、バクテリア、鉱物の破片など）を鈴《すず》木昇《きのぼる》らが海域別に調べ、それらを「マリンスノー」（海の雪）と表現して学会に発表するなど、数多くの成果があがった。中谷と井上の潜水探測機プロジェクトは、水産学や海洋物理学に新しい地平を開いたのである。

このプロジェクトはまた、読売新聞社をはじめ、いくつもの民間企業から支援を得て実施された、いわばスポンサード・サイエンスであった。そうしたものとしては、おそらくわが国で初めてのものであったろう。

なぜ海の研究を

それにしても、中谷はなぜ海の研究、それも潜水艇を使った研究にのめり込んだのだろうか。

中谷はずっと以前から、海洋現象あるいは水産業に物理学を応用することに関心を寄せていた。井上は北海道帝国大学の理学部を卒業して一年後の一九三五年四月に、物理学の教員として函館高等水産学校に就職する。その後一九三八年の春、伊豆の伊東で療養中の中谷を見舞ったとき、定置網の一種、大謀網《だいぼうあみ》を使った漁の見学に中谷を誘ったことがある。そのときの様子を中谷は随筆「大謀網」に書いている。そのなかに、こんなくだりがある。

一三〇人もの人が三時間かけて大謀網をあげてみると、小物が数十匹かかっているだけということが普通らしい、だから網をあげてみなくても大体どのくらい魚が入っているか知る方法があると都合がよい。超音波を使って魚の数を探知するとか、魚が沢山かかっていると渦が出来るのでそれを探知するとか、いろいろの方法があるとは聞いたことがあるが、まだ実現していない。「水産物理学も愈々実際に役立つまでには、本当に荒海の上で生活するだけの覚悟をもつた物理学者が二三人出て来なくてはならないのだらうといふ気がした」。

師の寺田寅彦が水産科学に関心を寄せていたことも、中谷に影響を与えているだろう。実際、寅彦の弟子たち、すなわち中谷を取り巻く人たちには、宇田道隆《うだみちたか》など水産科学に関心を寄せる人たちが多い。もともと茅誠司のもとで結晶物理学を学んだ井上が、函館水産学校へ就職したのを機に中谷の指導を受けるようになったのも、「海や水産物理学の研究者には寺田寅彦の系統の人たちが多いので、今後の研究の指導については中谷君に頼んでおくから」という茅の配慮からだった。

敗戦後、食糧不足の問題と絡んで水産資源の活用が声高に叫ばれるようになった、という事情も関係しているだろう。たとえば読売新聞は敗戦の二週ほど後に、「いまぞ展け海への食料攻勢／栄養源はたっぷり」と題して、農林省水産局長の意見を紹介している。

戦争によって水産業の生産額は戦前の四ないし五割に減ってしまった。しかしこれを元の水準まで回復させ、すべて食料として利用すれば、全国民が、必要な動物性蛋白質をほぼ賄うことができ、米や麦など主食物を最小限で済ますこともできる。「全国の漁師はもとより全国民がもっともっと海へ目を向けられることを希望する、そして科学を海へ浸透させることである」。

こうした状況を背景に、中谷は考えた。

……実は昨年末［一九四五年末］から函館高等水産学校*の村山佐太郎《むらやまさたろう》校長とたびたび会って、日本の今後は水産に頼るよりないという雄大な話に一致しました。それで水産大学を作る案を立てております。……本当のところ、水産大学を作って今後の日本の前進に一脈の光明を見出すことが、現在の日本としては一番大切なことではないかと思います……。

＊正しくは函館水産専門学校である。函館高等水産学校は一九四四年に、官制の改正により函館水産専門学校と改められていた。

そしてその水産大学には、物理学の専門家も配置されるべきだと考え、まずは自らが講師として函館に出向き、水産物理学の講義を行なった。

函館水産専門学校については、新制大学の発足にあたり、北海道大学の水産学部となるか、それとも単科の水産大学として独立するか、二つの意見が出てきた。中谷は後者の途を支持していたようだが、結果的には北海道大学の一学部となった。弟子の井上直一をその水産学部に物理学の教授として送り込むことができたのだから、中谷にとって当初の希望は叶えられたと言えよう。

8 好奇心

現場主義の基礎にある好奇心

海に潜って実際にこの眼で観測するという発想には、「実際に現場を見る」という中谷の流儀が色濃く表われている。

そうした「科学研究の方法論」の基盤には、中谷の個性があるような気がしてならない。強烈な好奇心をもつ、という個性である。何であれ初めて見るものに新鮮な感動を覚え、あらたに何か体験することを兎にも角にも面白いと思う、それゆえ新しい体験を求めては未だ見ざる領域、新しい世界へと出かけ、ときには無邪気に、自分でもやってみようと思う、そうした好奇心である。一九三〇年、東京を離れはるばるやってきた札幌は、彼にとって異国であり、何もかもが珍しく、それゆえ心を魅了して止まないものだった。

札幌の自然の美しさを説くのに更に挙ぐべきものは、緑の芝生と夏の夕空であらう。札幌の芝生は欧羅巴で見られるものと同じで、実は牧草なのであつて、内地の高麗芝とちがつて此の牧草は放つて置けば直ぐ一尺以上にも伸びる。……此の芝生が一番綺麗に見えるのは夏の夕暮である。緯度の高い土地に特有な長い黄昏がいつ迄も続いて、街の西方一帯に連つて居る山々を薄紫にとぢこめると、芝生の色がエメラルドがゝって映えて来るのである。

戦時中には満洲の、それもハイラル北方の草原地帯（凍土地帯）を訪れる。もちろん凍上や永久凍土に関する研究、北海道で進めてきたそれらの研究をさらに発展させるためであるが、それだけでなく、日本ならざる大地、北海道とも違う大陸の大地への、憧憬のこもった関心を寄せているように思われる。

一度此の草原地帯を訪れた人は、誰でも強い魅力を感ずるさうである。私も勿論その仲間の一人である。シンガポールやセイロンの華やかな熱帯の色彩も美しいには美しいが、ツンドラの秋やこの草原のやうな魅力は感ぜられない。その原因は低温科学を専攻してゐるからとも言へないやうである。強いて求めれば、高緯度地帯の景色が持つ独特の清潔さといふものが、魅力の原因であるのかもしれない。

こんな中谷のことであるから、海の上だって例外のはずがない。蒼鷹《そうよう》丸に乗って黒潮観測中の宇田道隆にこんな手紙を送っている。伊東で療養していたころである。

蒼鷹丸からの御たよりありがとうございます。私も船にのって黒潮の調査に出かけるような仕事は大すきなので、大いに羨しい限りです。今度元気になったら一つ向ふを張って軍艦に乗って千島へでも行って見ようかと考へて慰めております。

海上でさえこうだから、海の中ともなればもう別世界、中谷の好奇心にとって垂涎の的である。「今日の地球上で、人間の生活と縁が近いようで、その実一番かけはなれた世界は、水中の世界、即ち水界である。虫も鳥も獣も人間も、空気中に住んでいる以上、それらは気界の生物である」と言う中谷にとって、海中への潜水は宇宙旅行にも匹敵するものだったろう。

映画づくりに熱中

中谷が初めて映画と関わったのは、戦前に東宝映画株式会社が「雪の結晶」を作ってくれたときである。

台本は映画会社のほうで案を作ってくれたのだが、「適当にそっちで変更して貰ひたい」というし、「外国語版の方は少しむつかしくした方が良さそうだ」というので、中谷が作ることになった。とはいっても、初めのうちは何処から手をつけてよいか見当がつかない。それでも「overlap《オーバーラップ》とか wipe out《ワイプ アウト》とか fade out《フェイド アウト》とかいふ技術《テクニックス》と、その意味とを教はつてゐるうちに、段々ぼんやりながら台本の作り方が分りかけて来た」。「アナウンスの方はとかく説明に陥り易い」ので、そうならないよう注意しながら、アナウンスと映像の画面とを、「両方から歩み寄る」ように調整していく。さらに、「底に低く音楽を流すと、いくらでも誤魔化しが効くらしいといふことも、少しやつてゐるうちには分つて、この方も一寸面白かつた」。はからずも、映画作りに熱中してしまったのだ。

「どうせ此処迄来た以上は、ついでに編輯も一度勉強しておかう」と、上京の機会をとらえて、映画会社に出かけた。「朝から夕方迄撮影所の編輯室にとぢこもつて、Y君［吉野馨治］と二人で」編輯に取り組む。「カットの取捨をしたり、一部を切つたりして、つないで行く」うち、「全体の調子も構成も、初めに考へてゐたものとは大分変つて来る」。それだからこそ編輯が重要なのだと得心がいく。

「意想外にむつかしいが、……面白いことも随分面白かつた」と中谷。

「結局映画を作るといふことは非常に面白いものであることがよく分つた」。そして、「全く新しい経験といふものは、如何なるものでも、一度体験して見て決して損はないといふこと」も分ったと言う。

映画の台本作りや編集作業に嬉々として取り組む中谷、まさに好奇心の塊である。

戦後の一九五〇年に中谷は、こんなことを書いている。「私は船には弱いくせに、飛行機には妙に強い。……日本で初めて小型機で定期航空を始めた頃から、ちよいちよい乗つて、苛い上昇気流で揉み苦茶にされた経験が二三度ある。……あの危つかしい日本の初期の定期航空を好きこのんで乗つたこと自身が、飛行に興味をもつてゐたからであらう」。

飛行機にも興味

戦前の一九三七年四月、日本航空輸送株式会社が、東京から仙台と青森を経由して札幌まで五時間あまりで結ぶ定期航空路線（一日一往復）を開設した。この路線に、中谷は一九三八年と三九年の夏に乗り、そのときの体験を「欠航」と題した随筆に書いている。「安全第一といふ楯のかげに隠れて、平気でどんどん欠航することがあるのではないか」、科学的な対策を講ずることにもっと力を注ぐべきではないかというのが趣旨である。中谷が、早くから飛行の問題に関心をもっていたことがうかがえる。

そして戦後、研究のためアメリカのＳＩＰＲＥに行ってまもなくのことである。札幌の研究室メンバーに宛て、自動車の免許を取り運転も上手くなってきたと近況を伝えたあと、「次ぎは飛行機の操縦をやって驚かさうかとも考へてゐますが、諸君の御意見は如何です」と書いた。こうした冗談にも、中谷のあくなき好奇心が現われていると言えよう。

第六章　対立の時代に

1　アメリカで二年間の研究生活

一年間の予定が、二年に

シカゴの中心部から北に直線距離で20キロメートルあまり行ったところに、ウィルメットという街がある。街路樹が多く閑静な住宅地である。

一九五一年六月、そこに一つの研究所ができた。クリーニング工場として使われていた、三階建で床面積の合計が約一〇〇〇平方メートルのビルを改造し、ミネソタ州セントポールから移ってきたのである。やがて、マイナス五〇度まで温度を下げることのできる低温室も、六室つくられる。

研究所の名称は、雪氷永久凍土研究所。Snow, Ice, and Permafrost Research Establishment、略してSIPRE《シプリ》と呼ばれた。

一九五二年六月、はるばる日本からやってきた中谷は、研究所の状況にいささか驚く。「最近やつ

SIPRE（雪氷永久凍土研究所）の建物

と出来上がつたばかりで、内部の設備も、一番肝心な細々したものが、まだほとんど手がついてゐない。それに研究方針の具体的な案も、まだ決つてゐない」。中谷はこれから一年間、ここで研究生活を送る予定だった。

ＳＩＰＲＥから中谷に招聘の話が舞い込んだのは、一九五一年の九月か一〇月頃のことだったと思われる。中谷は、学長から了承が得られれば、ぜひ招聘に応じたいと回答した。するとＳＩＰＲＥから学長に正式な依頼があり、学長は「一年間で帰るなら」という条件で認めてくれた。

中谷は一一月には上京して、身体検査を受けるなど渡米許可を得るための手続きを進め、いつでも出発できるよう準備を整えた。けれど実際の出発は、翌年一九五二年の六月四日になってしまった。宇吉郎は飛行機で、夫人と娘三人（長女と次女は大学生、三女は小学生）は半月ほど後に、船で出発した。

新聞は、「一家あげて渡米するので湯川博士のように永住するつもりではないかと話題を投げている」と報じた。この六月にアメリカで「移民国籍法」（提案者の名前から、マッカラン＝ウォルター法とも言われる）が発効し、一九五三年一月から、日本人も一定の要件を満たせば所定の人数まで移民が認められることになっていたからだ。

ただ、その要件は、「高度な教育、技術的訓練、専門的経験、特殊技能を持っている者で、その者の働きが米国の国民経済、文化、福祉に貢献すると米国検事総長が認めた者やその配偶者子供」などと厳しく、「大学教授クラスが主となるのではないか」とみられていた。そのためか、一九四九年の渡米につづき「戦後再度渡米した雪の権威、北大教授中谷宇吉郎博士の米国永住説が伝えられているが博士が移民の手続をとれば新法に基づく移民ナンバー一ということになろう」と報じられた。

永住するつもりではという新聞記者の問に、中谷は「とりあえず一年間契約で行く」のであり、北大教授の席はそのままにし、帰国後ふたたび教壇に立つつもりだと答えている。

「一年間で帰るなら」との条件で認めてもらったのに、出発前からすでに「とりあえず一年間」と言っている。後には「初めは一年の予定であったが、仕事の都合では、今少し延びるかも知れないというので、家族をつれて来ることにした」とも言っているので、当初から、できれば一年より長く、と思っていたのかもしれない。

氷の単結晶が豊富

SIPREへの出発にあたり中谷は、ドイツのビュッヒャーや、スイスのベイダーらと「共同研究するはずだ」が、「研究テーマは行ってみないとわからない」と新聞社の取材に答えていた。

大きな氷単結晶
メンデンホール氷河で採取されたもので，長さ50センチほどもある。

実際に取り組むことになるのは、雪でなく氷を対象とした研究である。その理由について、中谷の渡米中、札幌で中谷研究室を預かっていた助教授の東晃は、ベイダーから「氷の巨大単結晶試料の物理的性質を調べることをすすめられた」からだと述べている。

ＳＩＰＲＥがシカゴ郊外のウィルメットに設けられたのは、そこに雪が大量に降るからとか、そこが永久凍土地帯だからではない。雪氷の実験施設をもつノースウエスタン大学が近くにあり、しかも雪氷や永久凍土のあるアラスカやカナダ、グリーンランドに近く、比較的容易に雪や氷などを運び込むことができるからだった。

中谷がＳＩＰＲＥに到着したときも、研究所の冷凍庫に巨大単結晶がたくさん貯蔵してあった。ベイダーがアラスカのメンデンホール氷河で採取した氷が、ここに運び込んであったのだ。*それをふんだんに使って実験するなどということは、ここＳＩＰＲＥでしかできない「非常に贅沢な」研究である。「それで二年間毎日毎日、単結晶を切ったり、曲げたり」して、氷の物性について研究することになった。

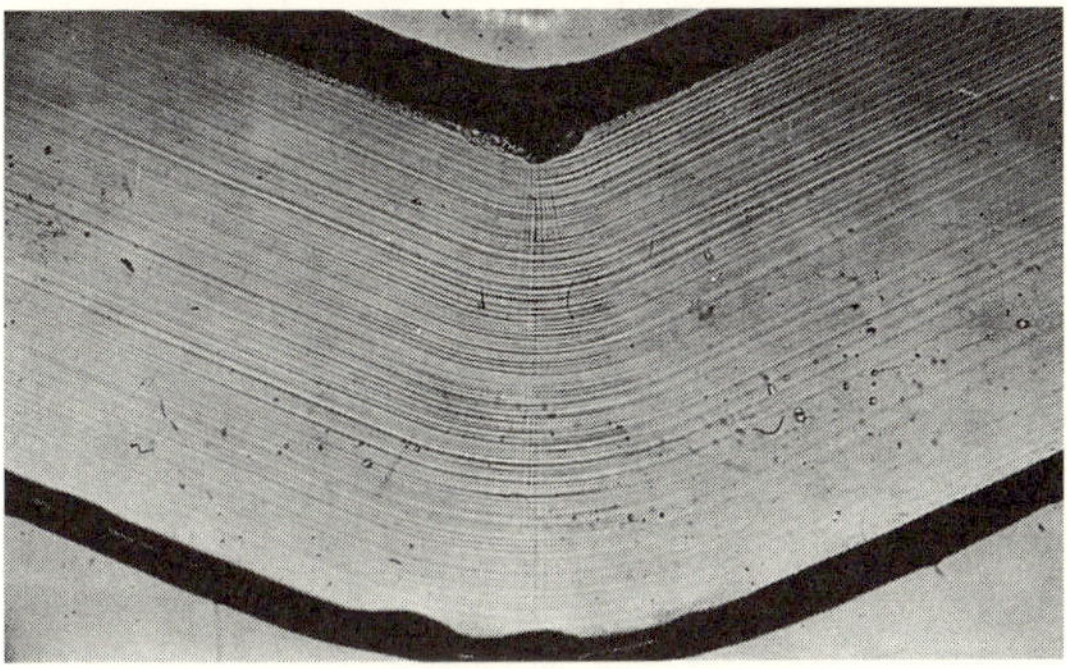

氷単結晶の塑性変形

氷の単結晶に力を加えると，方向によっては，薄い層が重なっているかのように，ぐにゃりと曲がる。

＊単結晶とは、全体がひとつづきの結晶（任意の結晶軸に注目したとき、結晶の塊のどの部分でもその向きが同一であるような結晶）で、塊の大きさが人の頭ほどもあるとき、それを巨大単結晶という。メンデンホール氷河から運んできた氷単結晶には、直径が60cmほどのものもあった。

ＳＩＰＲＥでの研究

中谷がＳＩＰＲＥで行なった研究は、大きく分けて二つある。一つは、氷結晶にできる内部融解像に関係するものだ。

氷の結晶に光をあてると、内部で氷がとけて小さな薄い水膜ができ、円板状や六花状、樹枝状など、雪の結晶に似た像として見える。これが内部融解像で、イギリスの科学者ティンダルが最初に発見したことから、ティンダル像とも言われる。この像のできた氷の温度を下げ、融解してできた内部の水を再び凍結させると、ごく小さな六角板状の空像が残る。中谷は、この空像ができる理由や、空像の大きさが変わったり、空像の位置が移動していく様子などについて、連続的に顕微鏡写真を撮って詳しく調べた。

もう一つの研究は、氷の力学的性質、なかでも塑性変形についての研究である。単結晶の氷から、結晶軸の方向を様々に変えて長方形の板（長さ七〜八センチ、幅一センチあまり、厚さ数ミリほど）を切り出し、その板の中央に荷重をかけては曲がる様子を調べる。そうすることで、氷の単結晶はある結晶軸の方向に層が積み重なった構造をもっていること、塑性変形はある厚みをもった層どうしが滑ることで起きること、などを明らかにしていった。この研究は、ＳＩＰＲＥの研究プロジェクト「氷表面層の厚さと強度」の一部に位置づけられたものだが、氷河の流動機構を解明する基礎にもなる研究だった。

ＳＩＰＲＥでは、夏時間の時期でも朝の八時頃から皆がいっせいに仕事を始め、その一方、土曜と日曜はきっちり休むというふうで、中谷は日本の大学との違いに驚きつつも、着実に研究を進めていった。

予定の一年が終わりに近づいたころ、研究設備などの都合でもう一年アメリカで研究したいと北海道大学理学部に申し出て、了承をもらう。一九五四年の八月末に帰国するので、結局は、二年あまりアメリカで研究生活を送ったことになる。

「氷は金属である」

その間の氷の研究から、「雪は天から送られた手紙である」に並ぶ中谷の名句、「氷は金属である」が生まれた。

氷の単結晶についていろいろな性質を調べるとき、金属の結晶について知られていた知識が役に立った。逆に氷の単結晶で明らかになった知識が、今度は金属の結晶を理解するのにも役立つはずだ、氷も金属もともに結晶の集まりなのだから、と中谷は考えた。しかも氷には、内部が見え、融点に近い温度でも簡単に実験できるという利点がある。鉄や銅について融点に近い温度（一〇〇〇〜一五〇〇度）で実験するのはたいへんだが、氷ならマイナス一～二度で実験すればよい。中谷はこうした意味を込めて「氷は金属である」と表現したのだった。

2 米軍研究費をめぐる問題

問題の発端

SIPREでの滞在が終わりに近づいてきた一九五四年の春、中谷はアメリカから、北海道大学の低温科学研究所の所長吉田順五と、学長の島善鄰《よしちか》に手紙で問い合わせた。日本に戻ったら低温科学研究所で、米軍の資金で研究をしたいのだが、いいだろうか、と。

この手紙が一般に公開されたことはないし、今日どこかに資料として残っているのかどうかも不明である。したがって、中谷が問合せた内容の正確なところはわからない。ただ、当時の新聞や雑誌記事のうちで、手紙の内容を比較的詳しく紹介しているものを参考にすれば、低温科学研究所の吉田所長に問い合わせた内容は、次のようなものだったと推測される。

米空軍に依頼された「氷晶成長の定量的研究」を、日本に帰ってからも続けたいと思っている。ついては、米空軍から研究費をもらって低温研で研究することを認めてもらえないだろうか。日本の国民感情など、複雑な事情があるかもしれないから、あらかじめ意向をうかがいたい。研究所の考えが、つぎの三項目のうちのどれにあたるかを、聞かせてほしい。

一、理由の如何を問わず、こうした研究費を受け取って研究することは認められない。
二、大学での研究本来の目的に合致するものならば、認める。
三、賛成とも不賛成とも言えない。*

*東晃は、これらに加え、低温科学研究所の「所員の何人かに共同研究者として参加してもらえないか」という内容も含まれていたとしている。

氷晶とは、大気中に存在する微小な氷の結晶である。周りの過飽和水蒸気が昇華して（水蒸気が、液体の水に変わることなく、一気に氷となる）その氷晶が成長することで、雪の結晶ができる。その雪の結晶が結晶の形を保ったまま地上に落下してくれれば雪だが、途中で融ければ雨となる。おおもとの氷晶は、固体の微粒子が核（氷晶核）となり、そこに大気中の水蒸気が凝固することで生まれる。

先に述べたように（第三章四節）、中谷は戦時中、何が霧粒の核になっているのか電子顕微鏡を使って調べていた。そうした研究の延長線上で、大気中にたくさん含まれている、氷晶核や凝結核となる微細な物質（総称してエアロゾルという）に関心を寄せていた。そして今回は、雪の結晶の形が、温度と過飽和度だけでなく、エアロゾルの数にも影響を受けるのではないかと考え、それを実験的に確かめようとしたのである。

さて、手紙を受け取った吉田所長は、五月一〇日に研究所の所員会議を開いて皆の意見を聞いた。そのうえで、研究所の考えは前記の一番目だとして、中谷の申し出を全面的に断わった。次のような反対意見が多かったのだという。

〝氷晶成長〟についての研究は、気象観測の実際面でも理論面でも、重要なものである。しかし、文部省の研究機関が外国軍部の研究を請け負うことは、特に日本の〝軍事体制〟が強化され始めている情勢下でこうした〝ひもつき〟の研究を始めることは、科学者の軍事動員のきっかけになる。

五月二二日の朝日新聞が、「中谷教授の申出問題化す／米空軍からの資金で研究／北大低温研究所断わる」という見出しで、ことの経緯を大きく報じた。これをきっかけに、様々な意見が新聞や雑誌に噴出する。

資金の出所と研究目的

もっとも強硬な反対意見は、中谷がやろうとしているものは軍事研究にほかならないから、断じて認められない、というものだった。

たとえば民主主義科学者協会札幌支部は、中谷が提案したものは「形式、内容ともにそなわった『軍事研究』」だという。軍からの資金で行なわれるという点で形式的に軍事研究であるのみならず、内容的にも軍事研究だという。その研究は、アメリカが「数年来、莫大な費用を投入して」続けてきた人工降雨の研究につながるものであり、その「人工降雨の問題は、大統領が深い関心を払うほどの重大な軍事問題になっている」というのがその理由だった。

民主主義科学者協会（略称、民科）とは、敗戦後の一九四六年に結成された科学者団体で、「日本の民主主義革命」に科学を通じて貢献することを目指していた。一九四九年末に一一〇支部、会員一万一〇〇〇人に達したあと、一九五〇年の日本共産党分裂を境にいくぶん陰りが見え始めていたが、それでもまだまだ大きな発言力を持っていた。

中谷は反論する。「軍事研究といへば、人殺しの方法の研究が大部分であるといはれよう。そのとほりであるが、しかしさうでない〔兵器など人殺しの方法についての研究でない〕ものもあり、それが現代では普通に一寸考えるよりも、少し多いやうに思はれる」。だから、「軍事研究」かどうかを、研究資金の出所や、当初の研究目的など「形で決めないで、内容で検討するべき」だと言う。戦争目的で研究開発された薬が、一般庶民の病気の治療に大きく役立つことだってある。たとえばとして、中谷はペニシリンを例に挙げる。

ここで中谷は、「内容的にも軍事研究だ」という批判には反論していないが、おそらく次のように考えていただろう。たしかに人工降雨の研究は、軍が主体となりGEも協力するプロジェクトCIRRUSとして進められてきた。しかし、そこでの研究成果は、軍事目的で**しか**使えない、というものではない。現に日本でも、電力会社が水力発電を安定的に行なうことを目的に、人工降雨を利用しようとしている。基礎研究をしている限り、それは軍事利用にもつながるかもしれないが、非軍事の用途にも役立つのだ、と。

民科札幌支部はもう一つ、研究成果を自由に発表できなくなるだろうという点も、反対理由に挙げた。中谷が渡米する前に北大の低温科学研究所で行なった研究でさえも、SIPREに行ってから専門科学雑誌に論文を発表するとき、ＳＩＰＲＥが軍の研究所であったがために軍の許可を得なければならなかった。*ましてや軍から資金をもらって研究すれば、その成果を自由に発表できるとは限らない、というのだ。

＊中谷が松本昭彦《まつもとあきひこ》と共著で *Journal of Colloid Science* 誌に発表した論文に「陸軍工兵隊の許可を得て発表」と記されていることを指している。これはしかし、軍事機密との関係で許可が必要だったのではなく、*SIPRE Research Report 4* に投稿中のものを外部の学会誌にも投稿（ないし転載）するので、許可が必要だったのではないかとも思われる。

国家による科学研究の組織化

強硬な反対論というより根底的な反対論とでもいうべき、次のような意見もあった。

研究が軍事的性格のものか否かを、個々の研究について論じても無意味である。なぜなら、今の時代、ふんだんにかつ自由に使える研究費をちらつかせ、科学者を目に見えない「ひも」でつなぐ仕組みづくり、科学研究の組織化が、着々と進んでいる。科学技術庁をつくり、そこを通して多額の原子力予算を研究者に与えようという動きが、その一例である。また「軍事産業と結合した独占資本」も、その科学研究組織を軍事化しようと、あの手この手で狙っている。

そして、いったん「ひも」につながれると、「いつの間にか研究の公開の自由は奪われ」、「しらずしらずに本物の軍事研究への協力を強いられ」ることになりかねない。

国の手で「科学研究の組織化」が進められ、「軍事産業と結合した独占資本」が存在する限り、国や企業から研究資金を受け取れば、軍事研究の道に引きずり込まれてしまうというのだ。そして中谷は、こうした「甚だしい危険におち込みかかっている」代表者だという。

こう述べたのは、かつて中谷に教えをうけ今は北大物理教室で同僚となっている、宮原将平《みやはらしょうへい》である。中谷は近代主義者であるがゆえに、封建的師弟関係を排除し、研究の価値や研究者の能力だけで評価する進歩的な研究環境を創りあげたと、高く評価する。しかし返す刀で、その近代性や進歩性も「十九世紀の近代性」であり「ブルジョワジーの進歩性」であるため、少しでも有利に取引しようとする商魂、コマーシャリズム（商業主義）に毒されているという。そのため、中谷としては軍や独占資本など「科学の敵」と「取引してそこから利益［潤沢な研究費］のみを引出し、科学［の成果］を彼らに売り渡さないつもりでいる」のだろう。だが「取引は彼らの方がはるかにうわて」である、と宮原は言う。

宮原のこうした主張の背景には、科学技術政策の主導権が、科学者から政治家や財界へと移っていくことへの警戒感があったものと思われる。当時、政治家や財界の中に、科学技術に関する総合的行政機関として科学技術庁を設置しようとする動きがあり、日本学術会議内部では、政府による研究統制や基礎科学の軽視を招きかねないと危惧する意見も出ていた（もちろん、科学技術の振興にプラスになるという意見もあった）。

ケースバイケースで

もう少し穏やかな意見もあった。基礎研究であり、直接的な軍事研究でなければ、そして研究成果も自由に公表できるのであれば、軍から研究資金をもらってもよいのではないか、という趣旨のものである。

中谷の畏友、茅誠司の意見がその典型である。彼はこのころ日本学術会議会長だったので、朝日新聞の取材に対し「個人としての」意見と断わって、こう述べている。「たとえ米空軍でも研究の結果を自由に発表させ、広く応用できるようなものなら、研究所を使わせても差支えないと思う。アメリカに留学する日本の学者の研究費が米海軍から出ている例はたくさんある。ただその研究が秘密なもので、戦争に使われるようなことなら問題は別だ」。

「軍の研究だからといって基礎的なものに関係がないものではないし、軍を利用して真理の探究をやれぬことはない」、という新聞のコラム記事も出た。「ヒモツキ？　たしかにヒモがついている。だがアメリカ軍部のヒモは日本軍部のヒモとちがって途方もなく長い。われわれが金がないために歩きまわれぬところまで、このヒモをつけて歩いてゆけるのである」、とコラムニストは続ける。アメリカは軍事目的からずっとかけ離れた基礎研究にまで資金を出しているというのだ。

中谷も言う。「米軍研究費によって行った研究であっても、その発表の自由は完全にみとめられている」。それに「米国の軍部は、米国の大学、研究機関にはもちろんのこと、ヨーロッパ諸国のいろいろの大学、研究機関に研究費をだして、研究を依託している。逆に、各国で発表された研究成果のうち、利用したいとおもったものは、どんどん翻訳していて、日本語の論文も利用されているのが実情である」。たしかに、中谷の論文も少なからず『ＳＩＰＲＥ研究報告』などに英文で掲載されていた。

したがって中谷に言わせれば、日本の基礎研究の成果がアメリカで必要とされ、他方日本では必要とされず研究費も出してもらえないのだから、むしろ「アメリカからお金をとってきて」研究するほうが合理的だ、ということになる。「われわれの研究の恩恵を受けるものは、むしろアメリカである」、だから日本の乏しい研究費を使うよりは、実際に利益を得ている「アメリカから研究費を取って（もらうのではない！）研究をおこなう方が国民のためにも得である」。

もっとも、こうした発言がまた、「少しでも有利に取引しようとする商魂、コマーシャリズム（商業主義）に毒されている」という、宮原のような主張を勢いづけることになったのだろう。

研究費の少なさ

いささか方向性の違う意見も登場する。軍からの資金提供を受けること、あるいは軍事研究（になる可能性がある）かどうかを主要な問題点とするのでなく、他国から資金提供を受けざるを得ないという現状、それが問題だとする意見である。

たとえば朝永振一郎。彼は、科学研究の結果が時に、それも研究者たちの力の及ばないところで「悪い結果」を産むこともある、そんな時代に物理学者として生きる苦渋を、「暗い日の感想」と題して綴った。その中で言う。政府は、悪用されたときの害悪が余りにも大きい原子力については研究予算を増やしながら、原子核の基礎研究のための予算はばっさり削った。日本の為政者たちの欠陥は、純粋な基礎研究を役に立たないものと決め込んで、無視したり圧迫したりすることだ。

この間起った中谷宇吉郎氏の問題……にしても、問題は出すべき研究費さえ出さないで、外国にたよらざるを得ないようにしておく日本の為政者にある。現在、留学してる学者の留学費もほとんどの部分が外国からの支出である。そして、アメリカの場合、軍やＡＥＣ〔原子力委員会〕からの支出であるのが多い。ただし軍からの出費とはいえ、純粋の基礎研究もあって、必ずしも軍事研究とはいえない。中谷氏の場合、それが軍事的なものなら、もちろんはっきり断るべきだと思うが、そうでなくても、こういうことがたびたびかさなって、研究は外国から金を貰ってでなくてはできないのがあたりまえというようになると、ことは重大である。乞食根性を一掃するためにも、為政者は学問に対する考えを改める必要がある。

こうした議論も、当初は中谷をめぐるものだったが、やがて日本の科学界全体をめぐる議論へと発展していく。研究費不足に悩む日本の科学研究にアメリカが資金援助を与えようとしている事実が、日本学術会議の一九五四年秋の総会で、茅会長から明らかにされたことが、その転機になった。学術会議の総会は「賛否両論に沸いた」と新聞は報じている。

この頃の議論を今ふり返ってみて気づくのは、議論がとかく形式論に陥り、実態に即して議論するという姿勢に乏しいことである。研究資金の出所という〝見かけ〟にこだわるあまり、実態へと掘り下げて考えることがおろそかになっているように思われる。

研究資金の出所がアメリカ空軍ではなくてフォードやロックフェラーなどの財団だったら問題にならなかっただろうに「中谷教授は不運だった」などと、正面から議論することを回避する傾向もあっ

中谷研究室の研究者たち

中谷の右は花島政人。後ろで左端に立つのは井上直一，右端は孫野長治（1949年２月）。

た。

中谷は結局、かつて中谷ダイヤグラムの完成に尽力してくれ、今は運輸技術研究所（東京都三鷹市）にいる花島政人を頼り、同所にある低温実験設備を使って研究することにした。花島のほか、同じく中谷研究室のOBである小口八郎、六車《むぐるま》二郎《じろう》、熊井《くまい》基《もとい》が参加して、一九五五年の春から実験を開始する。中谷も頻繁に三鷹に足を運んだ。

当初の予定通りアメリカ空軍からの委託研究として実施したにもかかわらず、北大の内部からも外部からも、もはや批判の声があがらなくなったようだ。考えてみれば不思議である。北海道大学と関係がなくなればそれでよし、ということだったのだろうか。

なお、運輸技術研究所とは、三鷹にあった中央航空研究所の施設を活用し、運輸省の船舶試験所や港湾技術研究所、陸運技術研究所などを統合して一九五〇年に設立された、運輸省が管轄する研究所である。花島政人は北海道大学からその運輸技術研究所に移り、共通工学部で寒冷害研究室（のち低温研究室）を主宰していた。*

＊一九三九年に花島孝一が所長となって発足した中央航空研究所は、敗戦後ＧＨＱの指令により航空関係の研究が禁止されたため鉄道技術研究所に統合された。

その後の判断基準

研究資金の出所だけで事を判断するのは無理だということが、少なくとも低温科学研究所の研究者たち、或いはその周囲の研究者たちの間では、その後次第に共通理解になっていったようだ。替わって、研究成果を自由に発表できるか否かが、重視される。

一九六〇年に低温科学研究所の運営委員会で、何人かの研究者の海外出張に関連し「軍関係の研究に対してどうゆう態度であるべきか」という問題提起がなされたことがある。議論の末、「研究の内容、研究の自由、発表の自由が認められる限り、本人の自由意志を尊重してよい、その他の事情については個々の場合について審議したらよい」という結論になった。

それより先の一九五五年、中谷は、米空軍から資金をもらって運輸技術研究所で行なっている研究について、その意図を解説する論文「雪の結晶とエアロゾル」（英文）を北大の『理学部紀要』に発表した。これについて東晃は、「委託研究でも、その発表には制約を受けないことを示すためでもあった」としている。またケンブリッジ空軍研究所には、その論文の別刷りに空軍研究所報告の表紙をつけたものを送ったという。

中谷が米軍資金で研究しようとしたことが軍事研究との関係で問題視されたのに比べれば、中谷がSIPREで行なった研究について問題視する人は、ほとんどいなかった。数少ない例外は民主主義科学者協会札幌支部で、「中谷博士の行き先が行き先［＝陸軍の研究所］であり、彼が、軍事研究をしていることは、すでに周知の事実」だったと述べている。しかしここでもまた、〝見かけ〟や〝形式〟で事を判断して済ませ、実態に即した検討が疎かになっているようだ。

3 SIPREとは

SIPREの誕生

そもそもSIPREとは、どのような研究所だったのだろうか。

SIPREが誕生したのは、一九四九年三月のことである。アメリカの国家軍事機構（一九四九年八月から国防省）傘下の一組織として設立された。さしあたりはワシントンにあった陸軍地図局の中にオフィスを置いたが、一ヶ月ほど後の四月に、ミシシッピ川上流地域管理部のセントポール地区支所（ミネソタ州）に居を移した。

軍がSIPREにまず求めたのは、雪氷凍土に関する包括的で体系的な研究計画を策定することと、そのために利用できる研究施設や設備を調べ上げ、新しい施設が必要であればそれを提案することであった。雪氷凍土の分野で活躍してきた研究者たちから意見聴取することも求めた。

ＳＩＰＲＥはこうした作業を、ミネソタ大学に委託した。そこでミネソタ大学の研究者たちは、一九四九年五月中旬から一二月初旬にかけ、ラトガース大学のＨ・ベイダーや、ネバダ大学のＪ・Ｅ・チャーチ、ＧＥ研究所のＶ・Ｊ・シェファーら、アメリカの研究者を中心に計一八人を順次ミネソタ大学に招き、一人につき一～二日かけて意見を聴取した。

ドゥケルヴァンのように、スイス連邦積雪雪崩研究所の研究者なのだがカナダ学術研究会議に所用で来ていたので、ミネソタに招かれた者もいた。そして中谷もまた、ちょうどアメリカ旅行中だったので、急遽九月一五日、一六日の二日間、ミネソタ大学に招かれた。

この件について中谷は、ミネソタ大学で「雪の総合研究所を作ることになって」いるので相談に乗ってほしいと言われた、と随筆に書いている。もしかしたらミネソタ大学で「雪の総合研究所」を創設する計画があったのかもしれないが、中谷が誤解していた可能性が高い。ＳＩＰＲＥはすでに創設されており、ミネソタ大学はそのＳＩＰＲＥからの委託で研究を開始していたのである。

包括的で系統的な研究計画

ミネソタ大学の研究者たちは、専門家から聴取した意見も参考にしながら、雪氷凍土について科学的に何が何処まで明らかになっているかを整理し、附録も含めると六〇ページを超える「中間報告書」をまとめた。圧巻はなんといっても、そこに示された包括的で系統的な（システマティックな）研究計画である。

報告書はまず、ＳＩＰＲＥの使命を明らかにする。

ＳＩＰＲＥでの研究の目的は、雪や氷ならびに（一時的あるいは永久的な）凍土に覆われる自然環境下での軍事作戦に関し、その効率を高めるための基礎的データを軍に提供することである。

軍事作戦と一口に言うけれど、武器を使っての作戦や、カモフラージュ、罠や要塞の建設など、「戦闘に直接結びつくような作戦」もあれば、建設や輸送、通信、住居など、民間にそのまま転用できるような「一般的な作戦」もある。またこれらの前提として、気温や氷の動きなど「自然環境」についての情報収集も欠かせない。

そこで報告書は、これら三つをさらに細かく分解し、最終的に達成すべき目標を五九個にまとめあげていく。その一方で、それら五九の目標を達成するために必要な研究項目もリストアップし、全部で二七項目を優先順位もつけて示す。

これらの研究項目が軍事面での最終目標とどう関係するかについては、次頁の表のようにまとめている。左端に軍事面での目標を上から下へ、自然環境に関するもの、一般的な作戦に関するもの、軍事作戦に関するものに大別した上で計五九示し、左から右へと並ぶ二七の研究項目のうちその目標にとって重要な研究テーマには大きな白丸、余り重要でない研究テーマには小さな白丸をつけている。

このように、ＳＩＰＲＥは軍事的な必要性に基づいて設置され、そこでの研究テーマは軍事的な目標に導かれて設定されていることがわかる。しかも研究テーマの設定の仕方たるや、きわめて包括的かつ系統的である。

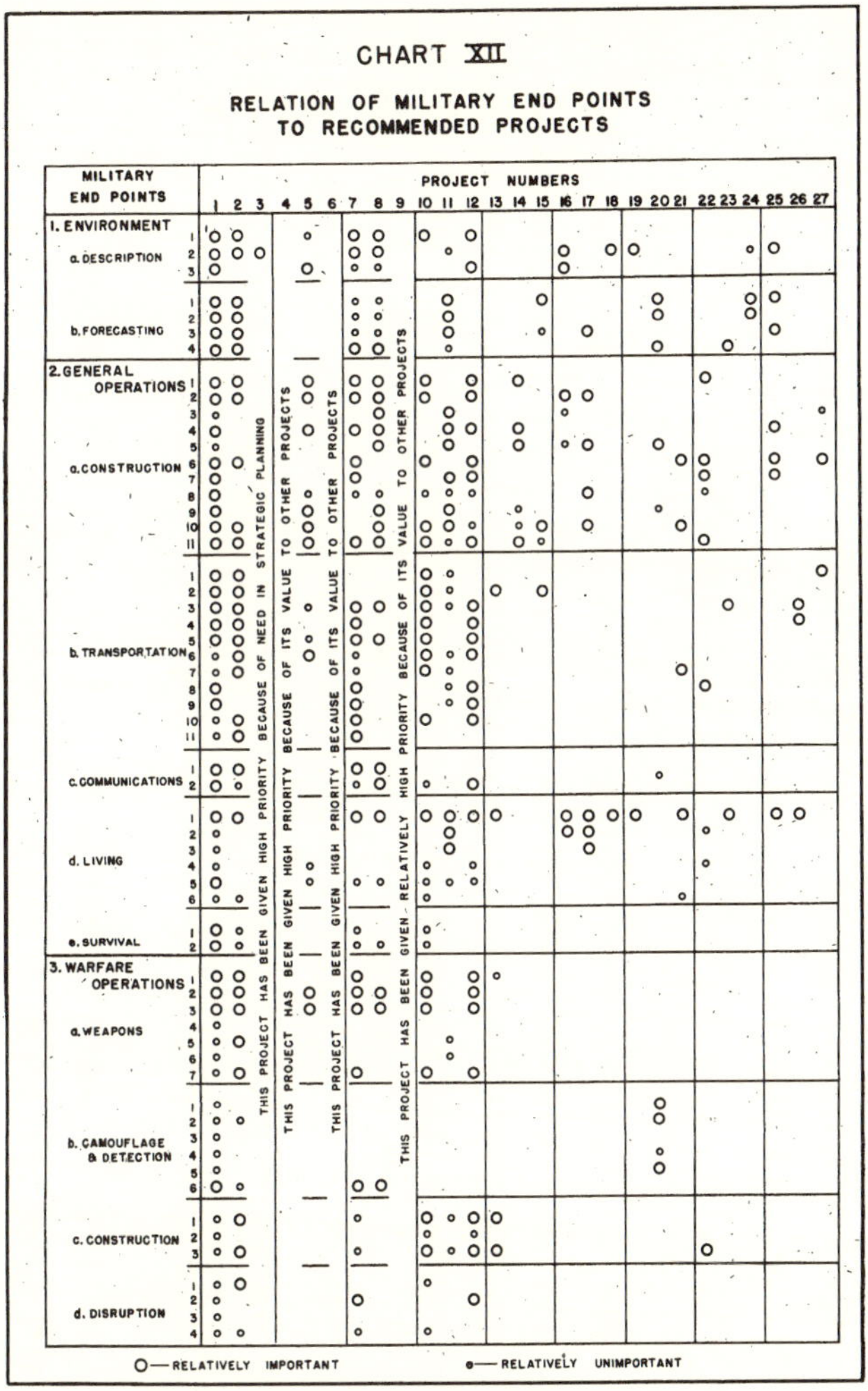

中間報告書にある表

軍事面での最終目標（左端）と，それを達成するのに必要な研究項目（最上列）との関係

基礎研究も重視

一九五三年一月、シカゴ郊外のウィルメットに居を移していたＳＩＰＲＥに、Ｒ・Ｆ・フリント中佐がやって来た。中谷が日本から来て、半年ほど後のことである。フリントは二週間にわたってＳＩＰＲＥをつぶさに視察し、報告書「軍事作戦における雪氷永久凍土」をまとめた。

その報告書によると、ＳＩＰＲＥは、軍事的な目的に沿って技術開発を行なう、その意味で応用研究を主体とする、軍の一組織である。しかし、とフリントは言う。ＳＩＰＲＥは基礎研究も行ない、とりわけ当面は基礎研究が中心になるべきだと。「雪や氷の基本的性質についての幅広い知識が、民間の研究によってまだ確立されていない」というのが、その理由である。

彼は、こんな例を挙げている。アラスカなど極地域で土木建設工事や軍事作戦を展開するにあたって、道路や滑走路に降り積もった雪を人工的に固める必要があり、経験的に試行錯誤を繰り返してきた。だが、あまり上手くいかなかった。そもそも、雪がなぜ固まるのか知らないからである。だから、「雪を固める機械を設計するに先立ち、雪を押し固めたときにどのような物理的変化が起きるのか、基礎的な研究で明らかにする必要がある」。

ＳＩＰＲＥは、「軍の組織にしては異例」ながらも基礎研究を重視する、いずれは応用研究へと比重が移っていくにしても「当面は基礎研究を重視する」。それを反映して組織体制でも、基礎研究を担当する部署が応用研究を担当する部署と独立に、対等な地位を占めるようになっている、とフリントは言う（次頁の図参照）。

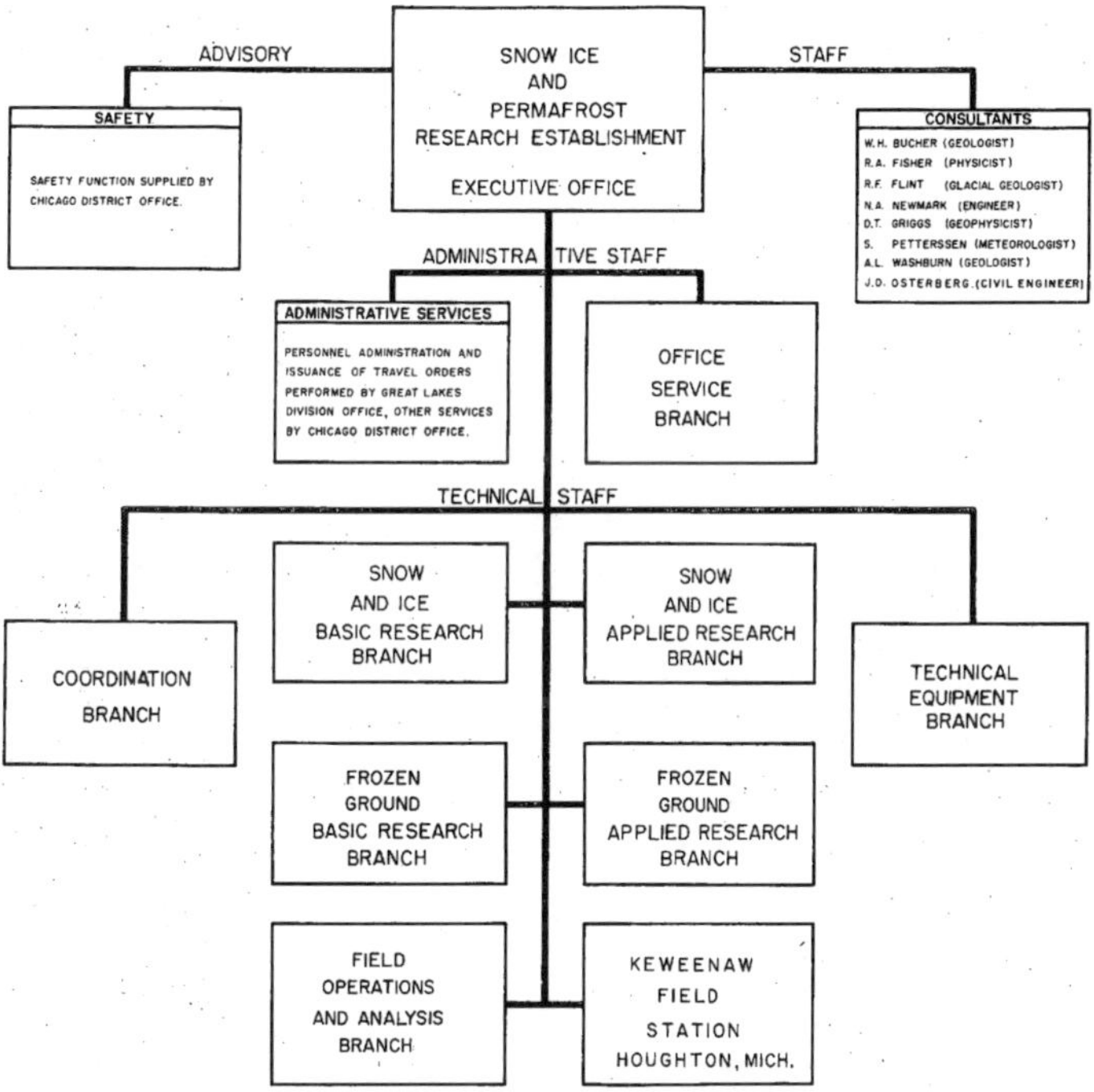

SIPRE の機構図

管理部門の下に研究部門があり，研究部門は基礎研究担当（左側）と応用研究担当（右側）に分かれている。

基礎研究を重視するSIPREであったが、問題が一つあった。人材の確保である。フリントは言う、この分野で実績のある有能な科学者や技術者はそう多くないので、人員の確保が難しい。けれどこれまで「最大限の注意を払って人選を行なってきた」ので、人員が揃えば研究のペースが上がるだろう、と。中谷が招聘された背景には、こうした事情があったのだ。

アメリカの研究者たちと、永年にわたり雪の研究を積み重ねてきた中谷とでは、研究者としての力量に大きな差があった。SIPREに到着してまもないころ、中谷は日本の研究室メンバーに宛て、こう書いている。

僕は大分重宝がられて、みんながいろんなことをききに来るので大いに威張ってゐるが、しかし忙しくて閉口してゐます。みんな低温のこと実際には何も知らないで文献だけの知識なので少し心細い。ベーダー博士だけしっかりしてゐるが、昨日からグリーンランドへ行ってしまったので、益々忙しくなる。……アメリカは大したことありませんから、安心しておやりなさい。

アメリカの雪氷研究にとって、中谷はなくてはならぬ存在だったのだ。SIPREの発展に、中谷が大きく貢献したことは間違いないだろう。

東西冷戦のなかで

SIPREの活動はアメリカ国内でも注目されており、そこで研究する科学者が日本からやってきたというので、中谷にもスポットライトが当たった。

一九五二年六月、中谷がSIPREに向かう途中、サンフランシスコに到着したときのことである。いくつかの新聞が「日本の雪男」という見出しで、中谷を「雪の権威で、政府の招きによりイリノイ州ウィルメットのSIPREで研究することになっている」と写真入りで紹介した。

それから半年ほど経った頃、SIPREの活動を紹介する記事がいくつかの新聞に載り（通信社INS配信）、そこでも中谷の活躍ぶりが紹介された。

多くの実験で、科学者たちは重さ二〇ポンドにも達するような氷単結晶を使う。雪の結晶の研究で世界的に著名な日本の中谷宇吉郎博士が、そうした研究に従事している。……

陸軍技師長のトルバート氏は、米国はこうした研究でロシアに追いつこうとしているのだと、言葉を選びながら話してくれた。

「ロシアはこうした研究にずっと前から関心をもっていたのです。そしてシベリアで大いに産業を発展させています。雪や氷、永久凍土について多くのことを知っているに違いありません」。

プロジェクト代表のウォッシュバーン博士によると、SIPREではいま氷点下の環境で研究してくれる科学者を募っている、ただし「鉄のカーテンの外」の科学者でないと不可とのことだ。

イギリスの首相チャーチルが一九四六年三月に、ソ連の秘密主義を批難して「シュチェチンからトリエステまで〝鉄のカーテン〟が下ろされている」と言った。それは東西冷戦の始まりを告げる言葉でもあった。この新聞記事が雄弁に語っているように、SIPREは東西冷戦という国際政治状況の中で誕生し、また活動を続けたのである。そして中谷は、「鉄のカーテンの外」の科学者として、そこに招聘されたのであった。

東西の冷戦が〝熱い戦争〟に発展すれば、まず北極域が戦場になるだろうと考えられていた。フリントの報告書も、雪氷凍土に覆われた極寒の地域が米国の北部にあり、そこは「防衛すべき地域であり、戦略的にも重要な地域である」と述べている。「北アメリカと旧世界とを結ぶ、最短の大圏コースがその地域を通過する」から、というのが理由だ。「旧世界」とは、新世界アメリカとの対比でヨーロッパのことだが、特にその北西部のことであろう。

日本で一般的な世界地図では、ヨーロッパ北部やグリーンランドが地図左端の上のほうにあり、カナダや米国北部が右端の上のほうにあって、これら二つの地域は関係が薄いと思いがちである。しかし、地球儀で俯瞰すればすぐ分かるように、米国北部からカナダ、グリーンランド、そしてヨーロッパ北部は、ほぼ大圏コース上に乗っている。したがってカナダやグリーンランドの極寒の地域は、米国北部とヨーロッパ北部を結ぶ飛行ルート上に存在する、戦略的に重要な地域なのである（もう少し後の時代になって長距離ミサイルが登場すると、重要性はさらに増す。二八八頁の地図参照）。

フリントは、南欧や韓国のような低緯度の地域でも、冬期間の戦闘となれば、極地域ほどは厳しくないだろうが、それでも同じような自然条件に置かれる可能性があるとも述べ、こうした地域も軍事展開の場として想定している。背景には、朝鮮戦争での米軍の経験があった。

一九五〇年六月に始まった朝鮮戦争で、国連軍が一旦は中国国境にまで迫るものの、中国が北朝鮮側に大量の義勇軍を密かに派遣したため、一一月末、総崩れになって撤退する。長津《チャンジン》湖付近では、米軍第一〇軍団の主力、第一海兵師団が中国軍の大軍に包囲されて孤立した。

気温はときに氷点下四〇度近くまで下がり、おまけにひっきりなしに風が吹いて、凍傷者が続出。地面は凍り、武器も作動しなくなる。軍用車や無線機器のバッテリーも十分に働かないし、液体の薬剤も凍ってしまう。こんな寒さと雪のなか、苦しい退却行をつづけ、第一海兵師団は兵力の半数を喪失した（もちろん中国軍の損害も大きかった）。態勢立て直しのため、トルーマン大統領は原爆の使用まで示唆したのだった。

中谷も気づいていただろう

以上をまとめると、こう言うことができよう。ＳＩＰＲＥは、軍に対する寄与を目的に設置された研究組織ではあったが、基礎研究にも重きを置いていた。その基礎研究は、軍事面に利用されるとともに、民生面に活用されることもあると期待されていた。そして中谷がＳＩＰＲＥに招かれたのは、こうした基礎研究への寄与を期待されてのことであった。

したがって、〝ＳＩＰＲＥは軍の施設だから、そこで行なわれる研究は軍事研究にほかならない〟という単純な話ではないし、〝基礎研究だから軍事研究ではない〟と言い切るのも、実態に合わない。ＳＩＰＲＥでの基礎研究は、広い意味ではＳＩＰＲＥの軍事的なミッションの一部を構成していたからである。

ＳＩＰＲＥがこのように軍事的な目的と密接に関係していることは、中谷も気づいていたに違いない。中谷は、たとえばＳＩＰＲＥに到着して三ヶ月後の一九五二年九月、圧雪会議（Snow Compaction Conference）に、ＳＩＰＲＥの一員として参加する。その会議には、中谷を含む八人のＳＩＰＲＥ関係者のほかに、米国およびカナダの軍関係者一〇人が参加していた。

圧雪は、雪原に滑走路を建設するときなどに必要な作業で、陸海空の各軍が以前から独自に研究を積み重ねてきていた。そして、圧雪会議でまとめられた研究成果をもとに、アメリカ軍はより大重量の飛行機を、グリーンランドやカナダ、アラスカの雪原に、車輪で着陸させることができるようになっていったと言われている。出席者の構成からしても、軍事的な目的と関係する会議であることに、したがってＳＩＰＲＥが軍に貢献することを目的とした研究組織であることに、中谷が気づかなかったとは思えない。

しかし中谷は、随筆でしばしばＳＩＰＲＥに言及するのだが、ＳＩＰＲＥのそうした側面には触れない。たとえば、一九五四年に書いた随筆「ウィネツカの冬」を見てみよう。

……日本で雪や氷といふと、北陸北海道などの雪害とか、オホーツク海の氷とかいふことを、念頭におくが、アメリカの場合は、大分スケールがちがふのである。

第一に欧州と米州とを北極越えの定期航空路でつなぐといふ問題がある。それからアラスカに石油発見の見込があり、又加奈陀の北氷洋側にウラニウムの鉱山が発見されたので、この数年来、北極圏内の開発といふ問題が、大きく表面に出て来た。それで雪や氷といつても、対象になるのは、北極圏内の雪や氷なのである。

たしかにこの時代、スカンジナビア航空が一九五四年に、コペンハーゲンとロサンジェルス間を、グリーンランドのセンレストレムフィヨルド（今日の地名カンゲルルスアーク）とカナダのウイニペグを経由する大圏ルートで結んだし、翌年にはカナダパシフィック航空がバンクーバーとアムステルダムを結ぶなど、北米と欧州間の北極越えルートが開拓されつつあった。北極圏の資源に注目が集まったのも、たしかに中谷の言うとおりである。

とはいえ、冷戦下で北極圏の軍事的な重要性が高まったこともSIPREの発足と密接に関係しており、そのことに言及しないのは片手落ちではなかろうか。

その点、中谷の畏友、茅誠司は率直だった。一九五五年の一二月一三日、そのころ話題になり始めた南極観測をめぐって、哲学者の串田孫一《くしだまごいち》と茅誠司、花島政人、中谷宇吉郎による座談会が開かれ、NHKのラジオ番組「開かれる極地」で放送された（中谷は札幌から中継で参加）。そのなかで串田が、北極についてはずいぶん研究が進んでいるようだが、南極はどうして今まで手がつけられなかったのか、と質問した。

まず中谷が答えた。「要するに行かなかったのじゃないですか（笑）あまり必要じゃないわけですね。北極の方はヨーロッパとアメリカ大陸を結ぶのに、北極の上を通るのが一番近いし、そういう意味で各国が精を出したわけです」。すると茅が、「しかし一番直接の原因は軍事的な必要もあったわけです」と付け加えた。茅は北極域を自らの研究フィールドとしているわけではないから、北極を取り巻く状況について利害を離れて率直に語ることができたのだろう。

もっとも、中谷が率直に語ったからといって、科学研究と社会との関係について、冷静な議論が行なわれたとも思えない。先に述べたように、当時の議論はとかく形式論（レッテル貼り）に陥り、実態に即して議論を深めようとする雰囲気になかったからである。

また中谷が、米軍研究費の問題とは別に、もう一つの波乱を捲き起こしていたからでもある。

4　第五福竜丸事件をめぐって

「ちえのない人々」

中谷のSIPRE滞在もあと数ヶ月となった、一九五四年三月のことである。一六日の読売新聞が社会面のトップで「邦人漁夫、ビキニ原爆実験に遭遇／二三名が原子病／一名は東大で重症と診断」と大々的に報じた。見出しは原爆となっているが、やがて水爆だとわかる。

アメリカが南太平洋ビキニ環礁で三月一日に行なった水爆実験により、一六〇キロメートル離れた地点で操業中だったマグロ漁船第五福竜丸が「船体が真っ白」になるほど「死の灰」を浴びた。一四日に静岡県焼津港に帰港したあと、船員たちが地元の病院で診察を受けたところ原爆症と診断され、重症の二名は東大病院でも診察を受けた。だが他の二一名は灰のついた服のまま自宅に帰ったり遊びに出たりしている、などと報じている。いわゆる第五福竜丸事件の第一報であった。

その後も連日、「広島の五百倍／ビキニ、実験者も驚く／死の灰事件」（三月一八日）、「死の灰に都築博士が重大証言／患者十％死亡か／研究費は治療費の十倍必要」（三月二三日）、「魚屋さん水爆大会／〝この損害をどうしてくれる〟／ビキニ水爆実験」（四月二日）など、この事件をめぐる報道があいつぎ、ことの重大さが明らかになっていった。

そうしたなか、四月八日の毎日新聞に「ちえのない人々」と題した文章が載った。アメリカで第五福竜丸事件のニュースに接した中谷が寄せたもので、「〝ビキニ被災〟をアメリカでみて」と副題がついている。大要は次のとおりである。


水爆実験により第五福竜丸がかぶった「放射能の灰」を日本の科学者たちが分析し、どんな放射性物質が含まれているか、あるいは含まれていないかを明らかにして、それを記者会見で発表した。その分析結果は、原子力の専門家であれば、どんな水爆だったかをたちどころに知ることのできる、貴重な情報である。それを東西冷戦の相手国であるソ連に、あけすけに知らせてしまった。アメリカには知恵がなかった。第五福竜丸が放射能の灰をかぶったとわかったとき、すぐに一〇〇〇万ドル（約三六億円）ぐらいを船の持ち主に払って、船を買い取ってしまえばよかった。被害を受けた漁船員にも、程度の軽い人には一万ドル（三六〇万円）ぐらい、重体の人にはもっと思い切って出しても、全部で二〇〇〇万ドルにはならないだろう。水爆の秘密が漏れるか、くいとめるかという場合に、二〇〇〇万ドルや三〇〇〇万ドルですめば、やすいものだ。日本にも知恵がなかった。補償で二〇〇〇万ドルもらえば、日本人の三〇分の一の人たちの一年分の食糧を買い込むことができる。船の持主も被害者も、先のような補償金をもらえば満足するだろう。百方いいことになるのを、知恵がないばかりに、皆が丸損をした。ただし一人だけ知恵のあるのがいた。欲しい情報を全部ただでもらった、ソ連だ。

批判が巻き起こる

この一文が新聞に載るや、翌日からごうごうたる批判が巻き起こった。中谷の言い回しに含まれる〝毒〟も、火に油を注いだ。「一月くらいぶらぶらしていれば治る」くらいの人が三六〇万円もらえることになれば、「桜木町で黒焦げになったよりも、もっとたくさんもらえるんだから」文句も出ないだろうとか、三六億円は「ちとカサばるが、ジープか何かに札束を積み上げてもって行くんだよ」など、人の心を逆なでする表現が少なくない。おまけに最後には、「一杯きげんの親父が、娘どもを相手に、メートルをあげている」ときの話で、「冗談として、一笑に付されてちっともかまわない」と言う。

桜木町で云々とは、前年の四月二四日、当時の国電（いまのJR）桜木町駅近くで起きた列車火災事故のことである。京浜東北線下り電車のパンタグラフに、切れて垂れ下がった上り線の架線がからみついて発火、前二両の車両が炎上した。この事故で一〇六人が死亡し、九二人が重軽傷を負ったのであった。

中谷への批判でもっとも早かったのは、朝日新聞の「天声人語」である。中谷の文章が毎日新聞に掲載された翌日、「何ともいえぬ非情の文章である。ドルさえ出せば何でもOKという考え方。日本庶民の苦悩に対する高みの見物。水爆と人類の運命について冷い無関心。たとえ冗談半分にしても、知恵のみあって心なき言葉ではなかろうか」と批判した。

北大の研究者も反応した。中谷と同じ理学部の教授であった市川純彦《いちかわあつひこ》が、「桜木町事件などを引合に出す様な考え方をするのは間違っていると思う」と断じた。桜木町事故は、ドアに非常コックが無く、しかも三段窓の木造車両で乗客が脱出できなかったことで大惨事になった。そこでこの事故をきっかけに、緊急時には乗客がドアを手動で開けられるよう、車両の改造が進められた。「もう再び故意に〔無為に、か〕繰りかえされる事はない」。

それに対し水爆の被害者は、「情勢によってはこれから先も更に数多く出るかも知れず、最悪の場合は人類全体の不幸を招くかもしれない事であり、しかも人々の努力如何によっては未然の解決策もあるかもしれないと言う真剣な問題なのに、中谷教授は少しもその点にふれ」ていない。「失われかけた一人の生命をよびもどすためにも、学問のあらゆる成果が利用されるべき」ではないか、「大学の知恵」をこそ発揮すべきではないか、と言う。

アメリカでの報道ぶりに影響されたか

市川は中谷に、同情も寄せている。「中谷氏が今、日本に居られ、緊迫した日本の空気を知って居られたら、おそらくあの一文は書かれなかったであろう。アメリカの与論が中谷氏を非情の人にしたのかもしれない」と。

たしかに「ちえのない人々」は、中谷が「まず公正な新聞と考えられている」というシカゴ・デイリー・ニュース紙に掲載された三月二五日の記事に触発されて書いたものである。その記事は「日本、水爆の秘密、ロシアに漏らす」という見出しで、ある有力なアメリカ情報筋からの話だとして、こう伝えていた。記者は、同紙の東京特派員K・ビーチである。

日本の科学者たちはほぼ毎日のように記者会見を開き、第五福竜丸が浴びた死の灰を分析しては、どんな放射性元素が検出され、何が検出されなかったかなどを発表している。ソ連の科学者にしてみれば、それらのデータを総合してアメリカの水爆がどのような仕掛けになっているか解明することは、かなり容易であろう。日本の科学者たちは、意図的にとは言わないが、アメリカの秘密を漏らしかねないことをしているのだ。〔要約〕

その記事はさらに、こうも記している。

日本の科学者たちは、アメリカの科学者たちが第五福竜丸を調査することを認めないし、除染のために横須賀に曳航することも、証拠隠滅を図ろうとしているとして認めない。日本の科学者たちの多くは、他の知識人たちと同様に、政治的な信条において左翼的な傾向が強く、原水爆の製造に反対するだけでなく、日本の再軍備にも強く反対している。〔要約〕

このころのアメリカでは、一九五〇年に始まった、共和党上院議員マッカーシーによる「赤狩り」の嵐が吹き荒れていた。ちょうど中谷が「ちえのない人々」を書いた五四年の春ごろから少しずつマッカーシーの化けの皮が剝がれ始めるのだが、新聞は連日、マッカーシーの攻撃ぶりを報じていた。それに加えソ連との核軍備競争がつづき、この話題も連日、新聞に登場した。たとえばシカゴ・デイリー・ニュースの四月一日号は、紙面四ページを使って水爆の威力やその政治的効果などを写真入りで紹介し、ソ連から核攻撃を受けそうになったら住民よりも先に工場などを待避させるべきだという科学者の意見を紹介している。まさに臨戦態勢である。

したがって日本における「保革対立」も、そうした文脈で伝えられがちだったようだ。シカゴ・デイリー・ニュース紙に掲載されたK・ビーチ記者による先のニュースも、通信社INSの記者が配信した記事では、「焼津港に停泊している第五福竜丸に、共産主義を支持するグループの人たちが乗り込んで放射能の灰を採取し、それを密かにソ連の手に渡したという噂がある」という趣旨の報道になっている。

中谷もこうした、何ごとも東西対立の枠組みの中で捉えるという、アメリカの世情に影響を受けていたのかもしれない。なにしろもう二年近く、マッカーシー旋風が吹き荒れ、冷戦に臨戦態勢をとるアメリカで暮らしていたのだから。

その後、文章での発言なし

しかし先の市川とは違って、中谷が「ビキニ事件を茶化したのは、彼がアメリカにいて「日本の」実情を知らなかったことに原因があるのではな」いとする意見もあった。そこに原因があるのではなく、「彼の本質である冷たさによることを銘記しなければならない。この冷たさと、大衆を愚弄する傲慢な態度が結び合えばこそ」彼のふるまいが生まれてくる。こう述べたのは、米軍研究費の問題で中谷を強く批判した民主主義科学者協会札幌支部である。「ちえのない人々」の生みだした、中谷に対するこうした感情が、米軍研究費をめぐる議論と結びつかないはずがなかった。

米軍研究費をめぐる議論で、「少しでも有利に取引しようとする商魂、コマーシャリズム（商業主義）に毒されている」と中谷を批判した宮原は、「ちえのない人々」も同じ文脈で理解する。中谷は、「ビキニの患者に金さえやればよいではないか、などというつもりは毛頭なかったのだろう」、真意は「米ソ両国にとって貴重な研究資料である船や灰を、またその分析結果を、その公開性を犠牲にしてまでもわが国に有利な取引につかおうという商魂にあったのではないか」と。

第五福竜丸事件は、その後五月には日本各地に放射能雨が降り始め、九月には同船の無線長、久保《くぼ》山愛吉《やまあいきち》が死亡するという展開をみせる。それにつれ核兵器禁止の世論も盛り上がっていき、翌一九五五年八月には広島で第一回原水爆禁止世界大会が開催される。

中谷はその後、この件について文章で何かを言うことはなかった。一九五四年一〇月の理学部教授会で、「中谷教授より曲解された件について弁明があった」（会議録）が、その弁明を了としない人たちもいた。

一九五五年の九月、中谷は『文藝春秋』に「宿題、日本はどうなるか」という評論を発表した。副題が「科学の活用を妨げるジャーナリズムの魔力」であることからわかるように、主眼はジャーナリズム批判である。*

ジャーナリズム批判

＊中谷の言う「ジャーナリズム」は、「マスメディア」と言ったほうが適切な場合もある。しかし本書では用語の輻輳を避けるため、原則として中谷が用いている語をそのまま使う。

中谷の見るところ、ここ一二年、「眼に見えぬ大きい圧力、……不安感或は焦燥感」が国民に伸し掛かっている。最大の要因は、原子力に関係する諸問題だという。

ビキニ事件（第五福竜丸事件）後、放射能で汚染されたマグロが水揚げされ、空から降る雨にも放射能が検出された。しかし、「原子鮪で死んだ人はもちろんのこと腹を下した人も、恐らく一人もゐなかつたであろう。……放射能の雨で……は誰も風邪一つひかなかつた」。それなのに全国の新聞や雑誌は、一年近くも血道を上げて報道し、国民を不安の中に陥れた。また、広島におけるＡＢＣＣ（原子障害調査委員会）が被爆者をモルモットのように扱うばかりで適切な治療をしていないとか、濃縮ウランをいったんアメリカから受け入れると今後の日本の原子力政策がアメリカに従属させられるといった報道が、引きも切らない。

これらはみな、感情や立場が先行するような、あるいは科学的な判断に基づかない、「類型」的な報道だと中谷は言う。そしてそれらがジャーナリズムに氾濫することで、国民に「精神的な重圧」が伸し掛かっている、というのである。

さらに、それら「類型」の「代表的な型となってゐるものは「平和」である」とも言う。放射能の危険性を、科学的な判断を無視してことさらに強調することで、水爆反対の世論を盛り上げる。ABCCの活動や濃縮ウランの受け入れ問題に関しても、「感情に訴へる」議論、「事実を曲げた宣伝」をすることで反米感情を刺激する。こうした〝偏った報道〟が「ジャーナリズムの魔力」となり、国民の不安感や焦燥感に拍車をかけているというのだ。

中谷は同じ雑誌の一二月号に、こんどは「日本人の「憂ふべき常識」――見解はいくつあらうが、事実は一つしかない」を発表して、歴史教科書にみられる〝偏った記述〟など別の例も挙げながら、同種の議論をより詳細に展開した。

社会科学者からの意見

こうした論説に対し、経済学者の都留重人が、批判を返した。かつて中谷に、TVAについて教えてくれた、あの都留である。

中谷が論じていることは「経済の問題であり、社会学の問題であり、国際政治の問題であって、いずれも断定的な命題の形をとっているが、社会科学者からみると、立場のちがいを別としても、推論の仕方はあまりにも粗雑にすぎる」と述べ、たとえば水爆実験の問題について次のように指摘する。

国民の大部分が原水爆禁止に賛意を表しているのは、「原子マグロ」の被害を考えるからではない。もっと基本的に平和の問題を真剣に考えるからこそである。「原子マグロさわぎ」は、この基本的な問題をめぐっての一つのエピソードであった。国の前途を動かすような大問題については、しばしばいくつかのエピソードが随伴する。そしてエピソードには、おのずからの勢いとして誇張も起りうる。

第五福竜丸事件後、水揚げされたマグロはとにかく廃棄処分するという方策がとられたり、放射能汚染で〝海水浴も危ない〟という風潮が出てきたりした。これらが、都留のいうエピソードの例である。

前者について中谷は、マグロは表面が汚染されているだけだろうから、よく洗ってから検査を行ない、危険がないと分かれば市場に出せばよい、そうすれば漁業者の損害も食い止められる、と主張していた。後者については、過剰反応だとする檜山義夫《ひやまよしお》の指摘（新聞への寄稿）を支持していた。

都留は続ける。

その誇張を是正する仕事は大事であるが、エピソードの誇張を責めるのに急なあまり、基本問題を軽視してはならない。ジャーナリズムがその魔力を使って類型化するものの代表が「平和」であるという中谷氏の考えをまじめに受けとるものには、同じ中谷氏の技術的には正しいにちがいない特殊問題についての批判までも、つい、色附けられた結論の一部として受けとる気になってしまうのだ。

原水爆実験に反対だ、しかし「そのことと、過去一年間に亘る日本の放射能騒ぎとは、別の問題である」として、ジャーナリズムでの「騒ぎ」を批判する。これが中谷の基本的なスタンスである。しかし都留に言わせれば、原水爆実験反対は一片の意見表明で終え、「騒ぎ」を批判することに力点を置く、そのこと自体が「社会の歴史的なはこびの中で、客観的には一つの役割を果たしている」ことに自覚的であれ、ということになる。

都留はこうした指摘をさらに一般化して、社会的な事象を扱った中谷の評論には、「自然科学者としての同氏の長所と制約が見うけられる」という。「長所」とはもちろん、科学的な真理をわかりやすく解説することである。対する「制約」とは、「専門分野での推理の仕方を社会事象にあてはめることに、やや性急にすぎている」ことである。

中谷は、「人命に差別をつけてはならない」とは「常識」であろう、だから久保山さん一人の死を大々的に報道しておきながら、第二次大戦間際にソ連軍が満洲に侵攻して五万人も死亡したことに新聞が「ほとんど知らぬ顔をしてゐる」のは怪しからぬと言う。

都留はしかし、「久保山さん一人の死は、一人ではあっても、年々交通事故、鉄道事故で死ぬ一万人の人の死よりも、はるかに大きい意義をもつ、とみるのも一つの「常識」たりうる」という。

都留の意図は、単に中谷を批判することにあったのではない。中谷へのコメントをさらに一般化し、「自然科学者は、自分の専門の仕事については、気が長い〔＝誤りがないよう、念には念を入れて吟味する〕が、専門外の問題について発言するとなると、しばしば短気を起こ」して、十分な根拠もなしに断定的なことを言ってしまう。言い換えると「自分の専門外のことについての偏見は、しばしば自覚されていない」ということを指摘したかったのだ。

原子力など、科学技術と社会とが密接に関わる諸問題をめぐって、科学者たちが政策的な発言を繰りかえしていた時期だけに、都留のこの指摘は貴重なものであった。

5　社会評論

中谷の随筆と寺田の随筆

これまで見てきたように、戦後の中谷は、社会評論をよく書いた。科学随筆ならぬ、社会随筆とでも言えようか。

編集者ないし出版者として長く中谷と付き合ってきた小林勇は、中谷を寺田寅彦と対比して言う。「中谷さんは寺田寅彦を嗣ぐ随筆家だとよく云われたが、寺田寅彦はこういう種類のものを書いていない」。「こういう種類のもの」とは、「ダムの埋没」や「北海道開発に消えた八百億円」（以下参照）など、社会的な時事問題を扱った文章である。中谷は、特に戦後、軍部からの攻撃を心配する必要もなくなり、思いの丈を書くことが多くなった。そして、「ダムの埋没」には読者から多くの反響が寄せられたというし、「北海道開発に消えた八百億円」にいたっては『文藝春秋』の読者投票で一位となった。＊

＊戦後の中谷は総合雑誌『文藝春秋』に多くの論説を発表し、一九五一年下半期から五七年上半期まで一二

回の読者投票で一〇回、上位一〇位以内に入るなど、読者から強い支持を得た。ただし、『中央公論』など読者層を異にする他の総合雑誌もあったことに留意する必要がある。

とはいえ、それら中谷の物する社会評論に対しては、肯定的な評価ばかりでなかった。たとえば科学評論家の菅井《すがい》準一《じゅんいち》は、中谷の随筆のうち「科学と国境」や「水爆と人間」など「討論風のものはどうも舌足らずで、的をついたところもあれば、いささか無理じいなところもでて」いると評する。そして「さりげなく書いて存外その中に味わいが感じられる」「中谷さん式の随筆」には、「現物がちょっと重すぎるからなのだろう」と評した。

応用物理学者であり科学技術評論家としても活躍した会田軍太夫《あいだぐんだゆう》も、中谷と寺田寅彦を対比して言う。寺田の評論は、「真面目で、真剣で、そしてナイーヴでもあった」。それに対し中谷は、戦前こそ「ナイーヴな態度、持ち味、人柄であった」が、戦後はそれを失い、尊大さや独断、暴言が目につく。「如何に「進歩派」への意識的なレジスタンスに筆をまかしたか知れないが、中谷のために惜む」。

会田の言う、「進歩派」へのレジスタンス。その一例は、ソ連を擁護するような意見への批判、およびそれを介してのソ連批判であろう。

ソ連は日本との間に日ソ不可侵条約を結んでいたにもかかわらず、一九四五年八月八日、一方的に宣戦を通告し、満洲へ攻め込んできた。このことについて歴史学者の家永三郎《いえながさぶろう》は「ソ連を無条件に弁護することもできないが、一方的な中立侵犯ともいえない」、なぜなら日本側でも、その条約を結んだ松岡洋右《まつおかようすけ》外相が一九四一年六月、ただちにソ連を攻撃すべしと提案したり、関東軍の特種演習だと装って大規模に兵士を動員し対ソ武力行使の準備をするなどしていたから、と述べていた。

中谷はこれを、「日本人の「憂うべき常識」」のなかで批判する。「事実は侵攻しなかつたわけだ、誘惑をふり切つて中立条約を守り通したことになる。それを中立条約の侵犯と見做すのであるから、不思議な頭脳の持主といつても、そう不当ではないであらう」。

三年後に発表する「文化の責任者」では、こうも言う。「現実に侵入してきたことが、条約破棄であって、攻撃の準備をしたことは、もしそれが事実でも、条約破棄ではないように思われる」。

敗戦後まもなくの中谷は、新しい時代の息吹にあふれる『村の科学』に随筆を寄稿した。そして家永三郎も『村の科学』に「国史教科書改訂に因んで」と題した随想を寄せ、史実と神話を区別できるようになったことなどに「言ひしれぬ喜びの念」を表明していた。それが今や、二人の距離は大きく開いてしまったようだ。

親ソから反ソへ

「文化の責任者」で中谷は、原水爆禁止の問題を論じ、ソ連への批判をより鮮明に打ち出す。

日本の言論界の論調では、ソ連が原水爆の禁止を提唱しているのに、アメリカやイギリスは何のかのと言ってそれに応じない、ということになっている。しかし中谷は、アメリカが応じないのは、「ソ連は国際条約を守らない国であるという不信感」が強いことが一因なのだと言う。

中谷の書いた社会評論を年代を追って読んでみると、一九五〇年代の半ばごろから、日本の「進歩的」知識人への批判やソ連への批判が登場し始める。米ソの対立が強まったころで、中谷はそうした時期にアメリカで二年間を過ごし、マッカーシー旋風にもさらされていた。一方の日本では、米ソの対立構造を背景にしつつ、いわゆる「逆コース」を経て、保革が対立する「五五年体制」ができあがっていく時期であった。中谷は、世のこうした動きに歩調を合わせるかのように、親ソから反ソへと態度を変えていったようだ。

もっとも、「ソ連のことについては、批判的なことをよく書いたが、私たちと話す時には、そうでもなかった」と小林勇は言う。「中谷は反骨の精神をもっていた人だと思う」とも小林は言うから、会田のいう「進歩派」へのレジスタンスを、意識的にあるいは挑発的に行なった、という面もあるのかもしれない。

たしかに「文化の責任者」で中谷は、ソ連は条約破棄の常習者であるというアメリカ側の言い分が「宣伝」だというなら、日本に外交関係の専門家がたくさんいるのだから、何らかの意見がもっと出てもいいはずだ、と言い立てている。

あるラジオ番組での中谷の発言について、こう評する人もいた。中谷の「論理にはアメリカの代弁みたいなところもあったが、ともかくもアメリカとの協力の必要を心の中で承知していながら、一々アメリカにけちをつけないとインテリの顔がたたないといった風潮におもねらないレジスタンスの態度は十分に買っていい」。

随筆の書きっぷり

小林勇は、中谷と寺田寅彦を随筆の書きっぷりでも比べている。編集者として、この両名と親しく付き合ってきた小林ならではの見立てである。

寺田は、随筆を頼まれると、種はいくらでもあるので、すぐ書いてしまう。締切まで一ヶ月ほどあるから机の中へ仕舞い、一〇日くらいたったら出して読み、手を加える。これを三回繰り返して編集者に渡す。晩年までこれを続けたが、初期にはさらに、必ず小宮豊隆にも見てもらったという。

一方の中谷は、随筆の材料に事欠かず、書くのも早かったが、寺田のように終わりまで神経質に推敲を重ねることはなかったという。

中谷の筆の早さといえば、文藝春秋の編集者池島信平《いけじましんぺい》が、こんなエピソードを綴っている。あるとき月刊雑誌『文藝春秋』の冒頭に予定していた記事が、著者の病気で穴が開きそうになった。そこで中谷に題も何もお任せで頼んだところ、三日ほどで原稿用紙八〇枚の文章を書いてくれた。「教育問題についての論文」だというから、「六三制を活かす道」（一九五五年三月）であろう。

またこんなことがあったら、いつでも書いてあげますよと言うものだから、「これはただの人ではないわいと、アタマを一つたたかれたような感じがした」と池島。原稿の締切も必ず守ってくれる、「理想的な寄稿家」だったという。

「北海道開発に消えた八百億円」

中谷は『文藝春秋』の一九五七年四月号に、「北海道開発に消えた八百億円――われわれの税金をどぶにすてた事業の全貌」と題した論説を発表した。一九五二年度から五年間、北海道開発庁が実施してきた「北海道総合開発」の第一次五カ年について、掲げた目標がちっとも達成されていないなどと厳しく指摘する内容であった。

三月に雑誌が発売されるや、中谷のこの論説は大きな波紋を呼び起こす。衆議院決算委員会で、吉《よし》田賢一《だけんいち》委員（社会党）がこの論説を持ち出して、北海道開発庁の役人を追求したし、五月頃にかけ新聞や雑誌でも賛否両論が渦巻いた。

中谷のこの論説には元があった。産業計画会議が一月一六日に発表した勧告書「北海道の開発はどうあるべきか」である。政府はその勧告を「法的にはなんら権威をもたず、また内容的にも実情を正しく理解していないものとして無視」した。そこで中谷はメディアを使って問題提起し、勧告書を蘇らせようとしたのだと思われる。

産業計画会議とは、松永安左エ門の呼びかけで設立された、財界や学界、言論界などの人々をメンバーとする、民間の有識者組織である。

中谷は言う。「産業計画会議の勧告書は、広く全国民の注目をひくべき文書と思はれる」。いわゆる総合開発が「遅々として進まないことの原因が、何処にあるかを衝いてゐる文献ともいへる」からだ。しかし勧告書は、「文書の性質上、官報のやうな感じを與へ易いので、それをもつと読み易い形にすることも、意味のあることと思はれる」。そこで、勧告書を順に解説していくというスタイルで文章を書き、雑誌に寄せたというわけである。

「北海道開発に消えた八百億円」というタイトルも、「われわれの税金をどぶにすてた事業の全貌」という副題も、充分に刺激的で、効果的だった。ともに「雑誌の編集者がつけたもので、わたしはあづかり知らない」し、「ああいふセンセーショナルな題」は怪しからんという人もいるだろうが、「別の見方からすれば、そのお蔭で、北海道開発問題が、多くの人々の注目を惹くことになつたともいへるであろう」と、中谷もまんざらではない。ジャーナリズムを批判する中谷でありながら、「さすがに有名なジャーナリスト中谷氏のものだけのことはある」と評されたくらいだ。

松永安左エ門に傾倒

中谷はなぜ、産業計画会議の勧告にそこまでの思い入れをもったのだろうか。それを理解するには、同会議の趣意書を読んでみるとよい。著者は松永安左エ門である。

私がこの産業計画会議を思い立ったのは、各界に造けいの深い方々から、その知識と経験をお借りして、わが国産業経済の動向と、産業拡大の規模について深い調査と研究を進め、日本の産業は如何なる姿のものにならなければならないのか、その理想的形態に到達するには如何なる国民的努力が結集されねばならないのかなどについて、一応の目安と見透しを持ちたい、この場合これら産業の寄って立つ基盤となるべきエネルギーがいかなる源泉から供給せられ、いかなる形で消費せられるかなどについても、総合的に新なる見地より把握したい、そうすることによって政府の経済政策に寄与する所があれば、これに越したことはないと考えたからであります。

つまり、資本主義機構と自由経済を維持したまま「政府の経済政策によって一国の産業経済を一定の方向へ誘導する」ような「経済計画」を、十分な調査研究を行ない民間の創意も活かして樹立しようというのである。

勧告書「北海道の開発はどうあるべきか」も、こうした考え方に沿って、勧告のもっとも根底にある考えを二つ示している。一つは、北海道の「有用性を最大限度に発揮する」開発計画を立てるには、まずもって「日本経済全体にたいする基本的な経済政策」を立案し、北海道をその中にどう位置づけるのか決めなければならないという点。もう一つは、「真に合理的な、総合的なそして決定的な提案をする」ためには、北海道における現地調査がまだまだ不十分だという点である。

中谷は、「科学的な調査に基づく合理的計画の推進」を一貫して訴えてきていた。戦時中はソ連の五カ年計画とその基礎にあるアルトベルクの研究、戦後はアメリカのＴＶＡ、そして日本の資源委員会の活動を称賛していた。産業計画会議の意図に共感するのも当然であろう。

しかも産業計画会議を主宰するのは、奥只見の総合的開発のために中谷をリーダーとする調査研究を支援してくれた、あの松永安左エ門であった。そのときは突然に調査研究を中断させられ、煮え湯を飲まされたのではあったが、中谷は松永に傾倒していた。

この人は、頑固な老人で、いろいろ世間からは誤解も受けてゐるやうであるが、電力界には珍しく私欲の少い人である。そしてその希望されるところが、電力会社の利益のためでなく、国の資源の有効な開発にあると考へられた……。

さらに、産業計画会議の委員八〇人のトップに立つ専任委員は、重水を使った雪の研究などで戦前から交友のあったあの堀義路であるし、委員にも安芸皎一、内田俊一、茅誠司など、資源委員会で一緒に活動した人たちがいた。

さらに言えば、鮎川義介《あいかわよしすけ》、十河信二《そごうしんじ》、来島秀三郎《くるしまひでさぶろう》など、いわゆる「満洲人脈」の人物たちも委員の中に数多くいた。この点からも、産業計画会議の勧告書が中谷の基本的発想と相通ずるものだったことが理解できよう。

産業界と協力せよ

一九五四年三月、国会議員の中曽根康弘《なかそねやすひろ》が突如、日本学術会議の頭越しに原子力予算を国会に提出し、成立させた。その前後から、学者たちは原子力をめぐって喧々がくがくの議論を展開していた。こうしたなか、中谷は「「科学者は象牙の塔を出て、大い

堀義路

1942年に北海道帝国大学から藤原工業大学（慶応大学工学部の前身）に移るが，軍部出身の学部長と衝突して辞表を提出。戦後は，吉田茂の知遇を得たほか，官民の各種役職に就く。松永安左エ門とは特に話が合ったと言われる。

に民衆の為に発言すべきだと」いう傾向が強いようである。しかしそれは本当に民衆の為になるものを持っている人が発言をすべき」である、と書いた（「動力革命と日本の科学者」）。

たとえば、伏見康治《ふしみこうじ》が『中央公論』に寄せた「原子力平和攻勢にどう対処するか」という論考を槍玉に挙げる。伏見の中心的な主張は、日本が独自に「原子力の基礎技術を育て上げる」ことで、アメリカからの原子力平和利用の攻勢に対抗すべきだ、というものであった。アメリカの原子力平和攻勢は、海外の原子力市場を確保することでアメリカ国内の原子兵器産業を維持することも狙っているのだから、「原子力を平和だけに」という旗印を掲げているだけでは、日本の原子力産業が外国勢に支配されてしまいかねない、と考えたのである。

そうした議論を展開する中で、伏見は言う。

日本の資本家たちは技術を買うことは好きでも、技術を育てることはきらいだから、［原子力発電所を］よろこんで受けいれるにちがいない。……［とはいえ］残念ながら原子力発電所を買うだけの資本蓄積も日本にはなさそうであるから、おもに外国資本、外国技術で原子力発電所が作られる。……［するとそのうち］電力価格の操作によって、やがて日本の全産業が原子力、つまり外国資本によって操縦される。

中谷は、こうした論調に嚙みつく。「実業家といえば、国の将来のことなどは考えず、金さえ儲ければよい人種というふうに、感情的に排撃する気分が、一部の科学者側にあることが、大いに心配である」。科学者が実業家のことを「金さえ儲ければよい人種」と思い、実業家が科学者を「議論ばかりしていて役に立つことは何もしない連中」と思っていたのでは、不幸だ。「戦前及び戦争中に、日本の科学技術の発達が停頓した理由の一つに、軍部と科学者との対立があった」、それと類似の対立をくり返してはならない、という思いもあった。

原子力発電はずっと先

そうはいっても、中谷が原子力発電の導入に大いに積極的だったというわけでもない。

そもそも松永も、原子力発電はまだまだ採算が取れないと考えていた。一キロワットあたりの発電コストが、原子力では火力の八～一〇倍かかるし、「経済に引合うようにするには、十五年の長年月を要する」だろう、だから「原子力発電に血道をあげる前に」産業合理化や技術向上によって「貧乏」を克服することが先決だと松永は言う。

中谷も一九五六年に、原子力発電のほうが将来的には有利になるだろうが、「それは相当遠い将来のこと」、「とても十年やそこらの話にはならない。日本の場合だったら、二十年として賭けをしろといわれても、私は否定の方へ賭けるであろう」と述べている。

その後一九五七年一一月に日本原子力発電株式会社が設立され、一九六〇年一月から茨城県東海村で、イギリスのコールダーホール改良型の原子力発電所を建設する工事が始まった。

それでもなお、中谷は否定的である。これが完成したら「電気が出ることはまちがいない。英国で出るものなら、日本でも出るだろう。しかし商業ベースに乗らないことも確実である。わざわざ高価《たか》い電気をつくる商業会社が設立されるところに問題がある」。

一九六一年二月、原子力委員会が「原子力の研究、開発及び利用に関する長期計画」（第二回）を発表した。「今後の二十年間を見通した」「雄大な計画」で、前半一〇年間に研究施設の整備や研究費に一八〇〇億〜二〇〇〇億円を見積もっている。

しかし中谷は、「研究はもちろん大切であるが、ただ漫然と、研究、研究といっているだけでは意味がない。とくに原子力計画のような場合には、国情をよく考えて、はっきりした目的を立て、その目的に向って、研究を基礎的に進めるべきである」と、例によって基礎研究から計画的に、という主張をくり返す。*

＊この時代はまだ、原子力発電のリスクや放射性廃棄物の処理などは論点になっていなかった。したがって、原子力発電は高くつくという中谷の主張は、これらを考慮してのものではない。

商業ベースに乗せるには

中谷に言わせれば、「原子力発電が商業ベースに乗るか否かは、地理的及び経済的条件できまる」、それだけに動力としての原子力がもつ二つの特徴をうまく活かせば、「今日でもすぐ商業ベースに乗る」という（『太陽は東から出る』）。

特徴の一つは、「燃料の輸送がごく僅かですむこと」である。この特徴を活かして南極など極地で原子力発電を使えば、「二年間に一度、濃縮ウラン二十五キログラム補給すれば、完全運転ができ、人手は一人」でよく、「炉やウランがかなり高くついても、けっきょく安上がり」だと言う。

中谷は、アメリカがグリーンランドに設けた観測基地キャンプ・センチュリー（二八八頁の地図参照）に、一九六〇年の夏、原子力発電装置が設置されたことを知っていた。アメリカ陸軍では一九五四年から原子力利用計画を進めており、キャンプ・センチュリーに、一メガワットの電力だけでなく、暖房用の熱も供給できるよう設計された原子炉を設置した。原子力利用計画で初めての、可搬式原子炉（予め工場で加工しておいた部材を運んで、プレハブ住宅のように現地で組み立てる）で、一九六〇年の秋から運転が始まった（一九六三年春まで）。中谷の発言の背景には、このことがあったのだろう。

そして日本ならば、「離れ島とか、ひどい山奥とかに工場をつくる場合、こういう原子炉があったら、さぞ便利であろう」し、大都市への産業集中を改善することにも役立つだろうと言う。

中谷の言う、原子力発電のもう一つの特徴は、火力発電と違い、燃料を「燃やす」のに「酸素を必要としないこと」である。したがって、「原子力潜水艦で真価を発揮する」という。ただし「潜水艦といっても、直ぐ戦争と結びつけて考える必要はない」。海がどんなに荒れていようと、一〇〇メートルも潜れば、浪はほとんどない。絶対に揺れることのない、窓のついた快速潜水船を造れば、「海底の景色を見物しながら、太平洋が渡れる」。原子力の特質から考えて、こういう方向にこそ進むべきだと中谷は考える。

しかし現実には、日本国内で原子力発電の準備が、まさにこの頃から急ピッチで進められた。一九六一年二月に「原子力の研究、開発及び利用に関する長期計画」（第二回）が発表されると、その一二日後、日本原子力発電（原電）が取締役会で軽水炉型の原子力発電所の建設を決定した。これが原電敦賀発電所として実現し、一九七〇年に万国博覧会会場に「原子の灯」を送ることになる。他方、関西電力や東京電力といった電力会社も、一九六〇年代の初頭から原子力発電所建設にむけ、用地の選定や買収を精力的に始めていた。

「石炭石油火力にコスト的に対抗できる」というアメリカの軽水炉メーカーの売込み、それに対する国内の原子力産業、電力業界の反応に、中谷は気づいていなかったのであろうか。

第七章　氷の世界へ

1　南極観測

南極観測と中谷

「元気で、ご成功を」。小雨降るなか、東京港の晴海桟橋をぎっしり埋めつくした人たちの歓送の声を背に、午前一一時すぎ、南極観測船宗谷が隊員五三人、乗組員七七人を乗せ、ゆっくり岸壁を離れた。「極地に日章旗をひるがえし、国際地球観測の一翼をになおうとする〝科学の使徒〟」たち、わが国初めての南極観測隊の出発である。一九五六年一一月八日のことであった。

この南極観測隊の派遣事業に、じつは中谷も少なからず関係している。観測隊員としてではなく、第一次隊の派遣が実現するよう、そして第二次隊、第三次隊の派遣へと継続するよう、健筆を振るったのである。

南極に観測隊を派遣しよう、こう言い始めたのは朝日新聞社だった。

一九五七年七月から五八年一二月までの一年半は、「国際極年」の第三回目にあたることから、北極や南極といった極地域を中心に世界各地で、地磁気や電離層、オーロラ、オゾン層などの現象を、いっせいに共同観測する計画が予てよりあった。その後、極地域だけでなく中緯度や赤道地域での観測も含めることになり、名称が「国際地球観測年」(IGY＝International Geophysical Year)に改められた。

日本もそのIGYに参加の意を表明していた。ただ、敗戦の痛手からまだ立ち直っていないので、南極での観測などもちろん無理であり、国内での観測を中心とする予定であった。

ところが、取材活動を行なう中でIGYのことを知った朝日新聞社の社内で、一九五五年三月、一つの企画が浮上してきた。日本学術会議が南極に観測隊を派遣する、それを朝日新聞社が車両や航空機、無線などの機材と要員を提供するなどして支援する、その見返りとして南極観測をめぐる報道で朝日新聞社がプライオリティを得る、そうした企画である。

学者たちの反応

「面白い計画だが学者にその意志があるかどうか」が新聞社内で問題になった。そこで内々に、関連分野の重鎮に打診してみた。

和達清夫(中央気象台長)は、「五つも年が若かったら隊長にしてもらうのだがなあ」と言うほど乗り気であった。

坪井忠二《つぼいちゅうじ》(東京大学教授、測地審議会会長)は、「南極についての知識が全然ないから勉強してから返事をしたい」と慎重で、「とにかく、この問題については永田君に電話したいね。それから日本での氷についての第一人者は中谷君以外にない。相談してみよう」と言う。中谷に電話したが、熱海に滞在中とのことで連絡がつかなかった。

永田《ながた》武《たけし》（東京大学教授、国際地球観測年特別委員会日本代表）には別の日に直接会って意見を聞いた。「南極は学問上、最も大切な場所なのだが、われわれは「とても行かれぬ」と考えてしまっていたので、この地点での観測はあきらめていた。それがかなうとは願ってもない計画である」と、乗り気である。

茅誠司（東京大学教授、日本学術会議会長）は、「一億〔円〕もあれば、まず結核病棟を——というネガチブな考えもあろう」と、反発が起きることを心配した。それでも「今回の計画はポジチブな〝光をかかげる〟大仕事である。学者にはもちろん、国民への影響は大きなものがある」と、賛同してくれた。

氷の学者について聞くと、「中谷宇吉郎博士以外にはない。いい人だが、あなた方にも誤解されている」と、坪井と同様、中谷に相談すべきとの意見だった。「誤解」というのは、「ちえのない人々」をめぐる件を指しているのかもしれない。朝日新聞の「天声人語」が、まっさきに「ちえのない人々」を批判したのだったから。

ともあれ、中谷には四月八日に東京の自宅で会った。「ノース・ウエスターン大学の地質の教授は一年間南極で暮らして来た人間だった。必要とあれば在米中の娘を通じて装備その他のことを問い合せる便宜をはかる。氷河はぜひやってみたい。局地に行けるような人間は日本に二五、六人はいる筈だ。今後、いろいろの御相談にのろう」と言ってくれた。

正式に決定

学者たちは乗り気だ。そこで朝日新聞社では、半沢朔一郎《はんざわさくいちろう》（『科学朝日』編集長）や矢田喜美雄《やだきみお》（東京本社社会部員）らが中心になって、文部省など国内の諸組織と調整を進める一方、海外取材網を駆使して関連資料を収集し、観測隊派遣計画の具体案づくりをリードしていった。茅が半沢に、「学界にはいろいろな気流がある。それを察知して、あなたがおぜん立てをしてから持って来られたなら、日本学術会議全体として応援するという形にしたい」と提案していたのである。

案をまとめる過程で、「計画のはじめから朝日側の相談相手となってもらっていた」中谷に、日本の観測基地を南極のどこに設けるかに関連して、意見を求めることもあったようだ。

一九五五年七月一二日、朝日新聞社の呼びかけで、地球物理学関係の主だった学者七名のほか、文部省と朝日新聞社の関係者も集まって懇談会を開催し、観測計画の具体案について内々に相談した。中谷もこの会合に招かれていたが、「茅さんが出席されるなら、僕は出なくてもよいだろう」というので欠席した。茅を信頼し、茅の意向を尊重する、ということだろう。

九月一四日、ブリュッセルで開催中の国際地球観測年特別委員会において、日本の南極観測への参加が、プリンスハラルド海岸（東経三五度付近）に基地を設けるという条件で承認された。日本はこの条件を受け入れ、九月二六日、学術会議が正式に観測計画を発表する。翌年一九五六年の一二月から二ヶ月間、約二〇名で予備観測を行ない、一九五七年一二月から一年間、約四〇名で本観測を行なう、という内容だった。

学術会議が発表した翌日から、新聞などメディアが「南極学術探検」を大々的に報道し始める。学者たちの背中を押して派遣準備をリードしてきた朝日新聞は、「本社、南極観測の壮挙に参加／全機能をあげて後援」と題した社告を掲載し、自社の寄与をアピールした。

翌年末の予備観測隊（第一次観測隊）派遣に向け、準備が急ピッチで進められた。「隊長に永田教授」「南極探検隊用の家　晴海海岸で組立テスト」「絶好の上陸地点　日本隊観測のハラルド海岸」などと、準備の様子が連日、大々的に報じられた。

「私たちの〝南極探検〟／足立八中全校あげて総合研究」、「婦人会では「ザル募金」」（加藤シヅエ参議院議員がある会合で、余興で使うドジョウすくいのザルを持って回ったら六千円余り集まった）などと、人々の関心もいやがうえにも高まり、「南極ブーム」が巻き起こった。

原則的に支持

しかし、南極ブームが高まる一方で、茅が危惧したように、日本はまだまだ貧しいのだから南極観測よりももっと重要な問題にお金を使うべきでないか、と言う者も出てきた。たとえば気象研究所の荒川秀俊《あらかわひでとし》である。読売新聞に一文を寄稿して、「南極観測をするなというのではないが、現在の日本のおかれている位置から判断して、どうかと思う」と主張した。

「政府のおえら方」の言うように、「国威の宣揚」「国民精神の作興」のための南極観測なら、やる必要ない。「なんだか、十数年前に耳にタコができるくらい聞いた言葉だ」し、「対外の賠償問題のかたづいていない現在、国際信義上の一大問題」ともなる。それに学術面でも「画期的躍進なぞは到底のぞめぬ」と思うし、「実生活にひびく知見が増えるわけでもない」、「挙国的な観測、研究をするとしても、敗戦国らしく謙虚に振舞い、もっと民和民生に寄与する実質的なテーマを取りあげてもらいたい」というのである。

こうした意見をうけ、中谷は「現実逃避の精神について」という一文を雑誌に発表した。

南極観測は、日本国民の生活とは、直接何の関係もない。あれだけの予算を、もっと手近な問題の解決に廻して、国民の生活水準の向上に直接役立つ研究をした方がよいという意見も、かなりあるようである。しかしそう簡単に割り切ることも、どうかと思う。その流儀でいえば、オリンピック選手の派遣に使う外貨なども、もったいない話になる。たとえ一位を取っても、別に国民生活の向上には、何の関係もない。〇・一秒や二秒縮めて、世界記録を作ってもそう大した意味はない。……

しかしそれにも拘らず、日本人選手が、オリンピックで優勝すれば全国民が熱狂する。それは戦前の「国威の発揚」とはちがって、もっと純粋なものである。国民の生活水準の向上に役立つ研究も、もちろん大切であり、現在の日本の学界の傾向では、その方にもっと力を入れた方がよいと私も思う。しかし米・英・仏・濠・ソその他の九カ国に伍して学術的な協力をする事業も、一つくらいはあってもよいように思われる。……

このように中谷は、IGYの一環として南極観測に参加することを、基本的に支持する。しかしその一方で、日本の国力に見合ったやり方で参加するべきだとも言い、荒川のような意見を持つ人たちに配慮する。

背伸びを批判

たとえば、越冬隊を残さなくてもいい方法を考えたらどうか、と中谷は言う。「越冬するとなると、荷揚げ量が膨大になり、したがって危険な接岸をすることになりやすい」。輸送船の「宗谷」にもそれだけ負担がかかる。だから「ソ連流に、一年間放置できる観測器の設計を考えてみてはどうであろうか」。

荒川は、予算が削られて「古船の「宗谷」を砕氷船に改装するために全予算の大半がついやされるのでは、研究や観測はおろか、全員の保安、厚生が思いやられる。……法外に切りつめられた予算で人命の危険をおかしてまでの南極観測は考えものでなかろうか」と言っていたのだ。観測隊を身の丈に合ったものにするという中谷の提案は、こうした批判を意識してのものだったろう。

少し先のことであるが、中谷はこんな発言もしている。一九五七年の秋に出発した第二次南極観測隊が、昭和基地に第二次越冬隊を残すのを断念したときのことである。「越冬隊を残すことができず、したがってIGYの本観測もできなかったのだから、失敗だ」という批判が出た。しかし中谷に言わせれば、「今度のいわゆる失敗は、日食観測に行って、曇ったために、一枚の写真もとれなかったというのと、本質的には同じこと」であり、「日本としては、国力一杯の努力をしたが、不幸にして、気象条件の悪い年にぶつかって、ついに挫折した。これだけですむ話」ではないか、と言う。

第二次観測隊をめぐって、中谷はこうも言っている。宗谷が南極観測隊を乗せ、昭和基地までもう少し、という地点に近づいたときのこと、氷に閉じ込められ身動きができなくなってしまった。そのためアメリカの砕氷船バートンアイランド号に救援を頼んだ。そのとき日本の人々の間に、中谷の見るところ、外国の船に助けられるのは日本の恥だというような気分が広がった。

しかし、と中谷は言う。南極観測の目的は南極へ行くことでなく、そこで国際的な観測をすることだ、だから「強力な砕氷船をもっている国に話して、その砕氷船で運んでもらうのが」よかったのではないか。「丈夫な砕氷船をもっている国が船を出し、研究者をもっている国が研究者を出して、それで完全な観測ができれば、それこそ国際協力であろう。そして科学は、人類のものとして、発達するであろう」。「金のある国が金を出し、頭脳のある国が頭脳を出す」のは何も恥じるべきことでない、「頭脳流出」大いに結構ではないか、というのだ。

こうした主張に、中谷の自負を感じるのは、私だけだろうか。自分だったらそうやって研究する、という自負である。

再びジャーナリズム批判

中谷の意見の、先を聞こう。「国際協力による科学的観測という本来の目的が、何時の間にか、国民的行事にすりかえられたために、外国の船に助けられるのは日本の恥だというような気分が、国民の間ばかりでなく、観測隊員の間にまで染み込んだのではないかという気がする」。

そして中谷は断ずる、「その原動力になったものは、主としてジャーナリズムの力であった」と。

日本学術会議は一貫して「南極観測」と言っている。ところがジャーナリズムは「南極探検」という言葉を使う。ジャーナリズムのこの言葉使いが、南極観測を「オリンピック類似の国民的行事にまつり上げ」、「一種の熱病の形を採って流行」させることにつながったというのだ。

これはしかし、ジャーナリズムに過大な責任を負わせるものであろう。たしかにジャーナリズムに、過熱しすぎという面はあった。中谷も指摘しているように、隊員予定者の乗鞍岳での訓練に取材陣が殺到し、しかも取材へリコプターが墜落して乗員四名が死亡するという、痛ましい事故もあった。

しかし他方では、ジャーナリズムが「南極ブーム」を作り出すことなくして、国民からの有形無形の援助はなく、政府とて観測隊派遣のための予算を手当てすることもなかっただろう。一九五五年春、茅誠司が文部省の役人とともに大蔵省に出向いて南極観測について相談したとき、「国民の税金を無駄使いしたくない」と、初めはにべもなかった。そうした形勢が変わっていったのは、国民的な関心の高まりがあったからこそである。

そして日本が独自で観測隊を派遣するからこそ、敗戦後の苦しい状況に沈みがちだった国民に夢を与えたのであり、何とか支援したいという気持ちも掻き立てたのである。国際協力による観測なのだから外国船に乗せてもらえばよい、とあっさり割り切ることのできない、複雑に糸が絡み合った事象だった。

また、学者たちを圏外に置き、ジャーナリズムのみを批判している点も、いささか気になる。というのは、「探検」を唱える人たちが、観測隊の中にもいたからである。

隊長となる永田武は、ＩＧＹ国内代表として活躍する地球物理学者であり、「われわれは探検しにいくのではない。観測に行くのだという考え方」であった。しかし副隊長となる西堀栄三郎《にしぼりえいざぶろう》は、化学が専門だが山岳部出身で、設営をしてこそ観測ができる、と考えた。日本として南極に初めて観測隊が派遣されるのだから、南極に足跡を残すこと、あるいは南極で生活することに大きな意義を見いだしたのである。未知の大陸に観測隊を派遣するのであるから、探検的要素が大きくなるのが避けられないとも考えていた。

この対立はさらに、西堀が京都帝国大学の山岳部出身であり、永田が東京帝国大学出身の教授で山岳部出身でないことから、山岳部派と非山岳部派、京都帝国大学派と東京帝国大学派という色彩さえも帯びていった。

越冬隊の問題にしても、限られた予算の中で実施すべきかどうか、一九五六年の春になっても学者の間で意見の違いがあった。西堀が「南極観測の前に日本人が極地で暮せるかどうか」を試すといい、永田がそれに反対、茅は「苦しいなかでも［越冬は］やるべきだ」という意見だった。それが次第に、基地の設営に成功したら越冬隊を置く、という線でまとまっていったのである。

茅を筆で支援

これまでみてきたように、中谷はあっちもこっちも批判しているが、南極観測を推進するという路線自体は何ら否定していない。南極観測自体に冷水を浴びせるような批判に対しては、南極観測を擁護する。しかし、身の丈を越えたやり方で進めることに対しても警鐘を鳴らすことで、南極観測そのものに否定的な意見に対し一定の配慮を示す。必要以上に期待を煽り、うまく行かなかったときの反動を大きくしそうなジャーナリズム（マスメディア）も、批判する。中谷のこうした立ち位置は、結局のところ、なんとか日本の南極観測事業を軌道に乗せたいという、学術会議会長茅誠司の意向に合致するものであったと言えよう。

「学界に茅博士という度胸のいい人物がおり、新聞界に信夫韓一郎《しのぶかんいちろう》［当時、朝日新聞社専務］という傑出した人物がいなかったなら、南極観測という当時としては破天荒な事業がスタートできなかったと、わたくしは思っている」。第一次南極観測隊の派遣事業に関与した半沢朔一郎の言葉である。『ＩＧＹ南極学術探検報告』など当時の記録を読むと、たしかに茅は、入り乱れる利害を調整しながら、学術会議会長として南極観測事業をなんとか軌道に乗せようと苦闘し、随所で英断を下している。中谷はそうした茅の奮闘を、いわば場外から、得意の筆をふるって支援した、そう言えるのではなかろうか。

「つきあい方」の構築にむけて

一九五九年、中谷は感慨深げにこう書いた。「二十五年ばかり前［一九三四年］に、朝日新聞が、初めて科学欄をつくり、月に一回か二回、科学の記事を載せ始めたのは、当時としては、まさに画期的な壮挙であった」。中谷も、そこに科学解説の文章を書き始めたのだった。

ところが今や、「新聞や雑誌に、科学関係の記事が、一つも載らない日は、まずないといってよい。まさに科学ブームの時代である」と中谷。

ためしに一九五六年一月の朝日新聞をめくってみると、「ハラルドに接岸して／気温上がり氷山減る／廿年前より上陸によい条件」（一日）、「ホープは原子力発電／日本経済の夢を語る（座談会）」（四日）、「真空の世界で新生活／三時間で太平洋ひとまたぎ／ロケット旅客機」（一〇日）などと、なるほど原子力や南極探検、宇宙旅行、ロケットなどの記事が目白押しである。「まさに隔世の感」だ。おまけに、科学記事は「たいていの場合、文化欄や科学の頁でなく、第一面又は社会面で、きわめて大きく取りあげられ」ている。

中谷が言うには、こうした「ジャーナリズムに於ける科学ブームは、科学振興の基盤となるものであって、その点では、大いに歓迎すべきことである」が、「少し薬が効きすぎた形」になると、さまざまな弊害が現われる。南極の場合で言えば、純粋な科学研究なのだから「金だけくれて放っておいてもらえれば、一番有難いのであるが、そうも行かないものらしく」、「オリンピック類似の国民的行事にまつり上げ」られ、精神的負担が観測隊にのしかかる。おかげで観測隊員は、昭和基地に日章旗を立てた写真を日本へ伝送するような気持ちにならざるをえなかったし、隊員の子供たちが、「去年はオビ号で今年はアメリカか」と学校でからかわれることまで起きた。（一九五七年二月、氷海に閉じ込められた宗谷が、ソ連の砕氷船オビ号に先導されて脱出する、ということがあった）。

中谷のジャーナリズム批判は、こうした事態に戸惑い、苦言を呈するものでもあった。一九五〇年代半ばは、科学技術が急速に発展し社会の隅々にまで影響を及ぼすようになり始めた時代である。五〇年代初めの〝左右対立〟（〝政治の季節〟）から、技術革新による経済成長（〝経済の季節〟）へと転換しつつあった。そうした時代だったからこそ、科学者（あるいは科学界）とジャーナリズムは「つきあい方」を構築していく必要があった。中谷は、一科学者として、その先陣を切ったのだと言えよう。

西堀越冬隊長の来訪

第一次越冬隊が帰国してまもなく、越冬隊長だった西堀栄三郎が北海道大学に中谷を訪ねてきたことがあった。その場に立ち会った樋口敬二によると、西堀が部屋に入ってくると中谷が「ごくろうさんでした」と労い、西堀が「ありがとうございました」と言って、「中谷先生の差し出した右手を、おしいただくようにして、両手でしっかりと」握った。

西堀は、中谷の『雪の研究』を南極に持って行っていた。そして七月のある日（南極では真冬）、一日中それを「読みふけり、夕食のあともつづけた。そして読み終った。じつにおもしろかった。日本人がこんなによい研究をしているのに、南極から何もお土産をもってかえらなかったら、申しわけないという気がした」。

そこで機会をみては顕微鏡を外に持ち出して雪の結晶を観測する。秋頃には、文部省の南極観測本部を通じて、便箋一枚ほどの長い電報を中谷に送り、『雪の研究』の「第何図版何百何十図の写真というふうに、結晶形を一々指摘して」問い合わせもした。

中谷は、その西堀から訪問を受けたのである。西堀は「探検派」の領袖だった。中谷のほうは、南極に行くこと（探険）が目的ではなく、観測することが目的だと主張していた。二人はどんな話を交わしたのだろうか。

二時間ばかり「いろいろ南極の話をきいたが、非常に面白かった」。流星塵が他の地域より桁違いに多いことも不思議だったし、雪の結晶の種類が北海道での観測と一致しているという話も面白かった、と中谷。「本観測の準備のための越冬で、観測や研究の用意はほとんど無かったらしいが、西堀さんは、有り合わせの材料で、手作りの器械をつくり、いろいろな研究をして来られたのである。……久しぶりで、ティンダルやファラデーの時代に返ったような気がして、非常に楽しかった」。

好奇心の強い中谷のことである、自分でも南極に行きたかったのではなかろうか。そう思って、中谷の弟子で自らも世界各地で氷河や凍土の調査を行なった樋口敬二に聞いてみると、「だって昭和基地は、海のすぐ近くでしょ」との答が返ってきた。日本の観測隊が当面到達できるのは南極大陸の海岸近くでしかなく、氷床の氷を研究する中谷にとってさほど魅力的でなかっただろうというのだ。

中谷は、自分の研究に好適のフィールドを、南極以外に持っていた。グリーンランドである。

2　グリーンランドへ

氷の世界に降り立つ

一九五七年の夏のある日、中谷を乗せた飛行機がアメリカ東海岸フィラデルフィア郊外の空軍基地を飛び立ち、その一四時間後、この地に到着した。真夜中の午前一時だというのに、太陽はかんかんと中空に照っている。風はさすがに冷たい。

ここはグリーンランドの北辺近くの町、チューレである。グリーンランドの面積は、日本の国土の約六倍半。その八〇パーセント以上が、氷に覆われている。覆われていないのは海岸に沿ったごく狭い地域だけで、そこに二万三〇〇〇人（当時）ほどの人間が住んでいる。

中谷はここチューレから車に乗って、二〇キロメートルほど内陸、氷床の縁近くにあるタトウという基地まで行く。そこから飛行機で、さらに三五〇キロメートルほど氷床の奥地へ入ったところにある、サイト・ツウを目指す。

向こうには飛行場がないので、雪を固めた滑走路にスキーで着陸する。「飛行機は、一年に二台くらいは落ちるようである」と中谷。いったん霧に覆われるとどこもかしこも真っ白で、「牛乳の中を飛んでいるようなことになる。それでどうしても事故が起こりやすい」。天候が悪いときは、雪上車に引かれる橇列車で五昼夜かけて向かう。

中谷は幸い天候に恵まれ、二時間半のフライトでサイト・ツウに到着した。蒲鉾テントが二列並ぶだけの観測基地である。中谷は、ここで一夏をすごす予定だ。

IGYでのアメリカの計画

アメリカの雪氷学者たちは、一九五七〜五八年の国際地球観測年（IGY）に向け、大きな計画を立てていた。計画立案の中心人物は、SIPRE基礎研究部の主任アンリ・ベイダー、かつて中谷がSIPREに滞在していたときの上司である。

IGYのアメリカ国内委員会で承認された計画によると、アメリカは一九五七年の夏にグリーンランドのサイト・ツウで、そして一九五七〜五八年と一九五八〜五九年の冬（南極では夏）に、それぞれ南極のリトル・アメリカとマリー・バード・ランドで、氷冠を掘削して深いところから氷の柱状サンプル（アイスコア）を取り出すことを目指していた。

北極圏の要衝に位置するグリーンランド

グリーンランドや南極の氷床は、気温が氷点下なので降った雪が夏でも融けることなく何百年何千年と積もってできたものである。したがって、氷床の深いところにある氷を手掛かりにして、過去の気候を知ることができる。

ベイダーは計画案で、過去の毎年の降雪量はもちろん、（水爆実験で放出されたトリチウムの北極と南極での分布具合から）地球規模での大気循環の様子や、産業活動による大気汚染の様子など、さらには（酸素同位体の存在比から）その雪が降ったときの気温もわかるだろうと述べていた。その意味で「グリーンランドと南極に積もった雪の層は、科学者にとって貴重な埋蔵物」だった。

アメリカの研究者たちは、準備にも怠りがなかった。SIPREでは本番の一年前、一九五六年の夏に、極地域での氷床研究に備えるための事前演習を行なった。アメリカだけでなく、デンマーク、フランス、ドイツ、スイス、アルゼンチン、チリからの研究者たちも参加して、チューレから約一六〇キロメートル内陸に入った氷床上で、三週間にわたり訓練を行なった。

SIPREは一九五六年に、サイト・ツウで深さ三〇〇メートルまでの氷床コアを採取することも試みていた。六〇〇年前まで遡ることができる深さだったが、アイスコアの回収率は五〇パーセントほどで、深いところから取り出したものは氷が崩れているなど、必ずしも観測に適した状態でなかった。そこで掘削方法などの改善も進め、もっと深くまで（昔まで）到達することも目標に据えた。

中谷は、こうしたアメリカの観測事業に誘われ、ここグリーンランドのサイト・ツウにやって来たのだった。

「グリーンランド行きの話」がもたらされたのは一九五六年暮のことだった、と中谷は言う。アメリカではIGY事業の一環として、二〇〇〇フィート（六〇〇メートルほど）までボーリングすると聞いた。「もし二〇〇〇フィートまで達すれば、千年以上も昔の氷の標本が得られるわけである。こういう機会はめったにないので、思いきって参加することにした」。日本では、南極観測隊が東京港を出発した頃のことである。

氷の力学的性質を測定

中谷は、グリーンランド氷床のいろいろな深さから採取された雪や氷について、その力学的性質、とくに弾性率や粘性率を測定することに取り組んだ。

氷床の氷は、気温が氷点下の所に積もった雪が、重みで圧縮され沈降していって、永い年月の間に氷化したものである。積雪粒子の間に入っていた空気の一部も、その過程で閉じ込められ、気泡として氷の中に残る。そのため、氷床を表面から掘っていくにつれ密度がしだいに変化し、雪や氷の粒子および気泡の大きさや形も変化し、したがって力学的性質も変化する。

「私の受けもった問題、すなわち氷の弾性と粘性とを測定する仕事も……［アイスコアの］年代の決定に少し関係がある」と中谷は言う。氷床の深いところの氷には、非常に小さい高圧の気泡が無数に入っている。これら気泡ができる仕組みを調べ、氷の内部歪の状態を知れば、「気泡内の圧力から、それまで縮むに要した時間［すなわち氷の年代］が計算できるはずである」というわけだ。

とはいえ、一ヶ月やそこら現地の氷上で研究しただけでは「どうにもならない。問題を見付けただけで満足することにして」、ドライアイスを詰めた容器に入れてSIPREに持ち帰り、測定した。

それでもきっちりした結果が出なかったので、札幌でも測定を続けた。氷を、特大の魔法瓶にドライアイスと一緒に詰めて持ち帰ったのである。

その後もグリーンランドへ

中谷は、翌一九五八年の夏にも、SIPREの遠征隊に参加してグリーンランドへ出かけた。この年は、（圧雪したり除雪機で吹き飛ばしたりなど）人工的な処理を加えた雪について、その弾性や粘性を調べ、また雪粒どうしが附着している様子を顕微鏡写真に収めることに取り組んだ。積もっている雪を除雪機で吹き飛ばすと、いったん粉粒状になって落下したあと、数時間もすると以前よりもずっと固くなる。どうしてこうも固くなるのか、それを解き明かすことが当面の目標だった。

グリーンランドからSIPREのあるシカゴ郊外ウィルメットに戻った中谷は、しばらく骨休めをしたあとヨーロッパに向かう。そしてスイスのシャモニーで開催された国際水文学会のシンポジウムに参加し、二つの論文を発表する。前年に国際雪氷河委員会の副会長に選ばれていた中谷にとって、晴れの舞台であり、欧米の雪氷学者たちと親しく交流する機会でもあった。

一九五九年、一九六〇年にも、夏の間はグリーンランドに出かけた。しかし一九六〇年が最後となる。体調が悪いのは、傍目にもわかるほどだった。雪のトンネル内に設けられた実験室で、ときに倒れそうになることがあったという。

軍の支援と、科学者の活動

SIPREが中心となってグリーンランドで進められた観測は、物資の運搬や人員の輸送などロジスティックをアメリカの軍に担ってもらうことで成り立っていた。

チューレは海の近くに位置しているので物資の搬入が容易であり、またアメリカ軍の立派な飛行場もあるので、そこに近いサイト・ツウは氷床観測に好適の場所であった。

グリーンランドは当時、デンマークの植民地だった。そこになぜアメリカ軍の基地があるかといえば、軍事戦略上、チューレが格好の場所だったからである。

第二次大戦で、デンマークは一九四〇年、ドイツに占領される。その一年後、デンマークはアメリカと協定を結び、グリーンランドの防衛を委ねる。そしてアメリカは、チューレなどグリーンランドの数カ所に気象観測所を設け、ヨーロッパでの軍事作戦に必要な気象データを収集した。

第二次大戦が終わったあとも、チューレの戦略的重要性は変わらなかった。原爆を搭載した航空機が、アメリカもしくはカナダの基地から、ヨーロッパの攻撃目標地まで往復飛行することは、距離が長く現実的でない。ところがチューレは、ニューヨークとモスクワのちょうど中間地点に位置する。ソ連からのミサイルを迎撃するにも好都合である。そこでアメリカは一九五一年、デンマークとの協定を改定し、チューレに軍用飛行場の整備を進める。ブルー・ジェイ作戦という暗号名のもと、パナマ運河の建設に匹敵するとも言われた大規模な工事を進め、一九五三年から運用を開始した。

氷に閉じ込められた空気

一九五七年の初めてのグリーンランド行について、中谷は随筆「白い月の世界」に詳しく書いている。その最後のほうに、こんなくだりがある。

この氷の中には、頼朝が吸っていた空気もとじこめられている。この空気の中の炭酸ガスの分析も、誰かに頼みたいと思っている。……氷河の氷について、同様な研究をしている学者が、スウェーデンにいる。……微量のガスを取り扱うので、まだ精度は充分ではないが、炭酸ガスの含有量が少し違っていることは確からしい。

アイスコアの気泡内の二酸化炭素濃度が精密に測定できるようになるのは、一九八〇年頃からで、スイスのオシュガーらが研究をリードした。アイスコアの気泡から空気を抜き取るサンプリング技術と、微量ガスの分析技術の発展を待つ必要があったのだ。一方、ベイダーの計画にあった、酸素同位体の比率から過去の気温を知るという手法は、一九六〇年代の半ば頃からデンマークの古気候学者ダンスガードらの手で、成果を挙げ始めた。

ベイダーが見通していたとおり、グリーンランドや南極の氷床は、地球の気候変動を知ることのできる、宝の山だった。東西冷戦を背景にした軍備に支えられての、グリーンランドでの氷床観測であったが、一九六〇年代に入ると国際協力も進み、次々と成果が挙がり始める。中谷が南極観測をめぐって「すべてを自国でやらなくても」と発言していたことが思い起こされる。

3　書きつづける

「比較科学論」

中谷が晩年（一九五九年）に書いた随筆で、今なおよく読まれているものに、「比較科学論」がある。もとは寺田寅彦の物理学を論ずることを目的に書かれた文章であるが、今日ではもっぱら、そこに出てくる「研究における二つの型」、警視庁型研究とアマゾン型研究に注目が集まっている。

解明すべきことや、そのための方法が予めわかっているような研究、「或る数値表のうちの抜けたところを埋めるような」研究、それを中谷は警視庁型研究と呼んだ。犯人がわかっていて、それを捕らえるという場合に似ているからである。

他方のアマゾン型は、人跡未踏のアマゾン上流に分け入った生物学者が新種の生物を探すようなもので、どんな生物がいるのか、そもそもいるのか、いないのかもわからない。「対象の実体を知らないばかりでなく、そういうものがあるかないかもわからない」研究、それをアマゾン型研究と呼んだ。

この二つの概念が登場するのは、意外にも古い。小宮豊隆の『夏目漱石』に対する書評を一九三八年に発表し、その中で、「自然探求のやり方に、二つの型がある。一つはアマゾンの暗黒林の中へ分け入って、未知のものを探すような型であり、今一つは警視庁の人たちが犯人を探す時の捜査方法に似たやり方である」と述べている。ただこの書評は、夏目漱石を小宮が分析するときの手法を実験物理学の手法と比較することが主眼であり、アマゾン型、警視庁型という言葉が登場はするものの、書評に活かされてはいない。

それに対し敗戦の少し前、一九四五年の三月に書いた「研究難物語」では、アマゾン型、警視庁型という言葉こそ使っていないが、実質的にこの両者を対比する形で、次のように述べている。

科学研究は、隠れていることがわかっている宝を探す宝探しとは違い、予め事の成り行きを見通すことができない。だから、知らないものを探すのに「完全な計画を立てよといふのは無理である」。ただし研究を無方針で進めるというのではない、「組織的に」行なうのだ。たしかに、初めからちゃんとした計画が立てられる研究もある。それは「計画的《プログラムメーシッヒ》」といって、「研究者の戒心すべき」ものである、「分ってゐることだけが分るといふ結果に陥り易い」からだ。したがって、「組織的」な研究のために成り行きに応じ必要な資材が手に入るよう配慮せよ、そうでないと戦時研究の成果が挙がらない。これが中谷の主張であった。

もっとも「計画的」研究、「組織的」研究という言葉は、一九三八年の『夏目漱石』の書評でも使われている。ただ「研究難物語」の時とは意味が違い、「気を抜いて型の通りにやった」研究を「計画的」、「気のはゐっている研究」を「組織的」と呼んでいる。

結局、一九三八年頃に着想した〝アマゾン型と警視庁型〟のアイデアを、〝組織的と計画的〟という用語で表現した時期もあったが、最終的には〝アマゾン型と警視庁型〟に落ち着かせたということではなかろうか。

とはいえ、「比較科学論」での中谷の主張を、アマゾン型と警視庁型との対比だけでとらえるのは適切でない。なぜなら、「アマゾン型と警視庁型との融合したものが、本当の研究なのである」と言い、さらに寺田寅彦の研究スタイルや、現代物理学が波と粒子の二重性の概念を導入したことなどに対応して、新たに「哲学型の研究」も加えている、そうした点にこそ「比較科学論」の力点があるからである。

時代を追って中谷の随筆を読んでいくと、変奏曲を聴いているような印象を受けることがある。ある随筆中の主題が、その後、時代の雰囲気や社会情況にあわせて次々に変奏されていくのだ。中谷の随筆が長く読まれてきた理由の一つが、もしかしたらそこにあるのかもしれない。

人生を愉しむ

中谷は一九五六年に、『百日物語』という随筆集を出す。一九五五年の七月から九月にかけて新聞に連載した随筆を中心に、一書にまとめたものである。

連載を執筆中、中谷は国内だけでなく海外も含めて、ほとんどが旅行の日々であった。そんななか、一日も途切らせることなく書き続けた。「百くらいの話題は、そうむずかしくはなかろうと思って、簡単に引き受けた」のだが、「書いてみると、これはたいへんな重労働であることがすぐ分った」と中谷は告白している。話の「種に苦しむ」ようになるからだ。

そう言いつつも中谷は、書くことを愉しんだように思われる。いや、文章を書くことについて実験をして愉しんだ、と言ってもよい。「あとがき」で、こう書いているからだ。

文章には、芸術として価値のあるものもあれば、論説のように意見を述べるもの、ニュースを報道するものなど、いろいろある。しかしこれらとは別に、いろいろな変わったことを伝える「話」があってもよいだろう。「ほう、そんなこともあったのか」という程度のことで、毒にも薬にもならない「話」である。百回の随筆を頼まれたときには、そういう話を少し集めてみようと思ったのであるが、書いてみたら、やはり所々に臭味が出て来て、さらりとした話にはなかなかならないものだということが分かった。［要旨］

理学部物理学科の二期生として中谷の授業を受け、戦後は理学部の教授となって、同僚として中谷と交友をもった古市《ふるいち》二郎《じろう》が、興味深いエピソードを書き残している。

先生が学内で仕事をされておられる日には必ず、夕方五時頃、私の居室をノックして〝二郎ちゃん、もう帰ろうよ。少しは遊びなさいよ〟とにこにこ笑い乍ら入って来られたものである。こんな時に飲むビールの味はこよないもので、先生も実に旨そうに飲まれるので、見ていてこちらが楽しくなってしまった。多分夜には何十枚かの原稿を書かなくてはならない筈であるのに、そんな荷を負った風情は微塵も無く、全く生きる刻々を楽しんでおられるように思われた。［要旨］

中谷にとって、執筆もまた愉しみの一つだったのに違いない。

絵を描くことも、かけがえのない楽しみだった。中谷は一九五九年四月、小林勇と二人で絵の展覧会を開く。会場は銀座のど真ん中にある文春画廊である。二人の飲み友達である『文藝春秋』の池島信平が勧進元になってくれた。小林は、その日が近づいてくると「だんだん憂鬱になったが、中谷は、はり切っていた」と、当時をふり返る。

この頃の中谷は健康こそ勝れなかったが、絵に対する情熱は衰えず、二回目を開こうと描き続けた。そして一九六一年三月に再び文春画廊で小林と二人展を開く。このときも二人の作品は全部売れてしまったという。

中谷は日本舞踊にも手を染め、還暦祝いの席などで助六を舞った。これについては、「名取の腕前になるほど」修行した（古市二郎）、「その時の真面目な表情は実におかしい位であった」（内《うち》田《だ》亨《とおる》。理学部創設以来、中谷の同僚）、「何回やっても終りそうもないので、ほとほと閉口させられた」（茅誠司）など、いろいろな評がある。

終章　科学研究はどうあるべきか

1　「基礎科学」をめぐって

中谷の考え

科学には、純粋科学あるいは基礎科学と、応用科学がある、としばしば言われる。前者は、役に立つかどうかとは無関係に、自然の謎を解き明かすことを第一の目標とするもの、後者は基礎科学の成果を活用し、何かしら実際に役立つ成果を生み出そうとするものである。

これでいくと、中谷による雪の研究は、典型的な純粋科学（基礎科学）であり、中谷は純粋科学（基礎科学）の研究者ということになりそうである。

随筆「雪雑記」（一九三七年）に中谷はこう書いている。

此の頃大ていの雪の結晶が皆実験室の中で人工で出来るやうになつたので、自分ではひとりで面白がつている。よく人にそれはどういふ目的の研究なんですかと聞かれるので、こうして雪の成因が判ると冬期の上層の気象状態が分るやうになつて、航空気象上重要なことになるのですよと返事をする。さうすると大抵の人は成る程と感心してくれる。然し実の所は、色々な種類の雪の結晶を勝手に作つて見ることが一番楽しみなのである。

何の役に立つのかと聞かれれば、これこれに役立つのですよと言ってはみるものの、それはいわば建て前。ほんとうのところは、自然の美しさや不思議さに駆られて研究をしている、というのだ。

ところが戦後に書いた随筆「水爆と原爆」（一九五〇年）では、次のように言う。「いはば「無目的」に、真理のために真理を追究」する科学、科学のための科学は、「なつかしい十九世紀時代の科学に対する考へ方」であり、「戦後における基礎科学の奨励は、この十九世紀時代の考へ方に偏してゐるやうである」。つまり、戦後のいま奨励されるべき基礎研究は、役に立つか否かとは無関係にひたすら真理を追究するだけの基礎研究ではない、というのだ。

では、どんな基礎研究がいま求められているというのか。それは「或る目的をもつて、その目的を実現するために研究を基礎的に行なふ」ものだという。つまり「目的をもった基礎研究」、それこそが本来あるべき「基礎研究」だというのだ。普通に考えられている応用研究と基礎研究とが、いわば一体化したものである。

中谷の主張は二段構えになっている。まず一段目は、「実際的な目的」をもった研究、何らかの具体的な課題や問題を解決するための研究が大切、という主張である。敗戦後の今となっては、「戦争中のばかげた実用研究の反動として」、実際的な目的を離れた研究に心動かされるのも「無理もない話」だが、「科学の研究は実際的な目的を持たない方が高級であるといふやうな錯覚」に陥ってはならないという。

そして二段目の主張は、すでに戦前から言っていたことだが、具体的な課題や問題を解決しようとすれば、自ずと基礎的な研究を行なわざるを得ないという主張である。

「私たちが科学的な基礎研究ということをいつも強調するのは、何も遊戯的な或いは高踏的な趣味からではない。実際問題の解決にも結局それが一番の早道」だからだ。「基礎的な研究をおろそかにして、立派な成果が得られる筈がないのである」。「困つた問題が起きたときには、科学的な基礎研究から始めるのが結局一番の早道である……。慌てれば慌てるほど、余計に手間取るだけである」。

中谷が「目的をもった基礎研究」こそがあるべき姿と考えるようになったのは、いつごろからだろうか。一九三七年に発表した随筆「雑魚図譜」で、イギリスへの留学時代を回想してこう書いている。

レーレー卿が、孔雀の尾や玉虫の翅の光を研究した論文が、数年前の英国の雑誌に出て居た……。

レーレー卿のやうに、英国のあの綺麗な郊外の地に立派な邸宅を構へて、其の中に実験室を作つて好き勝手な研究を楽しんで居れたら、それが人間の享有し得る最大の幸福であらうといふ気がする。

また随筆「英国の物理学界と物理学者」でも、こう書いている。

英国では interesting な論文といへばそれで立派に通るのである。日本のやうに「結局面白いといふ丈けぢやないか」といふやうなことは云はれないやうである。…… interesting といふ言葉のあることが、英国の学問といふものを特徴づけて居るやうに思はれるのである。

中谷は、知的興味の赴くままに自然の不思議さを解き明かしていく「純粋研究」に、羨望のまなざしを向けている。

その一方で、イギリスの科学にはもう一つ、「practical といふ特徴」もあることを見逃していない。そして、師の寺田寅彦が、一九二四年に海軍の飛行船SS第三号が茨城県取手市上空で爆発した事故の原因を、巧みな実験で見事に解明したという話を紹介した上で、「此の頃の学者の中には純粋な学問上の研究を重視する余りこの話に出て来るやうな題目の研究は自分ではやらない許りでなく、他人の此の種の研究迄軽蔑的な目で見る人もあるやうな気がする」(「球皮事件」)と書いて、実際的な問題の解決を目指す、目的を持った研究にも関心を寄せている。

しかしこの頃の中谷は、基礎研究か応用研究かという形で両者を並置しており、「実際的な問題を解決するための基礎研究」という主張には、まだ至っていない。

「目的をもった研究」の実践

中谷が、目的をもった研究にのめり込んでいき、随筆や講演でそうした考えを語り始めるのは、一九三〇年代の末、凍上の問題に取り組む頃からである。そして一九四〇年代に入ると、飛行機への着氷を防ぐ研究や霧を消す研究など、軍からの依頼による、明確な目的をもった研究に没頭する。

軍は、何につけ、付け焼き刃的で場当たり的な、即効的な成果を求める。しかし中谷に言わせれば、基礎から攻めていくのが結局は早道である。だから、「目的をもった基礎研究」を推進する。

一九四〇年に行なった講演の中で、中谷はこんな事実を明かしている。九年前の一九三一年に「日本の飛行機の本当の意味での生みの親の一人ともいふべき人」が北大にやって来て、雪の中を飛行機が飛ぶときに起きる問題について研究してくれないかと持ちかけてきた。二年や三年で片付くような簡単な問題ではないからと断わったのだが、それでも「黙つて十年やつてみてくれといふ御話でした。それで御引受けした」。けれどもその後の一〇年間、「一度も催促がましい話」はなかったという。

これを読むと、一九三二年から始めた雪の研究が、すでに「目的をもった基礎研究」であったかのように見える。だが当初の段階では、それほど「目的」を意識してはいなかっただろう。むしろ次の発言が示すように、あとになってふり返ってみると、結局は雪中飛行に関する問題を解決するのに役だった、と解したほうがよさそうである。

私たちは、過去十年雪の研究をつづけて来た。はじめは雪の結晶を顕微鏡写真に撮って分類するというような単純な仕事から始めたのであるが、遂に人工的に、自由に雪の結晶を作るところまで進むことができたのである。この雪の研究に十年の年月をかけて来たことが、今日着氷の研究を割合に早く推し進め得た最も重要な要素となっているものと自分では思っている。事実この十年間の雪の研究は、結局雪中飛行をめざしていたのである。（『着氷』）*

＊樋口敬二は「行動的研究集団の系譜」のなかで、このくだりなども引用しつつ、中谷の雪の研究は雪中飛行という問題に対処しようとして始められた「問題解決型研究」だと述べている。それに対し私は、「目的をもった研究」という観念が中谷のなかで年代が経つにつれ次第に醸成されていくという点に注目し、雪の研究が初期から問題解決型だったとは考えない。

なお、「日本の飛行機の本当の意味での生みの親の一人ともいうべき人」とは、海軍の花島孝一であろう。先に記したように、中谷は一九三三年度から毎年度、海軍から委託研究費をもらっていた。

アメリカに触れて

中谷が「目的をもった基礎研究」を、実践するだけでなく、一つの思想として明確に語り始めるのは、戦後になってからである。それも、アメリカの事情を知るようになってからである。

たとえば『文藝春秋』一九五三年一〇月号に「民族の自立」と題した論説を寄せ、そのなかで、「アメリカ科学の本質は、実用と密接に結びついている点にある」、しかし「日本のいわゆる応用科学」と違って、「基礎的な研究も、その中には大いに含まれている」と指摘する。「この一年ばかり、アメリカの研究所［SIPRE］で、皆と一緒に仕事をしているうちに」、そのような考え方に落ちついたのだという。

もう少し前、一九五〇年にも、「アメリカでの基礎研究といふのは、或る目的をもつて、その目的を実現するために、研究を基礎的に行ふといふ意味に多く使はれてゐる」と指摘し、さらに「ウラニウム爆弾の完成などが、その最もはつきりした例である」と述べている。

こうした主張は、日本の科学者たちが「象牙の塔」に閉じこもり、科学の力で現実問題の解決に取り組もうとしないことへの苛立ちとつながっていた。水資源や水産資源など日本にある独自の資源を「科学の力で、九千万人の日本人が、この四つの島の中で自活して行け」るようにする、「［その］ために日本の科学は存在する」、だから自分は「国土の科学」や水産物理学を推進している、それなのに……、というわけである。

敗戦後まだ間もない時期にH・C・ケリーが語ったことにも、中谷は我が意を得たようだ。随筆「科学は役に立つか」で中谷が紹介しているところによると、理化学研究所を訪ねてきたケリーが科学者たちを前に、日本の復興のために力を尽くしてほしいという趣旨の話をした。するとこんな質問が出た。「しかし科学の本質は真理の探究にある、そういう純粋科学の研究を何パーセントぐらいと考えたらよいか」。これにケリーは、ただ一言、「ゼロ」と答えたというのだ。*じっさいケリーは、GHQ経済科学局に在任中一貫して、「このような時代に基礎研究は贅沢だ」と主張していたという、ディーズの証言もある。

＊ノースカロライナ州立大学のケリー・コレクションの中に、"Address Given at Dedication of the Science Research Institute, Ltd. by H. C. Kelly, 18 March 1948" と題された文書がある。中谷がここで紹介しているケリーによる講演の原稿ではないかと思われる。ただ中谷の記述と違い、理化学研究所の後継である科学研究所での講演となっている。

いかにも中谷らしい、こんな言いまわしの発言もある。「現在の日本に於ける科学の研究を見ると、その中には破産した家の娘が、琴と生花とを習っているように感ぜられるものが、相当ある。……家が破産して、明日食う米もなくなったときには、外にもっと緊急に為すべきことがある」。

もちろん、役に立つ科学を標榜するからといって基礎科学を軽視する、というつもりは中谷にない。「科学的研究を、基礎研究と実用研究とに分ける人がよくある。しかしこの分類は、全く意味をなさない。本当の実用は、基礎的研究によってのみ生まれるものだからだ。彼が言いたいのは、「人類のため、文化のため」になる具体的目標をもたない、「論文を書くための科学」ではいけないということである。

古典物理学も大切だ

「目的をもった科学」を重視せよという中谷の主張、象牙の塔に閉じこもるなという主張は、二〇世紀の半ばになった今もなお古典物理学が大切だという、中谷のもう一つの主張とつながっている。古典物理学とは、量子力学や相対性理論などが登場する前の物理学、二〇世紀初めまでに出来上がっていた物理学である。

中谷は戦前から、こう述べていた。相対性理論や量子力学が登場して以降のいわゆる現代物理学は、なるほど「物理学の本流」かもしれないが、当面の現実的な問題を解決するのに役立つのは、むしろ物理学の「古典的な部門」であり、「最先端の物理学の方面」であることは少ない。また「誤魔化しの理論でない限りは、非常に易しい場合が多い」、だから「誰が聞いても解る」古典的な物理学をもっと重視することで、「物の理をまともに見たり考へたりするのが物理」という「本来の姿」に戻し、工学や技術の方面でも物理学が重用されるようにすべきだというのである。

戦後ともなると、ますます古典物理学は隅に追いやられ、現代物理学が前面に出て来る。一九四九年に湯川秀樹がノーベル物理学賞を受賞するや、素粒子論が一躍脚光を浴びる。戦前から「専門家以外の人には絶対に分らないやうな難解な論文が沢山出て、それだけが物理学と思はれてゐる情勢」に警鐘を鳴らしていた中谷にすれば、苦々しい思いだったろう。

板倉聖宣《いたくらきよのぶ》がかつて、中谷についてこう述べた。「彼の物理学は物質の窮極構造へとつきすすむような今日の第一線の物理学の方向ではなく、むしろ応用的な実験物理学であった。その上彼の物理学は戦争中の軍事研究以来、たえず〝目的をもった研究〟としておしすすめられてきたのである」。

そして続ける。「彼の物理学のこのようなあり方が、……彼の合理性を実用主義的なものにおしとどめているのである(この点素粒子論など基礎的な研究にたずさわっている科学者と対照的である)」。

合理性が実用主義的であるとは、「社会そのもののあり方にまで立ち入って論じようと」しない、という意味である。また板倉が「素粒子論など基礎的な研究にたずさわっている科学者」として念頭においているのは、武谷三男である。武谷は戦前、湯川秀樹や坂田昌一らと素粒子論の研究に取り組み、戦後は『弁証法の諸問題』（一九五四年）を発表して颯爽と科学思想界にデビューしていた。

しかし中谷は、素粒子論など基礎的な研究に携わってさえいれば実用主義的でない合理性を身につけるかのような、こうした立論には承服できなかっただろう。

湯川と中谷

湯川秀樹は一九〇七年生まれだから、中谷より七歳年下である。その湯川と中谷は、まるで歩調を合わせるかのように、物理学者としての名声を築いてきた。

湯川は一九三五年に、「中間子」という素粒子が存在することを理論的に予言した。そして二年後の一九三七年に、実際に宇宙線の中に存在することが海外の研究者たちによって確認され、湯川の理論が一躍、世界の物理学者たちから注目を集めるようになった。一方の中谷は、一九三六年に人工雪の作成に成功し、その様子を映画「雪の結晶」に撮影して一九三九年に海外の学会で上映し、好評を博した。

二人はそれぞれの業績で、服部報公賞を一九三八年に揃って受賞する。そして学士院賞を、湯川は一九四〇年に、中谷は一九四一年に受賞する。

戦後、湯川は一九四八年に招かれて渡米し、一九五三年に帰国する。中谷も同年に渡米する予定だったが、ＧＨＱからの許可が遅れて一九四九年に出発、三ヶ月後に帰国する。

中谷が帰国して一ヶ月後、湯川は日本人として初めてノーベル賞を受賞する。それを報ずる読売新聞（一一月五日朝刊）は、湯川の一家三人と中谷が写った、ニューヨークでの写真を掲載した。中谷は二ヶ月前にニューヨークで湯川と数日を過ごしてきたばかりだったので、そのときの湯川の様子を紙面で報告してもいる。

中谷と湯川は、戦前の一九四〇年に湯川が北海道帝国大学に集中講義のためやって来たとき以来、親しく交際していた。たとえば翌四一年には、宇吉郎と静子が六甲の湯川家を訪れて一泊する。その折、宇吉郎が墨でコスモスを描き、そこに湯川スミ夫人が赤とんぼをあしらい、湯川秀樹が歓迎の俳句を賛した。ニューヨークで会ったときも、中谷と湯川は絵を描いて遊んだ。

こうして中谷は湯川と親しく付き合うのだが、物理学者どうしの付き合いではなかった。「同じ物理学とはいつても、私の方は、湯川さんとは全然専門が違ふし、それにあの難解な理論は、全くわからない。それで会つても、いつも物理の話はほとんどしない。いはば道楽の方での友達関係」を続けていたのだ。

そうした中谷であるが、物理学者の湯川に「大いに感心したことがあつた」と戦後に書いている。何かと言えば、一九四〇年に湯川が北大に講義に来たとき、「最尖端の原子核物理学ばかりでなく、力学や熱力学のやうな古典的の物理学も非常にしつかりしていた点である」。

湯川ともあろう人物に対し、古典的の物理学もしっかりしていたとは妙な気もするが、その真意は、古典物理学も本質的なところまでよく理解している、したがってその重要性もよく理解している、ということであろう。

ここには、中谷の複雑な思いが潜んでいるように、私には思われる。

先に述べたように、中谷は、理論物理学を志して理学部の物理学科に入学した。ところが寺田寅彦に実験の指導を受けたのが機縁となって、実験物理学に転向する。「運がよかつた」、と後に彼は書いている。実験物理のほうが性に合っていた、なぜなら「理論物理をやるには、無暗と頭がよくなければならないので、私などの柄にない話だから」。

しかし、「少し恥づかしい話であるが」と言いつつ、こうも告白している。雪の結晶についての研究で大きな成果を挙げつつあった一九三八年のことである。「この頃のやうに、物理学が飛躍的にどんどん進歩して行つては、物理を商売にしてゐる私などにも、専門違ひの理論物理学の先端的なところは、たうてい生かじりにもついて行けなくなつてしまつた」。「少し気を強くもてば、専門外のことだといつて済ませて置くこともできなくもないし、またそれで本統はかまはないのである」。

こう言いながらも、他方では、量子力学を理解するにはハイゼンベルグやディラックの本を丁寧に勉強すればいいのだろうが片手間では間に合いそうもない、と言う。現代物理学の最先端の情況について知らないまま「お茶を濁して」いることに、居心地の悪さを感じているのだ。「体裁」が悪いとも思っていた。

そして戦後の一九五四年には、純粋科学は「少数の優れた人たちに賦された本能」にしたがって研究が進んでいくのであり、湯川の場合がそのいい例だという。

脚光を浴びる理論物理学でなく実験物理学、それも古典物理学の範囲でやっていることに、引け目のようなものを中谷は感じている。それだけに、実験物理学や古典物理学だからといって価値の低いものではないと強く主張したくもなる。こうした心理が働いているように、私には思える。（もちろん、だからといって中谷の主張の価値が変わるわけではない）。

一九九〇年代のアメリカで、基礎研究と応用研究との関係について第二次大戦後に主流となった考え方（基礎研究から応用研究へ展開するという、いわゆるリニア・モデル）を見直す動きが出てきて、「用途に駆動された基礎研究」（use-inspired basic research）の重要性が言われるようになった。そしてわが国でも、「課題解決、目標達成の観点から必要となる基礎研究」「目的基礎研究」などの表現で、同趣旨のことが主張される。中谷が主張した「目的をもった基礎研究」は、こうした近年の動向と重なる部分を持つように思われる。

2　「軍事研究」をどう考えるか

戦時中の研究を後悔しない

中谷が戦後に書いた随筆や評論を読んで気がつくのは、戦時中に（軍から依頼を受けて）研究を行なっていたことについて、反省ないし後悔するような発言が見あたらないことである。むしろ、戦時中の研究について臆することなく語っている。

敗戦直後、中谷は大学から研究資料を全部焼けといわれたが、その命に反旗を翻し、自分の研究は後輩に伝えるものだと言ってそれを拒否した。そして、戦時中の霧を消す研究や凍上防止の研究などについて、一九五〇年頃から成果を雑誌などに順次、発表していった。中谷以外の多くの科学者が、戦時中に関わった軍事研究について口をつぐむことが多い（そうすることで忸怩たる思いを表現しているのかもしれない）のとは対照的である。

中谷のこうした態度・行動様式の背後には、基礎研究についての次のようなとらえ方があったと思われる。基礎的な研究は、つまるところ自然の本質を明らかにしようとするものであり、それ自体に善悪はない、そしていつの日にか人々の暮らしをよくすることに「役に立たぬ筈はない」。だから、基礎研究をやっていたのである限り、軍からの委託で研究をしていたにしても、反省したり後悔する必要はない。

興味深いことに、中谷の朋友高野與作も、敗戦時に同じような振る舞いをした。敗戦直後、関東軍司令官から、満鉄の鉄道関係の図面を焼却するよう命令されたが、彼はそれを拒否したのである。「たとえ死んでもそんなことはやるべきではない。エンジニアは建設するもので、決して破壊をしてはならない」と考えたのだ。おかげで、満鉄の技術が中国に継承された。

戦時中の研究が戦後にもつづく

中谷たちが敗戦の少し前に苫小牧飛行場で行なおうとした霧消しの実験を例にとってみよう。

それから二〇年近く経った一九六三年、中谷の弟子たちは、かつてと同じ方式で、つまり空気を加熱することで、霧を消す実験を行なった。

この一九六三年当時でも、望んだ時に確実に、かつ実用的なスケールで消散させるには「0℃以上の霧に対しては加熱法しか考えられな」かった。ただ燃料には、新しく普及し始めたプロパンガスを使った。これを使うと、短時間に多量のガスを完全燃焼させることがさほど困難でなく、燃料費も「決して高価なものでないこと」が、根室での観測データなどから理論的に予想できたからである。

夏に霧がかかることの多い千歳飛行場（いまの新千歳飛行場）で実用に供することを目標とし、千歳飛行場近くの旧陸軍沼ノ端飛行場跡地を使って、航空機が実際に離着陸する時に必要なスケールの四分の一で実験した。そして、「本試験の四倍の発熱能力があれば、千歳空港の夏の霧の障害は殆んど除去されるものと思われる」という結果を得た。この実験に対し日本航空工業会が資金援助を行ない、全日本空輸の美土路《みどろ》昌一《ますいち》（当時、同社会長）が支援していることから、航空業界からの期待もあったものと思われる。*

＊現実には、霧を人工的に消すのではなく、無線誘導で飛行機を安全に着陸させる方向に技術開発が進んだ。

こうした事情を考慮すると、根室での霧研究も苫小牧空港での霧消しの研究も、戦時中に軍からの依頼で行なわれた「軍事研究」ではあったが、あまり「軍事研究」らしさを感じさせない。平時においてもそのまま活用できる内容だった、あるいは平時に活用するための基礎研究だった、と考えることができるからである。

イギリスのＦＩＤＯ

とはいえ、戦争の推移を大きく左右しうる重大な軍事研究であったことも確かだと思われる。そのことは、中谷たちが目指したのと同じことを大規模に実施したイギリスのＦＩＤＯが、第二次世界大戦のとき対ドイツ戦でどんな役割を果たしたかを見てみればわかる。

ＦＩＤＯ《ファイドゥー》とは、Fog Investigation Dispersal Operation（霧研究消散作戦）である。滑走路に沿ってたくさんのバーナーを両側に並べ、そこにパイプでガソリンを送って火をつける。付近の気温を上昇させ、力づくで霧を晴らすというものだ。一九四三年秋頃からイギリス空軍の飛行場一〇箇所以上で実戦に使われ始めた。

ＦＩＤＯのおかげで、視界不良のため敵が戦闘機を飛び立たせないときでも、イギリスをはじめとする連合国軍は哨戒や空襲を実施したあと無事に帰還することができた。ドイツ軍のＵボートを探知するイギリス空軍沿岸防備隊の対潜哨戒機は、ＦＩＤＯを頻繁に利用した。

このＦＩＤＯのおかげで戦争の終結が二年早まり、一万人の航空兵の命が救われたとも言われる（これは過大評価だとする意見もある）。霧消しは、戦局を左右するような、重大な軍事技術になりえたのである。それでもなお、霧消しの研究は平時においてもそのまま活用できる基礎研究だったと言って済ませられるものだろうか。

中谷も、霧消しに大きな軍事的効果があることを確認していた。一九四五年六月二九日付の「同盟通信　海外通信版」を読んだ中谷は、「英国で私たちと全く同じ方法で霧を消してゐた」ことを知る。「戦争が更に二年継続するのを救ったのはＦＩＤＯである」と評価されていることも知った。

中谷は敗戦後の一〇月に「霧を消す話」を発表して、ＦＩＤＯの成功を詳しく紹介する。そして日本では、軍部が科学の力を信用せず、研究組織の運営も非能率であり、また資材も不足して十分に研究できなかったと批判する。霧消しのために炊く重油を、それもイギリスで使った量のわずか百分の一を手に入れるために、中谷自身がまる一日潰さなければならないという有り様だったのだ。

今もなお考えるべき問題

たしかに、霧消しは、戦場で敵を倒すための兵器ではない。しかし軍事研究とは人殺しの方法を研究するものだという理解では、軍事研究の範囲が狭すぎるだろう。今日の、ネットワークに対して行なわれるサイバー攻撃を考えてみれば分かるように。また、戦後の中谷のように「目的をもった基礎研究」と言うなら、基礎研究に携わる者もその「目的」の適否に関し責任を負うべきでないかとも思われる。

いずれにせよ、軍事研究（あるいは社会にとって害をもたらしかねない研究）に対し研究者はどう向き合うべきか、これは一筋縄では答えの出ない、しかし極めて重要な問題である。だからこそ米欧などで近年、「デュアル・ユース」という概念のもと、活発な議論が重ねられているのだろう。中谷のケースを、こうした議論の枠組みの中で捉え直してみるのも、有意義だと思われる。

3 「立派な人生だったよ」

やりたいことをやる

やりたいことをやり、書きたいことを書く。それが中谷の生き方であり中谷の魅力でもあった。私はそう思う。

やりたいことをやるには、仲間を集める必要があった。科学研究はいまや、たとえばファラデーが活躍した一九世紀半ば頃と違い、個人でなくチームで行なう活動になっていたからだ。

仲間を集めるにあたっては、中谷の生来の人柄がうまく働いた。大学生になったときすでに、「頭はいいし話は上手だし、何よりも人に接するときの明るさが、いつか中谷君を級の中心人物にした」(同級生の和達清夫)という人当たりの良さ。そして誰にも彼にも、「特に多くの弟子たちに対しては、指導した研究の上は申すに及ばず、個人的なことまで何くれとなく」(茅誠司)よくするという、面倒見の良さだ。岡潔の生活を助け、久徳通夫の出版活動を助けたところにも、それが現われている。

やりたいことをやるには、資金も集めなければならない。そこでは彼の培った人脈がものをいった。茅誠司と高野與作と中谷の、信頼と友情で結ばれたトライアングル、政財界につながりをもつ武見太郎との交友などだ。研究を陰で支えてくれた、財界の渋沢敬三や海軍の花島孝一などの存在も見逃せない。公的な研究助成の仕組みが今日ほど整っていなかった時代であれば余計に、人脈の果たす役割が大きかっただろう。

人脈づくりにあたっては、武見太郎との出会いのように、偶然も働いた。しかし、人とのそうした出会いを大切に育てていくところが、立派である。研究資金とは関係ないが、中谷は随筆の読者から寄せられた便りにも丁寧に対応している。

研究資金を集めるには、その研究に意義があると認めてもらう必要がある。そのためには、時代や社会の情勢を読み、それに合わせて研究テーマを設定する必要がある。敗戦後すぐに農業物理を提唱し、やがてそれをTVA型総合開発の基礎研究へと組み替えて「国土の科学」を提唱するあたり、さすがである。

人によってはそれを、御都合主義だとか、時流にのることだと批判するだろう。しかし、「役に立つ科学」を標榜する中谷にしてみれば、時流にのることは必ずしも悪くない。時流に合わせつつも、自分のやりたい内容をそこに盛り込み、実《じつ》を取る、そこが研究者としての腕の見せどころと言うだろう。

中谷の朋友小林勇も言う。「実際困っていることを解決するに役立つ研究をすれば研究の資金は出て来る。中谷さんはそういう才能に恵まれた人」だったと。

実績をアピールするのにも、臆するところがなかった。日本人には、自分を売り込むことを潔しとしない傾向があるが、中谷は違ったようだ。

一九四九年にアメリカを訪れ、サンフランシスコでエリザベス・マッキンノン（小樽高等商業学校（現小樽商大）の英語教師だったD・マッキンノンの娘）にほぼ八年ぶりに会ったときのことである。彼女がいま勤めているカリフォルニア大学東アジア図書館では、日本や中国の本を精力的に収集しているというので『雪の研究』を見せた。するとさっそく一冊註文すると言ってくれた。中谷曰く、「心臓の強いことは、アメリカでは不道徳の中にはひってゐないので、たいへん話がし易い」。

いや「実績をアピールした」とは言い過ぎかもしれない。わざわざアピールするまでもなく、つぎつぎ発表する随筆それ自体が、たとえ中谷の研究と関係のない内容であっても、「科学者 中谷宇吉郎」の広報メディアとして機能しただろうからだ。「戦後盛んに書き出した随筆が［研究の資金を引き出すのに」役立ったのだと思われる」と、小林勇も言う。

こうしたことを総合すると、中谷には実業家的な才覚があった、と言ってよいかもしれない。研究とは関係ないのだが、二女の芙二子がこんなエピソードを記している。

戦後、東京に自宅を構えるにあたり、中谷は地図で地勢を調べた。すると紹介された原宿の土地が、西に明治神宮の森、東に神宮外苑、北に新宿御苑と三方が緑に囲まれ、すぐ隣は東郷神社という場所にあった、それで即決した。こう語る中谷は少々得意げでもあり、「実業家になっても、多分成功していたね」と言ったという。

書きたいことを書く

中谷は、書きたいことを率直に書いた。

樋口敬二や半沢朔一郎によると、中谷は研究室のメンバーに日ごろから言っていたという。「悪びれずに研究せよ、厚かまし過ぎるなど考えないで前進せよ、憎まれっ子世にはびこるでも良いから独創的な研究をせよ」と。研究上の指針として語ったものだが、中谷はこれを執筆活動でも貫いたように思われる。

中谷は一九五九年に「文化の責任者」や「科学ブームへの苦言」を雑誌に発表し、これらは「私の数年来の考え方の総決算という意味をもたせた」もので、「文化人の一部の方たちには、失礼な言辞を弄した点があるかもしれないが、悪びれずに自分の考えを書いた」と言う。また「戦争前、戦時中、被占領時代、現在と、過去二十年間に亘って、書いたものは、いずれも現在でも訂正するつもりはない」とも言う。

こうした率直さは、気どることなくありのままに振る舞う、中谷の生まれながらの性格に由来するのではないかと、古市二郎は言う。

〝絵の展覧会をしたら如何〟といわれれば〝そう、それはよかろう〟とさっそく銀座のどまん中の画廊で個展を開いたり、……〝娘のピアノの腕前は、ほんとうに素晴らしいんだよ、一度聞かせてやろう〟というようなことを真顔で云われたり、とても我々なら、ちゅうちょするようなことを、悪びれず、素直にすんなり運んでしまう先生の性格は、……生得の人柄〔気どらないありのままの動き〕からきたものであろう。

中谷が亡くなって数年後、茅誠司が「忘れ得ぬ雪の科学者」という文を雑誌に寄せ、「生涯の友・中谷宇吉郎」を偲んだ。その中で茅は、「立派な業績を上げた中谷のことだから、いずれ低温科学研究所の所長になるものと誰もが思っていたのに、なることができなかった。たいへん遺憾である」という趣旨のことを書いている。

しかし、所長にならなかったおかげで、中谷らしく生きることができたのでは、と私は思う。所長ともなれば、組織の責任者として、組織の利害を考えて振る舞わなければならない。言いたいことを、飲み込まねばならぬこともあろう。中谷には、さぞかし息苦しいことになっただろう。

理不尽がまかり通る戦争一色の時代、自由にはなったものの何もかもが不足する敗戦後の時代、そして、東西冷戦を背景にした対立の時代、いずれも激烈な時代だった。でも中谷は、それぞれの時代を思う存分に生きたのだ。

逝去

一九六〇年一〇月、グリーンランドから戻った中谷は東大病院で診察を受け、前立腺がんと診断される。手術を受けて退院すると、母屋のつづきに「研究室」を新築し、北大から氷の研究資料を取り寄せて、氷の研究をまとめ始めた。*Snow Crystals* の姉妹編とする予定だった著作の執筆に取りかかったのである。

六一年の年末、正月のテレビ番組用に池田勇人《いけだはやと》首相と対談するため外出して風邪をひき、これ以後、床に伏せたままになってしまう。がんが骨髄に転移し、造血機能が冒されていた。

三月二八日、東大病院に緊急入院。四月一一日、ついに帰らぬ人となる。息を引きとるとき、高野與作が中谷の耳元で言った。「立派な人生だったよ」。

業績を記念して

宇吉郎の墓は、加賀市中島町の共同墓地にある。東に白山連峰を一望し、北に柴山潟を見ることのできる地である。

雪になぞらえた六角形の台座は、二女の芙二子がデザインしたもので、台座の側面には六種類の雪の結晶が掘られている。台座の周囲には黒い石が敷き詰められ、北極の海に浮かぶ単結晶の氷をイメージしたものだという。墓表は安倍能成、碑文は茅誠司による。

中谷が人工雪の作成に初めて成功した、北海道大学の常時低温研究室は、老朽化のため一九七八年に撤去されたが、翌年、跡地に記念碑が建てられた。六角平板状の雪結晶をかたどった白御影石に、共同研究者関戸弥太郎の筆で、「人工雪誕生の地」と彫られている。

生まれ故郷、石川県の片山津には、一九九四年、中谷宇吉郎雪の科学館が開館した。遺品や資料が集められ、中谷に関する数々の展示が行なわれている。

参考文献

※中谷の随筆は多くの場合、まず雑誌や新聞に発表され、その後、随筆集や著作集に収められた。そこで以下では、初出については年月のみを記し、↓の後にそれが収録された随筆集などを示した。

本書での略号

〈選集〉 中谷宇吉郎『中谷宇吉郎随筆選集』第一巻〜第三巻、朝日新聞社、一九六六年。〈選集〉二のように、〈選集〉のあとの数字で巻を示す。
〈随筆集〉 樋口敬二編『中谷宇吉郎随筆集』岩波書店、一九八八年。
〈集〉 中谷宇吉郎『中谷宇吉郎集』第一巻〜第八巻、岩波書店、二〇〇〇〜二〇〇一年。〈集〉八のように、〈集〉のあとの数字で巻を示す。
〈冬の華〉 中谷宇吉郎『冬の華』岩波書店、一九三八年。
〈樹氷〉 中谷宇吉郎『樹氷の世界』甲鳥書林、一九四三年。
〈小論集〉 中谷宇吉郎『科学小論集』生活社、一九四四年。
〈続冬の華〉 中谷宇吉郎『続冬の華』養徳社、一九五〇年。
〈アメリカ〉 中谷宇吉郎『知られざるアメリカ』文藝春秋新社、一九五〇年。
〈花水木〉 中谷宇吉郎『花水木　あめりか物語』文藝春秋新社、一九五〇年。

〈春艸〉　中谷宇吉郎『春艸雑記』生活社、一九四七年。
〈秋窓記〉　中谷宇吉郎『秋窓記』青磁社、一九四九年。
〈こころ〉　中谷宇吉郎『日本のこころ』文藝春秋新社、一九五一年。
〈唄〉　中谷宇吉郎『イグアノドンの唄』文藝春秋新社、一九五二年。
〈文化〉　中谷宇吉郎『文化の責任者』文藝春秋新社、一九五九年。
〈石黒資料〉　石黒忠篤資料、北海道大学大学文書館所蔵。農業物理研究所に関する文書、中谷宇吉郎から石黒忠篤宛の書簡、『石黒忠篤伝』を執筆するにあたっての取材メモなどが含まれる。
〈Church Papers〉 Papers of James Edward Church Collection No. NC96, Mathewson-IGT Knowledge Center, University of Nevada.
〈Kelly Papers〉 Harry Charles Kelly Papers, Special Collections Research Center, North Carolina State University Libraries, Raleigh, North Carolina.
〈Schaefer Papers〉 Vincent J. Schaefer Papers, 1891-1993. M. E. Grenander Department of Special Collections and Archives, University Libraries, University at Albany, State University of New York.

全体

『国史大辞典』吉川弘文館、一九七九―一九九七年。

『日本大百科全書』小学館、一九九四年。

大森一彦（編）『中谷宇吉郎　参考文献目録』中谷宇吉郎雪の科学館、二〇〇〇年。

大森一彦（編）『中谷宇吉郎　参考文献目録　補遺版（二〇一〇）』中谷宇吉郎雪の科学館、二〇一〇年。

茅誠司「忘れ得ぬ雪の科学者　生涯の友・中谷宇吉郎君のこと」『文藝春秋』五月号、一九六六年。

小林勇『彼岸花』文藝春秋、一九六八年。

東晃『雪と氷の科学者　中谷宇吉郎』北海道大学図書刊行会、一九九七年。

北海道大学『北大百年史　通説』ぎょうせい、一九八二年。

北海道大学『北大百年史　部局史』ぎょうせい、一九八〇年。

北海道大学低温科学研究所『運営委員会議事録』（北海道大学低温科学研究所所蔵）。

北海道大学『評議会記録』（北海道大学所蔵）。

北海道大学理学部『教授会議録』（北海道大学理学部所蔵）。

北大理学部五十年史編纂委員会『北大理学部五十年史』北海道大学理学部、一九八〇年。

朝日新聞、読売新聞

井上直一、東晃宛書簡（北海道大学大学文書館所蔵）。

中谷宇吉郎、井上直一宛書簡（中谷宇吉郎雪の科学館にて閲覧）。

中谷宇吉郎、東晃宛書簡および荒川淳・東晃・熊井基宛書簡（北海道大学大学文書館所蔵）。

第一章　出生から留学まで

太田文平『寺田寅彦回想』古川書房、一九八八年。

加賀市史編纂委員会『加賀市の歴史』加賀市役所、一九七八年。

中谷宇吉郎「九谷焼」（一九二四年）→〈冬の華〉、〈選集〉一、〈随筆集〉、〈集〉一。

中谷宇吉郎「御殿の生活」（一九二七年）→〈冬の華〉、〈選集〉一、〈集〉一。

中谷宇吉郎「リチャードソン」（一九三六年九月）→〈冬の華〉、〈選集〉一、〈集〉一。

中谷宇吉郎「真夏の日本海」(一九三八年五月)→〈続冬の華〉、〈選集〉一、〈集〉二。

中谷宇吉郎「『西遊記』の夢」(一九四三年一月)→〈樹氷〉、〈選集〉一、〈随筆集〉。

中谷宇吉郎「私の履歴書」(一九五一年八月)→〈唄〉、〈選集〉二、〈集〉六。

中谷宇吉郎「私の生まれた家」(一九六一年四月)→〈選集〉三、〈随筆集〉。

中谷宇吉郎著/藤城清治影絵『浦島太郎』暮しの手帖社、一九五一年(復刻版 二〇〇三年)。

中谷宇吉郎雪の科学館友の会『中谷宇吉郎ゆかりの地』中谷宇吉郎雪の科学館友の会、二〇〇〇年。

藤岡由夫『中谷宇吉郎――小伝と科学随筆抄』雷鳥社、一九六八年。

山下久男『中谷宇吉郎の幼少年時代』加賀市立図書館、一九七三年。

Duff, A. W., *Elementary Experimental Mechanics*, The MacMillan Company, 1905.

第二章　まだ平和な時代に

「解説」『中谷宇吉郎随筆選集　第一巻』朝日新聞社、一九六六年。

「事業報告」『理学部会誌』第一号、一九二四年。

相島敏夫「雪ひとすじの途に　故中谷宇吉郎博士アルバム」『科学朝日』二二巻七号、一九六二年。

井上直一『海にも雪があった』自費出版、一九九二年。

今村明恒『地震の理論と今回及び今後の東京地震』東京帝国大学理学部会、一九二四年。

川添登『今和次郎　その考現学』ちくま書房、二〇〇四年。

宮内庁(編修)『昭和天皇実録　巻二三　昭和十一年』『昭和天皇実録　巻二六　昭和十四年』。

小林勇『惜櫟荘主人　一つの岩波茂雄伝』岩波書店、一九六三年。

人工雪誕生の地記念碑建設期成会『人工雪誕生の地　北海道大学常時低温研究室小史』人工雪誕生の地記念碑建設期成会、一九七九年。

杉山滋郎『雪氷科学者・中谷宇吉郎の研究を歴史的・社会的な文脈に位置づけるための調査研究』（科学研究費研究成果報告書）、二〇一五年（http://hdl.handle.net/2115/59084）。

積雪地方農村経済調査所『積雪地方農村経済調査所報告　第三三号　昭和十三年度事業成績概要』積雪地方農村経済調査所、一九四〇年。

関戸弥太郎「はじめての人工雪」（その一～その三）『雪氷』四二巻四号、四三巻一号、四三巻二号、一九八〇―一九八一年。

高瀬正仁『評伝　岡潔――星の章』海鳴社、二〇〇三年。

高瀬正仁『評伝　岡潔――花の章』海鳴社、二〇〇四年。

武見太郎「中谷君と病気」『中谷宇吉郎随筆選集　第二巻　月報二』朝日新聞社、一九六六年。

多田元一『ひとすじの道』大日本図書、一九七七年。

谷川徹三、中谷宇吉郎、田口卯三郎「座談会　映画の未来」『キネマ旬報』再建第二七号（通巻第七六三号）、一九四八年。

天逸坊「理学部会の思出」『理学部会誌』第五号、一九二七年。

東宝映画文化部「雪の結晶」『ドキュメンタリー映像集成　文化・記録映画でよむ現代日本――四　科学と技術』（DVD）（社）映像文化製作者連盟／（株）紀伊國屋書店、二〇〇六年。

中根良平・仁科雄一郎・仁科浩二郎・矢崎裕二・江沢洋（編）『仁科芳雄往復書簡集』（Ⅰ、Ⅱ、Ⅲ、補巻）みすず書房、二〇〇六―二〇一一年。

中谷宇吉郎「地方講演旅行の記」『理学部会誌』第一号、一九二四年。

中谷宇吉郎「札幌」（一九三六年一〇月）→〈冬の華〉。

中谷宇吉郎「英国の物理学界と物理学者」（一九三七年一二月）→〈冬の華〉、〈選集〉一、〈集〉二。

中谷宇吉郎『雪』岩波書店、一九三八年。

中谷宇吉郎「映画を作る話」（一九三九年四月）→〈続冬の華〉、〈集〉三。

中谷宇吉郎『実験測定法』（『岩波講座　物理学』Ⅲ．A．）岩波書店、一九四〇年。

中谷宇吉郎「雪今昔物語」（一九四七年六月）→『楡の花』甲文社、一九四八年、〈選集〉二。

中谷宇吉郎「明室映写幕の話」（一九四七年一月）→『霧退治』岩波書店、一九五〇年。

中谷宇吉郎「光栄の雪」『ホームサイエンス』第三巻第一号、一九四八年。

中谷宇吉郎「ヂストマ退治の話」（一九四九）→〈こころ〉、〈選集〉二。

中谷宇吉郎「国際雪氷委員会のことなど」（一九四九年一二月）→〈花水木〉、〈集〉六。

中谷宇吉郎「「銭形平次」の研究」『文学界』四巻一〇号、一九五〇年。

日本雪氷協会「会告」『月報』第一巻第一号、一九三九年。

服部報公会『財団法人服部報公会六〇年小史』服部報公会、一九九〇年。

東晃『寒地工学基礎論』古今書院、一九八一年。

北海道大学理学部「昭和七年度　自然科学研究所創設概算要求書　附属参考書共」（北海道大学大学文書館所蔵）。

堀義路「電解に依る重水濃縮実験」『科学』第四巻第六号、一九三四年。

森田たま「ふるさとの雪」『針線余事』中央公論社、一九四二年。

和達清夫「偉大な「雪」の科学者」『中谷宇吉郎随筆選集　第三巻　月報三』朝日新聞社、一九六六年。

Nakaya, U., "Formation of snow-crystals in the mountains and in the laboratory in Japan (A sound film)",

Transactions, American Gophysical Union, 21(1), 1940, 97–99.
中谷宇吉郎、山口弘道宛書簡（雪の里情報館所蔵）。
〈Church Papers〉 NC96/4/81 and NC96/2/258.

第三章　戦争一色の時代に

「低温科学研究所新設参考書」『昭和十五年度概算参考資料』北海道帝国大学経理係、一九三九年。

『花島さんを偲ぶ』［出版者不明］、一九六六年。

安部信一「釧路地方の気象特性」『細氷』（日本気象学会北海道支部）、四二号、一九九六年。

荒川秀俊、上松清「日満国境附近にて遭遇せる飛行機凍結の現象」『航空気象報告』第四巻第一号、一九四〇年。

飯田泰三「解説　岩波茂雄と「岩波文化」の時代」『岩波茂雄への手紙』、二〇〇三年。

石川清『買いかぶられの記』機械社、一九五八年。

太田文平『寺田寅彦回想』古川書房、一九八八年。

小川清『線路のおもり』旭川鉄道管理局保線業務研究会、一九五六年。

小川新市「胆大智密の人」『高野與作さんの思い出』満鉄施設会、一九八二年。

茅誠司「寺田先生の正統を継ぐ弟子」『中谷宇吉郎随筆選集　第一巻　月報一』朝日新聞社、一九六六年。

菊地勝弘「ニセコ山頂着氷観測所」『天気』五三巻、二〇〇六年。

菊地勝弘「ニセコ着氷観測所実験機に関するその後の疑問」『雪氷』六九巻六号、二〇〇七年。

技術院研究動員会議『戦時研究六の二　千島、北海道の霧の研究　第一期』、一九四五年。

久野収「死中に活を求めて——一つの回想　岩波茂雄と岩波書店（六）」『図書』、一九九四年一月。

具嶋太三郎「高野與作氏を偲ぶ」『満鉄会報』第一三七号、一九八一年。

小林勇『惜櫟荘主人　一つの岩波茂雄伝』岩波書店、一九六三年。

小林勇『一本の道』岩波書店、一九七五年。

サントリー株式会社（編）『やってみなはれ　サントリーの七〇年　Ⅰ』サントリー株式会社、一九六九年。

菅谷重二「冬期高所観測基地としての雪洞並に天幕について」『低温科学』第一輯、一九四四年。

高野悦子『黒龍江への旅』新潮社、一九八六年（岩波現代文庫、二〇〇九年）。

武見太郎『戦前　戦中　戦後』講談社、一九八二年。

谷川徹三、井上靖『回想　小林勇』筑摩書房、一九八三年。

大道寺重雄「我国に於ける航空機への着氷の実例に就いて」『航空気象報告』第五巻第一号、一九四一年。

中谷宇吉郎「御殿の生活」（一九二七年）→〈冬の華〉、〈選集〉一、〈集〉一。

中谷宇吉郎「雑魚図譜」（一九三七年二月）→〈冬の華〉、〈選集〉一、〈集〉一。

中谷宇吉郎「霜柱と凍上の話」（一九三九年一二月）→〈続冬の華〉、〈選集〉一。

中谷宇吉郎「科学振興について」（一九四〇年八月）→〈小論集〉。

中谷宇吉郎「基礎的研究とその応用」（一九四〇年八月）→〈小論集〉。

中谷宇吉郎「大陸通信」（一九四〇年一〇月）→（表題を「満洲通信」と変更）〈集〉三。

中谷宇吉郎『雷の話――雷の電気はどうして起るか』岩波書店、一九四一年。

中谷宇吉郎「低温科学と諸問題」『技術研究』北部軍技術研究会、第二輯、一九四二年。

中谷宇吉郎『寒い国』岩波書店、一九四三年→〈集〉三。

中谷宇吉郎「千里眼其の他」（一九四三年三月）→〈春艸〉、〈選集〉二、〈随筆集〉、〈集〉四。

中谷宇吉郎「永久凍土地帯」（一九四五年）→〈春艸〉、〈選集〉二、〈集〉四。

中谷宇吉郎「研究難物語」(一九四五年三月)→〈春艸〉。

中谷宇吉郎「硝子を破る者」(一九四七年)→〈春艸〉、〈随筆集〉。

中谷宇吉郎「八月三日の夢」(一九四七年)→〈春艸〉、〈選集〉二。

中谷宇吉郎「黒い月の世界」(一九五七年八月)→〈選集〉三、〈集〉八。

中谷宇吉郎「低温科学研究所設立経過」《中谷ノート》(中谷宇吉郎雪の科学館にて閲覧)。

中谷宇吉郎、菅谷重二「永久凍土層調査報告」『低温科学』第二号、一九四九年。

中谷宇吉郎、岡田鴻記、菅谷重二「木造高山観測所の設計及び建設」『低温科学』第二輯、一九四九年。

中谷静子「高野家とのご縁」『高野與作さんの思い出』満鉄施設会、一九八二年。

ニセコ町百年史編さん委員会(編)『ニセコ町百年史』(上・下)ニセコ町、二〇〇二年。

日産車体株式会社社史編纂委員会『日産車体三十年史』日産車体株式会社、一九八二年。

日本学術振興会『特別及ビ小委員会ニヨル総合研究ノ概要』第五回(一四年度)、一九四〇年。

日本学術振興会『特別及ビ小委員会ニヨル総合研究ノ概要』第七回(一六年度)、一九四二年。

日本学術振興会雷災防止第九特別委員会『雷の研究』電気書院、一九五〇年。

日本航空学術史編集委員会『日本航空学術史(一九一〇―一九四五)』日本航空学術史編集委員会、一九九〇年。

日本国有鉄道北海道総局『ニセコの歩み』日本国有鉄道北海道総局、一九七四年。

花島孝一「三鷹随想」『逓信協会雑誌』第三七八号、一九四〇年。

原口征人「鉄道技術における列車凍上害への対策の変遷」『土木史研究』第二二号、二〇〇二年。

原口征人「凍上害に対する鉄道および道路対策技術の展開」『土木史研究 講演集』第二三巻、二〇〇三年。

原田千三『雪・氷・凍土』(『ロシア土木工学の研究』第三輯)丸善、一九四三年。

孫野長治「黒岩大助氏の死を悼む」『天気』三一巻四号、一九八四年。

満鉄施設会『高野與作さんの思い出』満鉄施設会、一九八二年。

森淳子「北海道の鉄道のはさみ木作業記録から見る凍上対策の進展」『北海道地理』第八一号、二〇〇六年。

吉田順五「広視角回転写真機による電光の研究」『気象集誌』第二輯、第二一巻第二号、一九四三年。

大阪毎日新聞。


中谷宇吉郎、岩波茂雄宛書簡（岩波書店所蔵）。

中谷宇吉郎、武見太郎宛および牧野伸顕宛書簡（牧野伸顕関係文書（書翰の部）、国立国会図書館所蔵）。

第四章　貧しくも希望に満ちた時代に

「衆議院厚生委員会議事録」一九五〇年一〇月三日。

「参議院厚生委員会議事録」一九五一年五月八日。

「衆議院災害対策特別委員会　会議録」一九六九年九月三日。

『村の科学』創刊号～第二六号、村の科学刊行会（のち村の科学社）、一九四六～一九四九年。

『雪晴れ』［中谷宇吉郎研究室］、一九四六～四九年（北海道大学大学文書館所蔵）。

安芸皎一『日本の資源問題』古今書院、一九五二年。

井口昌平「貯水池の幾つかの問題」『生産研究』第四巻第八号、一九五二年。

石井素介「第二次大戦後の占領下日本政府部内における「資源」政策研究の軌跡――経済安定本部資源調査会における〈資源保全論〉確立への模索体験」『駿台史学』第一三八号、二〇一〇年。

巌谷大四『瓦版　戦後文壇史』時事通信社、一九八〇年。

太田更一「最近のダム埋没論議」『資源』一〇号、一九五二年。

科学技術庁資源調査会三十年史編集委員会『資源調査会三十年史』社団法人資源協会、一九七八年。

茅誠司「寺田先生の正統を継ぐ弟子」『中谷宇吉郎随筆選集　第一巻　月報二』朝日新聞社、一九六六年。

茅誠司「序文にかえて　高野與作氏と中谷君」『高野與作さんの思い出』満鉄施設会、一九八二年。

久徳通夫『職業軍人』採光社、一九五六年。

経済安定本部資源調査会、北海道庁（編）『大雪山積雪水量及び流出調査』、一九四九年。

経済安定本部資源調査会『水文学資料の欠陥に関する報告』（資源調査会報告第九号）、一九五一年。

小島直記『松永安左エ門の生涯』「松永安左エ門伝」刊行会、一九八〇年。

佐々光典「先生の本をめぐる思い出」『中谷宇吉郎随筆選集　第三巻　月報三』朝日新聞社、一九六六年。

サントリー株式会社『日々新たに　サントリー百年誌』サントリー株式会社、一九九九年。

資源委員会『資源委員会月報』資源委員会。

資源委員会「資源委員会委員懇談会議事録」資源委員会。

資源委員会『資源委員会年次報告　昭和二三年度』資源委員会。

資源調査会「第十五、十六、十七回資源調査会会議議事抄録」資源調査会。

篠崎平馬「「ダムの埋没」を読む」福島民友、一九五一年一一月一九日。

新川敏光「新潟県における開発型政治の形成――初代民選知事岡田正平とその時代」『法政理論』（新潟大学法学会）二七（三、四）、一九九五年。

菅井準一「人柄のにじみでた見聞・随筆／中谷宇吉郎著『知られざるアメリカ』」日本読書新聞、八〇六号、一九五五年七月一八日。

杉山滋郎『北の科学者群像　［理学モノグラフ］一九四七―一九五〇』北海道大学図書刊行会、二〇〇五年。

竹前栄治（監修）『GHQ指令総集成』エムティ出版、一九九三―一九九四年。

武見太郎『戦前　戦中　戦後』講談社、一九八二年。

田中義一『国土開発の構想　日本のＴＶＡと米国のＴＶＡ』東洋経済新報社、一九五二年。

寺田寅彦『物理学序説』岩波書店、一九三八年。

寺田寅彦『物理学序説』久徳通夫、一九四六年。

中谷宇吉郎「自由学園自然科学グループの「霜柱の研究」に就いて」『婦人之友』三一（八）、一九三七年。

中谷宇吉郎「流言蜚語」（一九四五年九月）→〈春艸〉、〈随筆集〉、〈集〉四。

中谷宇吉郎「科学と秘密」『ホームサイエンス』創刊号、一九四六年。

中谷宇吉郎『農業物理学雑話』生活社、一九四六年。

中谷宇吉郎「硝子を破る者」（一九四七年）→〈春艸〉、〈随筆集〉。

中谷宇吉郎『国土の科学』財団法人農業物理研究所、一九四八年。

中谷宇吉郎「光栄の雪」『ホームサイエンス』第三巻第一号、一九四八年。

中谷宇吉郎「大雪山の積雪調査」（一九四八年九月）→〈唄〉。

中谷宇吉郎ほか「日本のバックボーン――日本の新しい愛国独立の精神は何か？（座談会）」『文藝春秋』三月号、
一九五一年。

中谷宇吉郎「ダムの埋没」（一九五一年一〇月）→〈唄〉。

中谷宇吉郎「治山の科学」（一九五一年一二月）→〈唄〉。

中谷宇吉郎「雪は資源である」（一九五二年四月）→〈唄〉、〈選集〉二、〈集〉五。

中山茂「戦争関連学科の整理始末」『［通史］日本の科学技術』第一巻、学陽書房、一九九五年。

日本科学芸術協会『科学と芸術』第一巻第一～四号、一九四六年。

日本農業研究所（編著）『石黒忠篤伝』岩波書店、一九六九年。

農業物理研究所「寄附金内訳書　昭和二十一年二月末日現在」〈石黒資料〉。

農業物理研究所「寄附受領書」、一九四六年二月一日〈石黒資料〉。

農業物理研究所（編）『水害の総合的研究――石狩川上流氾濫の第一回調査報告』柏葉書院、一九四八年。

農業物理研究所『農業物理研究所概要』、［一九四六年］。

［農業物理研究所］「寒地農業研究所案」〈石黒資料〉。

福島民報社（編）『只見川　その自然と電源開発の歴史』福島民報社出版局、一九六四年。

藤岡由夫『中谷宇吉郎――小伝と科学随筆抄』雷鳥社、一九六八年。

北海道大学百二十五年史編集室（編）『北大百二十五年史』北海道大学、二〇〇三年。

宮本硬一「わが国農業物理学の系譜（五）」『農業技術』七月号、一九八七年。

吉川幸次郎「かなづかい論――一古典学者の発言」『中央公論』六六（九）、一九五一年。


中谷宇吉郎、石黒忠篤宛書簡〈石黒資料〉。

第五章　新しい世界へ

赤瀬川原平『戦後腹ぺこ時代のシャッター音――岩波写真文庫再発見』岩波書店、二〇〇七年。

阿部知二「新刊紹介」『新女苑』一月号、一九三九年。

井上直一「海中探測球」『科学朝日』八月号、一九四九年。

井上直一『海にも雪があった』［自費出版］、一九九二年。

井上直一教授退官記念会『潜水艇くろしお号』井上直一教授退官記念会、一九七三年。

伊福部昭「北の譜　伊福部昭」『私のなかの歴史　七』北海道新聞社、一九八七年。

上田誠吉『ある北大生の受難　国家秘密法の爪痕』朝日新聞社、一九八七年。

宇田道隆『海に生きて――海洋研究者の回想』東海大学出版会、一九七一年。

小川清『線路のおもり』旭川鉄道管理局保線業務研究会、一九五六年。

小口八郎「中谷先生の随筆」『北大季刊』第二三号、一九六二年。

北村喜八「「キュリー夫人」を上演する迄」『科学知識』第二〇巻第二号、一九四〇年。

北村喜八「戯曲キュリー夫人――五幕二十場」『科学ペン』第五巻第一号、第二号、一九四〇年。

草壁久四郎『映像をつくる人と企業――岩波映画の三十年』みずうみ書房、一九八〇年。

宮内庁（編修）『昭和天皇実録　巻三八　昭和二四年』。

経済安定本部資源調査会、北海道庁（編）『大雪山積雪水量及び流出調査』、一九四九年。

高野悦子『私のシネマライフ』岩波書店、二〇一〇年。

都留重人「高野さんの思い出」『高野與作さんの思い出』満鉄施設会、一九八二年。

ディーズ（笹本征男訳）『占領軍の科学技術基礎づくり　占領下日本一九四五―一九五二』河出書房新社、二〇〇三年。

登川直樹「〝霜の花〟について」『映画春秋』（映画春秋社）第一九号、一九四八年一〇月。

中根良平・仁科雄一郎・仁科浩二郎・矢崎裕二・江沢洋（編）『仁科芳雄往復書簡集』（Ⅲ）みすず書房、二〇〇七年。

中谷宇吉郎「科学者の夢／十勝岳から　雪の化石」（一九三五年一一月）↓〈選集〉一、〈集〉一。

中谷宇吉郎「札幌」（一九三六年一〇月）↓〈冬の華〉。

中谷宇吉郎「『キュリー夫人傳』の上演について」（［一九三九年］）↓〈秋窓記〉。

中谷宇吉郎「大謀網」（一九三九年一月）↓〈続冬の華〉、〈集〉二。

中谷宇吉郎「キュリー夫人傳」（書評）朝日新聞、一九三九年一月四日↓〈選集〉一。

中谷宇吉郎「映画を作る話」（一九三九年四月）↓〈続冬の華〉、〈集〉三。

中谷宇吉郎「欠航」（一九三九年七月）↓〈続冬の華〉。

中谷宇吉郎「科学映画の一考察」（一九四〇年五月）↓〈小論集〉、〈随筆集〉、〈集〉三。

中谷宇吉郎「永久凍土地帯」（一九四五年）↓〈春艸〉、〈選集〉二、〈集〉四。

中谷宇吉郎「アラスカ通信」（一九四九年七月）↓〈花水木〉、〈選集〉二、〈集〉六。

中谷宇吉郎「コロラド通信」（一九四九年七月）↓〈花水木〉、〈選集〉二、〈集〉六。

中谷宇吉郎「シカゴの牛乳会社」（一九四九年八月）↓〈花水木〉。

中谷宇吉郎「大学と大学町」（一九四九年八月）↓〈花水木〉。

中谷宇吉郎「アメリカの婦人生活」（一九四九年一一月）↓〈花水木〉。

中谷宇吉郎「国際雪氷委員会のことなど」（一九四九年一二月）↓〈花水木〉、〈集〉六。

中谷宇吉郎「日本家庭の象徴」（一九四九年一二月）↓〈花水木〉。

中谷宇吉郎「空の御馳走」（一九五〇年二月）↓〈花水木〉。

中谷宇吉郎「老齢学」（一九五〇年二月）↓〈花水木〉、〈選集〉二。

中谷宇吉郎「ネバダ通信」（一九五〇年三月）↓〈花水木〉、〈選集〉二、〈集〉六。

中谷宇吉郎「雪の化石」（一九五〇年三月）↓〈花水木〉。

中谷宇吉郎「アメリカの旅」（一九五〇年四月）↓〈花水木〉。

中谷宇吉郎「映画教育について」（一九五一年一月）↓〈こころ〉。

中谷宇吉郎「或る牛乳工場の思い出」（一九五五年）↓『百日物語』文藝春秋新社、一九五六年。

中谷宇吉郎「映画『キュリー夫人』について」（発表年月不明）↓〈秋窓記〉。

中谷宇吉郎、花島政人『霜の花』甲文社、一九五〇年。

中谷宇吉郎、花島政人『雪の結晶』（岩波写真文庫　七）岩波書店、一九五〇年。

中谷芙二子「原宿の家」『中谷宇吉郎ゆかりの地』中谷宇吉郎雪の科学館友の会、二〇〇〇年。

日本映画社「映画界初の朝日文化賞受賞」（広告）『映画春秋』第二三号、一九四九年三月。

農林省農業総合研究所『雪に関する研究懇談会記録』農林省農業総合研究所、一九五一年。

羽仁進「記録映画の特殊な発展」『レンズからみる日本現代史』現代思潮社、一九五四年。

樋口敬二「雪の結晶の観察と記録」『気象研究ノート』第十三巻一号、一九六二年。

フレミング（鬼澤忍訳）『気象を操作したいと願った人間の歴史』紀伊國屋書店、二〇一二年。

逸見勝亮「宮澤弘幸・レーン夫妻軍機保護法違反冤罪事件再考——北海道大学所蔵史料を中心に」『北海道大学文書館年報』第五号、二〇一〇年。

真木太一（ほか）編『人工降雨　渇水対策から水資源まで』技報堂出版、二〇一二年。

吉原順平『日本の産業技術映画』第一法規出版、一九八九年。

Butterfield, R., "Nevada's Fantastic Snow Man", *Saturday Evening Post*, January 28, 1950.
Department of Defense, "Project Cirrus", *Bulletin of the American Meteorological Society*, 31, 1950.
Dolezel, E. J., Cunningham, R. M., and Katz, R. E., "Progress in Icing Research", *The Bulletin of the American Meteorological Society*, 27(6), 1946.
Yukawa, H. and Nakaya, U., a postcard to Dees, B. C., 1949. 9. 4 〈Kelly Papers〉.
Larsson, B. and Zekria, D., "Airline Timetable Images", http://www.timetableimages.com/
Schaefer, V. J., "Making Snow", filmed by Bierwert, T. L., [1947], https://www.youtube.com/watch?v=

2D5s2FlA_5k
Schaefer, V. J., "The Natural and Artificial Formation of Snow in the Atmosphere", *Transactions, American Geophysical Union*, 29(4), 1948.
Schaefer, V. J., "The Formation of Ice Crystals in the Laboratory and in the Atmosphere", *Chemical Reviews*, 44(2), 1949.
Suzuki, N. and Kato, K., "Studies on Suspended Materials *Marine Snow* in the Sea; Part 1. Sources of *Marine Snow*", *Bulletin of the Faculty of Fisheries Hokkaido University*, 4(2), 1953.

中谷宇吉郎、都留重人宛書簡（一橋大学経済研究所所蔵「都留重人名誉教授寄贈資料」）。
〈Church Papers〉 NC96/2/259 and NC96/2/260.
〈Schaefer Papers〉

第六章　対立の時代に

会田軍太夫「中谷宇吉郎の本質——長岡博士は大阪商人と評したが?」『人物往来』第四巻第一〇号、一九五五年一〇月。

家永三郎「国史教科書改訂に因んで」『村の科学』第一巻第七号、一九四六年一一月。

家永三郎「中谷宇吉郎氏に答える」『週刊朝日』第六〇巻第五一号、一九五五年。

池島信平「理想的な寄稿家」『中谷宇吉郎随筆選集　第三巻　月報三』、一九六六年。

市川純彦「大学の知恵／中谷教授の一文に対する感想」北海道大学新聞、三九三号、一九五四年四月二〇日。

大野陽朗「中谷先生への公開質問状／庶民は軍事研究を恐れている」北海道大学新聞、三九九号、一九五四年一一月一五日。

黒岩大助「北大における雪氷学」『北大百年史　通説』ぎょうせい、一九八二年。

小出博「研究者の自主性を――外国の援助を受ける前に」朝日新聞、一九五四年一〇月二九日。

小林勇「中谷さんの絵と随筆」『中谷宇吉郎随筆選集　第二巻　月報二』、一九六六年。

小林英夫『満州と自民党』新潮社、二〇〇五年。

佐々木一郎「中谷論文と開発計画」（上下）北海タイムズ、一九五七年四月一〇日、一一日。

産業計画会議（編）『北海道の開発はどうあるべきか』ダイヤモンド社、一九五七年。

菅井準一「人柄のにじみでた見聞・随筆／中谷宇吉郎著『知られざるアメリカ』」日本読書新聞、八〇六号、一九五五年七月一八日。

西人「米空軍からの研究費／中谷教授の場合」『週刊朝日』第五九巻第二四号、一九五四年。

田中浩朗「科学技術行政機構の確立」『[通史] 日本の科学技術』第二巻、学陽書房、一九九五年。

都留重人「ジャーナリズム批判に誇張はないか／九月号総合雑誌から」毎日新聞、一九五五年八月二五日。

都留重人「自然科学と社会科学の間　自己の発言についての社会的責任を意識して欲しい！」『文藝春秋』四月号、一九五六年。

朝永振一郎「暗い日の感想」『自然』第九巻第八号、一九五四年。

中谷宇吉郎、茅誠司、辰沼広吉、花島政人、串田孫一「開かれる極地／南極とマナスルと」（座談会）ＮＨＫ新聞、一九五五年一二月一八日。

中谷宇吉郎「アメリカの旅」（一九五〇年四月）→〈花水木〉。

中谷宇吉郎「ダムの埋没」（一九五一年一〇月）→〈唄〉。

中谷宇吉郎「男女同権の国――アメリカからの手紙」（一九五二年六月）→〈アメリカ〉。

中谷宇吉郎「米もらうよりまし」朝日新聞、一九五四年一〇月二四日。

中谷宇吉郎「ウィネツカの冬」（一九五四年一二月）→〈アメリカ〉、〈選集〉三、〈集〉六。

中谷宇吉郎「軍事研究とは何か」『北大季刊』第七号、一九五五年。

中谷宇吉郎「動力革命と日本の科学者」（一九五五年六月）→〈文化〉、〈選集〉三。

中谷宇吉郎「宿題「日本はどうなるか」」（一九五五年九月）→〈文化〉。

中谷宇吉郎「日本人の「憂ふべき常識」――見解はいくつあらうが、事実は一つしかない」（一九五五年一二月）→〈文化〉。

中谷宇吉郎「現実逃避の精神について」（一九五六年四月）→〈文化〉。

中谷宇吉郎「北海道開発に消えた八百億円――われわれの税金をドブにすてた事業の全貌」（一九五七年四月）→〈文化〉、〈集〉八。

中谷宇吉郎「総合開発は如何にあるべきか――北海道開発計画を例として」（一九五七年六月）→〈文化〉。

中谷宇吉郎『北極の氷』宝文館、一九五八年。

中谷宇吉郎「文化の責任者」（一九五九年一月）→〈文化〉。

中谷宇吉郎『太陽は東から出る』新潮社、一九六一年。

ハルバースタム『ザ・コールデスト・ウインター　朝鮮戦争』（上・下）文藝春秋、二〇〇九年。

福島要一「薄氷をふむ思い」朝日新聞、一九五四年一〇月二四日。

伏見康治「原子力平和攻勢にどう対処するか」『中央公論』六月号、一九五五年。

松永安左エ門『八十青年の欧米視察録』経済往来社、一九五六年。

宮原将平「平和の科学と戦争の科学――中谷教授へ呈す」『北大季刊』第七号、一九五五年。

民主主義科学者協会札幌支部（小林英夫）『低温研究所をめぐる軍事研究――中谷宇吉郎博士のうごきを中心に」

『国民の科学』（民主主義科学者協会）第一号、一九五五年。

油井大三郎、古田元夫『第二次世界大戦から米ソ対立へ』（世界の歴史　二八）中央公論新社、二〇〇八年（一九九八年）。

吉岡斉「原子炉開発利用の本格的展開」『[通史] 日本の科学技術』第三巻、学陽書房、一九九五年。

和田春樹『朝鮮戦争全史』岩波書店、二〇〇二年。

東京新聞、東京日日新聞、毎日新聞。

Chicago Daily News (1954. 3. 25).
Lubbock Evening Journal (1954. 3. 26).

"Cryological Research Facilities in North America", *SIPRE Report 6,* SIPRE, 1951.
"Japanese Snowman", *Idaho State Journal* (1952. 6. 9), *Santa Cruz Sentinel* (1952. 6. 10), and *Arizona Daily Sun* (1952. 8. 8).
"Minutes of SIPRE Snow Compaction Conference, 4-5 September 1952", SIPRE, 1952.
"Snow Compaction (With an Introduction by Dr. Ukichiro Nakaya)", *SIPRE Report No. 13,* SIPRE, 1953.
Appleman, R. E., *Escaping the Trap ; The US Army X Corps in Northeast Korea, 1950,* Texas A&M University Press, 1990.
CRREL, *CRREL's First 25 Years, 1961-1986,* 1986.
Flint, R. F., "Snow, Ice and Permafrost in Military Operations", *SIPRE Report 15,* SIPRE, 1953.
Larsson, B. and Zekria, D., "Airline Timetable Images", http://www.timetableimages.com/

Nakaya, U. and Matsumoto, A., "Evidence of the Existence of a Liquidlike Film on Ice Surface", *Research Paper 4*, SIPRE, 1953.
Nakaya, U., "Formation of Snow Crystals", *Research Paper 3*, SIPRE, 1954.
Nakaya, U., "Snow Crystals and Aerosols", *Journal of the Faculty of Science, Hokkaido University. Ser. 2, Physics*, 4(6), 1955.
Nakaya, U., "Properties of Single Crystals of Ice, Revealed by Internal Melting", *Research Paper, 13*, SIPRE, 1956.
University of Minnesota, "Interim Report to Snow, Ice and Permafrost Research Establishment", *SIPRE Report 1*, SIPRE, 1950.

第七章　氷の世界へ

朝日新聞社南極学術探険事務局（編）『ＩＧＹ南極観測事業報告』（上巻下巻）朝日新聞社南極学術探険事務局、一九六〇年。

内田亨「中谷君の思い出」『北大季刊』第二三号、一九六二年。

熊井基「国際人としての中谷先生」『北大季刊』第二三号、一九六二年。

小林勇『一本の道』岩波書店、一九七五年。

杉山滋郎、樋口敬二へのインタビュー（名古屋市内にて）、二〇一四年一二月八日。

鳥居鉄也（編）『南極外史』日本極地研究振興会、一九八一年。

中谷宇吉郎「比較科学論」（一九三八年一一月）→〈選集〉三、〈随筆集〉、〈集〉七。

中谷宇吉郎「研究難物語」（一九四五年三月）→〈春艸〉。

中谷宇吉郎「百回の随筆」（一九五五年）→『百日物語』文藝春秋新社、一九五六年。

中谷宇吉郎「現実逃避の精神について」（一九五六年四月）→〈文化〉。

中谷宇吉郎「白い月の世界」（一九五七年一一月）→〈選集〉三、〈集〉八。

中谷宇吉郎「ジャーナリズムと科学」（一九五八年四月）→〈文化〉。

中谷宇吉郎「南極・北極・熱帯の雪」（一九五八年四月）→〈選集〉三、〈集〉八。

中谷宇吉郎「科学ブームへの苦言」（一九五九年四月）→〈文化〉、〈選集〉三。

中谷宇吉郎『中谷宇吉郎画集』中央公論美術出版、一九七九年。

西堀栄三郎『南極越冬記』岩波書店、一九五八年。

半沢朔一郎『巨木・茅さん　異色の東大元学長』茅先生の御仕事をまとめる会／茅先生米寿祝賀会発起人会、一九八五年。

樋口敬二『雪と氷の世界から』岩波書店、一九八五年。

古市二郎「よき時代の先生と学生——中谷先生のある思い出」『北大季刊』第二三号、一九六二年。

Bader, H., “U. S. Polar Snow and Ice Studies in the International Geophysical Year”, Presented at a Special Meeting of the U. S. National Committee for the IGY, June 27–29, 1957.
Dansgaard, W., *Frozen Annals ; Greenland Ice Sheet Research, Section of Glaciology,* Niels Bohr Institute, 2005.
Grant, S. D., *Polar Imperative ; A History of Arctic Sovereignty in North America,* Douglas & McIntyre, 2010.
Langway, C. C. Jr., “A 400 meter deep ice core in Greenland, preliminary report”, *Journal of Glaciology,* 3,

1958.
Langway, C. C. Jr., *The History of Early Polar Ice Cores*, CRREL, 2008.
Neftel, A., Oeschger, H., Schwander, J., Stauffer, B., & Zumbrunn, R., "Ice Core Sample Measurements Give Atmospheric CO_2 Content During the Past 40,000yr", *Nature*, 295, 1982.
Peterson Air Force Base, "Welcome to Thule 'The top of the world'", http://www.peterson.af.mil/shared/media/document/AFD-100412-027.pdf
Ragle, R. H., "Polar Glaciology Study Course", *SIPRE Special Report 26*, SIPRE, 1958.
Signal Corps Pictorial Center, "Operation Blue Jay – 1953 United States Military Educational Documentary", United States Army, https://www.youtube.com/watch?v=5t7ekdKIne8

第八章　終章

板倉聖宣「中谷宇吉郎とその科学観／常識より先に出ぬ／与党的科学論を代弁する評論家」図書新聞、一九五八年三月一五日。

茅誠司、上田良二、樋口敬二「科学の原点と発展」（対談）『交流』（中部電力株式会社）九号、一九八三年。

高野悦子『黒龍江への旅』新潮社、一九八六年（岩波現代文庫、二〇〇九年）。

中谷宇吉郎「雪雑記」（一九三七年一一月）→〈冬の華〉、〈選集〉一、〈随筆集〉、〈集〉一。

中谷宇吉郎「英国の物理学界と物理学者」（一九三七年一二月）→〈冬の華〉、〈選集〉一、〈集〉二。

中谷宇吉郎「球皮事件」（一九三八年一月）→〈冬の華〉、〈選集〉一、〈集〉一。

中谷宇吉郎「物理学の歩み　藤岡由夫著『現代の物理学』」（一九三八年一二月）→〈秋窓記〉。

中谷宇吉郎「基礎的研究とその応用」（一九四〇年八月）→〈小論集〉。

中谷宇吉郎「物理学者の立場——我田引水の話」（一九四一年一月）→〈小論集〉、〈選集〉一。

中谷宇吉郎『霜柱と凍上』生活社、一九四五年。

中谷宇吉郎「私の履歴書」（一九五一年八月）→〈唄〉、〈選集〉二、〈集〉六。

中谷宇吉郎「民族の自立」（一九五三年一〇月）→『民族の自立』新潮社、一九五三年。

中谷宇吉郎「霧を消す話」（一九四五年一〇月）→〈春艸〉、〈選集〉二、〈集〉四。

中谷宇吉郎「書籍の周辺」（一九四九年一二月）→〈花水木〉。

中谷宇吉郎「水爆と原爆」（一九五〇年四月）→〈こころ〉。

中谷宇吉郎「科学は役に立つか」（一九五四年一一月）→〈文化〉、〈選集〉三。

中谷宇吉郎「文化の責任者」（一九五九年一月）→〈文化〉。

中谷宇吉郎『着氷』中谷宇吉郎雪の科学館友の会、二〇一二年。

中谷静子「高野家とのご縁」『高野與作さんの思い出』満鉄施設会、一九八二年。

中谷芙二子「原宿の家」『中谷宇吉郎ゆかりの地』中谷宇吉郎雪の科学館友の会、二〇〇〇年。

樋口敬二「行動的研究集団の系譜」『専門家集団の思考と行動』岩波書店、一九九九年。

藤岡由夫『中谷宇吉郎——小伝と科学随筆抄』雷鳥社、一九六八年。

古市二郎「よき時代の先生と学生——中谷先生のある思い出」『北大季刊』第二三号、一九六二年。

フレミング（鬼澤忍訳）『気象を操作したいと願った人間の歴史』紀伊國屋書店、二〇一二年。

孫野長治、菊地勝弘、遠藤辰雄、李柾雨「プロパンガス加熱法による霧の人工消散実験」『北海道大学地球物理学研究報告』二五巻、一九七一年。

和達清夫「偉大な「雪」の科学者」『中谷宇吉郎随筆選集　第三巻　月報三』朝日新聞社、一九六六年。

Banks, D., *Flame Over Britain ; A Personal Narrative of Petroleum Warfare*, Sampson Low, 1946.
Stokes, D. E., *Pasteur's Quadrant ; Basic Science and Technological Innovation*, Brookings Institution Press, 1997.
Tucker, J. B. (ed.), *Innovation, Dual Use, and Security*, The MIT Press, 2012.
中谷宇吉郎、武見太郎宛書簡（牧野伸顕関係文書（書翰の部）、国立国会図書館所蔵）。

あとがき

中谷宇吉郎の生涯について詳しく知りたい、そう思ったのは二〇〇〇年ごろだったと思う。大森一彦氏の手になる『中谷宇吉郎 参考文献目録』を見て、中谷は、一般に考えられているような単なる「雪の研究者」ではなく、多岐にわたる研究活動を行ない、社会的な発言も数多くしていると知ったからである。北海道大学に勤めているのだから、調べを進めるうえで地の利があるとも思った。しかし、それにしても彼の書き遺した文章は数が多く、内容も多岐にわたる。そのため手をつけかね日々の仕事にかまけるうちに、一〇年余りも経ってしまった。定年を迎えてようやくまとまった時間を手にし、こうしてそれなりの形にまとめることができたという次第である。

私は、中谷宇吉郎の謦咳に接したこともなければ、低温科学の研究者でもなく、一介の科学史研究者でしかない。それだけに思わぬ誤解や見落としがあるのではと怖れる。その反面、中谷から距離のある人間だからこそ気づくことのできた部分もあるのではと思う。本書をきっかけに、中谷宇吉郎、さらには日本の科学史に関心を寄せる人が増えてくれれば嬉しい。

科学者は、社会からの需《もとめ》にどう応えればよいのか、社会とどう関わり、どう情報発信していけばよいのか。中谷の生涯は、こうした点についても私たちに考えさせてくれる。したがって本書がもし、一科学者の評伝という枠を越え、「科学者と社会との関《コミュニケーション》わりを考える」という観点からも読まれるならば、私にとっては望外の幸せである。

本書の執筆にあたっては、多くの方々や機関にお世話になった。

北海道大学の庶務課、大学文書館、理学部、低温科学研究所には、会議録など公文書の閲覧について、便宜を図って頂いた。

以下の図書館や資料室などでは、貴重な資料を閲覧させて頂いた（順不同）。北海道大学の附属図書館や各部局の図書室、総合博物館（旧中谷研究室）、一橋大学経済研究所資料室、東京大学図書室（理学部、経済学部）、工学院大学図書館（今和次郎コレクション）、学習院女子大学図書館（高橋新太郎文庫）、自由学園図書館・資料室、中谷宇吉郎雪の科学館、雪の里情報館、野村胡堂・あらえびす記念館、岩波書店、国立国会図書館、防衛省防衛研究所資料室、宮内庁情報公開室、日本農業研究所、北海道立図書館（北方資料室）、横浜市史資料室（安芸皎一文書）、ネバダ大学図書館、ニューヨーク州立大学図書館、ノースカロライナ州立大学図書館、イリノイ大学図書館（歴史哲学新聞資料室）。

以下の方々には、貴重な資料の利用について便宜を図って頂いたり、各種のご教示を頂いたり、あるいは図の作成に力添えを頂いた（敬称略。所属や肩書はいずれも当時）。荒木賢治（雪の里情報館館長）、大津珠子（北海道大学 CoSTEP 特任准教授）、神田健三（中谷宇吉郎雪の科学館前館長）、周程（北京大学教

授）、樋口敬二（名古屋大学名誉教授）、荻原正三（工学院大学名誉教授）、松枝大治（北海道大学名誉教授）、村上民（自由学園図書館・資料室）、藤田良治（北海道大学総合博物館助教）、山崎敏晴（中谷宇吉郎雪の科学館友の会会員）。

柳瀬昇氏（日本大学法学部准教授）にはミネルヴァ書房の東寿浩氏を紹介していただき、その東氏には面倒な編集作業に手を煩わせた。

皆様に厚くお礼を申し上げたい。

二〇一五年六月

杉山滋郎

中谷宇吉郎関連年譜

和暦	西暦	齢	関係事項	一般事項
明治三三	一九〇〇	0	**7・4**石川県江沼郡作見村字片山津（現在の加賀市片山津温泉）に、父卯一、母てるの長男として誕生。	鉄道唱歌（東海道編）が流行る。
三九	一九〇六	6	大聖寺町にある母の実家三森家に預けられ、京逵幼稚園に通う。	夏目漱石「坊ちゃん」を発表。
四〇	一九〇七	7	大聖寺町立錦城尋常高等小学校に入学。浅井一毫の家に預けられる。	尋常小学校（義務教育）四年と高等小学校二年。四一年度から尋常小学校が六年制に。
四一	一九〇八	8	松見助五郎の家に預け変えられる。向かいにあった「御殿」（前田利鬯の別宅）に親しく出入りする。	
大正二	一九一三	13	**3月**小学校を卒業。**4月**父卯一死去。石川県立小松中学校に入学し、寄宿舎生活。	**4月**北陸本線、米原・直江津間全通。
七	一九一八	18	**3月**小松中学校を卒業。**7月**第四高等学校（金沢）の受験に失敗。のち東京の予備校に通う。	**11月**第一次世界大戦おわる。
八	一九一九	19	**4月**第四高等学校に入学し、金沢市寺町に下宿。弓	

			術部に入る。	
一一	一九二二	22	3月第四高等学校を卒業。4月東京帝国大学理学部物理学科に入学。弟治宇二郎も東洋大学予科に入学、一家は上京して下谷数寄屋町に住む。	12月ソ連邦（ソビエト社会主義共和国連邦）成立。
一二	一九二三	23		9月関東大地震。
一四	一九二五	25	3月大学を卒業。4月理化学研究所の寺田寅彦研究室の助手となり、電気火花などを研究。	4月治安維持法公布。
昭和二	一九二七	27	10月北海道帝国大学に新設される理学部の教授候補者となる。11月藤岡作太郎の長女（藤岡由夫の妹）、綾子と結婚。	7月岩波文庫、発刊。
昭和三	一九二八	28	2月文部省在外研究員として留学に出発。4月ロンドン着。5月夫人綾子、ジフテリアで死去。	10月ソ連、第一次五カ年計画を開始。
四	一九二九	29	3月留学中の仕事をまとめた論文の原稿が完成。4月ロンドン滞在を短縮し、ベルリンを経て、パリへ。5月パリの日本館に滞在中、岡潔が来訪して同館に入居。7月弟の治宇二郎が考古学研究のためパリに来る。11月茅誠司とともにヨーロッパ各地を旅行。	10月世界恐慌はじまる。この年の流行語「大学は出たけれど」「緊縮」「モダンライフ」。
五	一九三〇	30	2月ヨーロッパ留学から、アメリカを経由して帰国。4月北海道帝国大学理学部助教授。	4月ロンドン（海軍軍縮）条約に調印
六	一九三一	31	2月京都帝国大学から理学博士の学位を得る。5月	9月満洲事変はじまる。

七	一九三二	32	寺垣丹蔵の長女静子と結婚。3月教授に昇任。	3月満洲国、建国宣言を発表。
九	一九三四	34	7月茅誠司とともに満洲に出張。	11月満鉄、大連・新京間に特急あじあ号運転開始。
一〇	一九三五	35	12月恩師の寺田寅彦が死去。	2月湯川秀樹、中間子論を発表。
一一	一九三六	36	1月常時低温研究室が完成。3月雪の結晶の人工製作に成功。6月日食観測のイギリス隊をサポートする。10月人工雪の実験を天覧に供する。衰弱が著しく、家族とともに伊豆の伊東で療養生活を始める。	2月二・二六事件。11月日独防共協定、ベルリンで調印。
一二	一九三七	37		7月盧溝橋で日中両軍衝突（日中戦争の発端）。
一三	一九三八	38	8月北大病院に再検査のため入院。小林勇に紹介され慶応大学の小泉丹の診断を受け、肝臓ジストマとわかる。助手の武見太郎の治療を受ける。9月最初の随筆集『冬の華』を岩波書店より出版。10月服部報公賞を受賞。11月岩波新書で『雪』を出版。	2月岩波文庫社会科学関係書目二八点など、自発的休刊を強要される。4月国家総動員法公布。
一四	一九三九	39	7月東宝文化映画「雪の結晶」が完成。9月にワシントンで開催された国際雪委員会の大会で上映後、寄贈。8月札幌市南四条西十六丁目に自ら設計したペチカ暖房の家が完成し、伊東から一家揃って札幌	9月第二次世界大戦はじまる。10月映画法（事前検閲、文化映画強制上映など）施行。

			に戻る。9月岩波新書で『雷』を出版。	
一五	一九四〇	40	6月北大に臨時講義に来た湯川秀樹が肺炎にかかり、中谷の家で一ヶ月ほど静養する。7月前橋で雷の観測。8月凍上調査のために満洲へ出張。10月森田たまらが常時低温研究室の見学に来訪。この頃から低温科学研究所の建設工事が始まる。	2-3月津田左右吉事件。9月日独伊三国同盟。10月大政翼賛会が発会。
一六	一九四一	41	1〜2月北海道内各地で凍上の発掘調査。2月ニセコアンヌプリの山腹で着氷の観測。3月凍上調査のために満洲へ出張。5月「雪に関する研究」で帝国学士院賞を受賞。11月低温科学研究所の官制が公布される。12月『雷の話』を出版。	4月日ソ中立条約。7月関東軍特種演習。12月太平洋戦争はじまる。
一七	一九四二	42	2月ニセコで樹氷の観測。9月満洲に出張し、永久凍土地帯を調査する。12月『雪の研究』を脱稿し岩波書店に渡す（戦災で焼失）。	6月ミッドウェー海戦、戦局の転機となる。
一八	一九四三	43	6月『寒い国』を出版。9月ニセコ山頂に着氷観測所が完成。その後、飛行機が頂上に運び上げられる。満洲へ出張。	5月アリューシャン列島のアッツ島で二千五百名玉砕。
一九	一九四四	44	6月根室で霧の研究を開始。	7月東条内閣総辞職。
二〇	一九四五	45	7月苫小牧飛行場で霧消しの実験。10月低温科学研究所がアメリカ軍に接収される。	8月終戦。12・14北大は石炭不足のため翌年3・14まで冬期休

				業。
二一	一九四六	46	2月財団法人農業物理研究所を創始する。その後、『農業物理学雑話』を発表。11月長男の敬宇が病没。	2月ＮＨＫラジオで「英語会話」が放送開始。春 食糧難で京浜地方の餓死者千三百人。
二二	一九四七	47	8月忠別川の洪水調査を行なう。	10月東京地裁の山口良忠判事がヤミを拒否、配給食糧だけで生活して餓死。
二三	一九四八	48	3月大雪山忠別川流域の積雪水量調査を行なう。資源委員会の委員に就任。5月ごろ冊子『国土の科学』をまとめる。	12月アメリカ政府がＧＨＱを通して日本政府に経済安定九原則の実施を指示。
二四	一九四九	49	1月映画「霜の花」が朝日賞を受賞。3月『雪の研究』を岩波書店から出版。4月低温科学研究所の兼任教授を辞して理学部専任となる。映画プロダクション「中谷研究室」を立ち上げる。7月～10月カナダとアメリカの各地を訪問。	7月ＣＩＥ顧問イールズが新潟大学で共産主義教授追放を講演。10月中華人民共和国が誕生。
二五	一九五〇	50	5月岩波映画製作所が発足し、顧問となる。8月農業物理研究所を解散。	2月マッカーシー旋風はじまる。6月朝鮮戦争はじまる。
二六	一九五一	51	8月潜水探測機くろしお号に試乗する。11月「ダムの埋没」を発表。	「逆コース」「社用族」「ＢＧ」が流行語となる。
二七	一九五二	52	6月ＳＩＰＲＥ（雪氷永久凍土研究所）に招かれ、	4月講和条約、日米安全保障条

			二年間アメリカで氷の研究を行なう。	約が発効。
二九	一九五四	54	3月英文の書 *Snow Crystals* をハーバード大学出版局から刊行。4月毎日新聞に「ちえのない人々」を発表。5月米軍資金による研究の是非が問題となる。	3月ビキニ環礁でのアメリカの水爆実験により第五福竜丸が「死の灰」を浴びる。
三〇	一九五五	55	3月米空軍研究所の委託研究費により、雪の結晶に関する実験的研究を運輸技術研究所の低温室で始める。4月南極観測隊派遣事業について、朝日新聞社からの求めに応じて助言。9月「宿題、日本はどうなるか」を発表。	自由民主党と日本社会党による二大政党体制（五五年体制）ができる。
三二	一九五七	57	4月「北海道開発に消えた八百億円」を発表。6月アメリカへ出張、アメリカの国際地球観測年の遠征隊に参加してグリーンランドへ調査に行く。	10月ソ連、人工衛星スプートニク一号打ち上げに成功。
三三	一九五八	58	4月「ジャーナリズムと科学」を発表。7月アメリカとグリーンランドに出張。	12月東京タワーが完成。
三四	一九五九	59	1月「文化の責任者」を発表。2月アメリカのＳＩＰＲＥに出張、グリーンランドで氷の研究。4月銀座の文春画廊で小林勇と絵の二人展を開く。	2月日本原子力学会設立（会長茅誠司）。4月皇太子結婚式、これを機に白黒テレビが普及。
三五	一九六〇	60	5月東京の霞山荘で還暦祝賀会が開かれ「助六」を踊る。6月アメリカのＳＩＰＲＥとグリーンランドに出張。10月武見太郎の勧めで東大病院に入院、前	日米安保条約の改定をめぐり世論が割れる。6・23新安保条約批准書交換、発効。

			立腺がんの手術を受ける。	
三六	一九六一	61	4月文春画廊で小林勇と二回目の二人展を開く。11月原宿の家に書斎を増築し、研究資料の整理を指揮する。12月池田首相とNHK新春番組のための対談を収録する。	8月ベルリンの壁が構築される。この年、坂本九「上を向いて歩こう」が流行。
三七	一九六二		3月東大病院に入院。4・11骨髄炎のため死去、享年六一歳。正三位勲一等に叙せられる。4・14青山斎場において葬儀が行なわれる。	2月農業人口が全労働力の三割を切る。10月キューバ危機。

※この年譜の作成にあたっては、以下を参考にした。神田健三編「中谷宇吉郎年譜」『中谷宇吉郎集』第八巻、岩波書店。『近代日本総合年表』第三版、岩波書店。家庭総合研究会編『昭和家庭史年表』河出書房新社。

人名索引

あ 行

か　行

さ　行

た　行

な　行

は　行

ま　行

や　行

ら　行

わ　行

事項索引

あ 行

か 行

さ　行

た　行

な　行

は　行

ま　行

や　行

ら　行

わ　行

アルファベット

《著者紹介》

杉山滋郎（すぎやま・しげお）

1950年　生まれ。

東京大学大学院理学系研究科科学史・科学基礎論専攻博士課程満期退学，博士（学術）東京工業大学。

現　在　筑波大学講師，北海道大学理学部助教授，教授，CoSTEP 代表（兼任）を経て北海道大学名誉教授。

著　書　『日本の近代科学史』朝倉書店，1994年（2010年新装版）。

『北の科学者群像』北海道大学図書刊行会，2005年。

『科学技術社会論の技法』（共著）東京大学出版会，2006年，など。

訳　書　『物理学者たちの20世紀――ボーア，アインシュタイン，オッペンハイマーの思い出』（共訳）朝日新聞社，2004年，など。

ミネルヴァ日本評伝選

中谷《なかや》　宇吉郎《うきちろう》

――人の役に立つ研究をせよ――

2015年７月10日　初版第１刷発行　〈検印省略〉

定価はカバーに表示しています

著　者　杉　山　滋　郎

発行者　杉　田　啓　三

印刷者　江　戸　宏　介

発行所　株式会社　ミネルヴァ書房

607-8494　京都市山科区日ノ岡堤谷町１

電話代表（075）581-5191

振替口座　01020-0-8076

共同印刷工業・新生製本

ISBN978-4-623-07413-6

Printed in Japan

刊行のことば

歴史を動かすものは人間であり、興趣に富んだ人間の動きを通じて、世の移り変わりを考えるのは、歴史に接する醍醐味である。

しかし過去の歴史学を顧みるとき、人間不在という批判さえ見られたように、歴史における人間のすがたが、必ずしも十分に描かれてきたとはいえない。二十一世紀を迎えた今、歴史の中の人物像を蘇生させようとの要請はいよいよ強く、またそのための条件もしだいに熟してきている。

この「ミネルヴァ日本評伝選」は、正確な史実に基づいて書かれるのはいうまでもないが、単に経歴の羅列にとどまらず、歴史を動かしてきたすぐれた個性をいきいきとよみがえらせたいと考える。そのためには、対象とした人物とじっくりと対話し、ときにはきびしく対決していくことも必要になるだろう。

今日の歴史学が直面している困難の一つに、研究の過度の細分化、瑣末化が挙げられる。それは緻密さを求めるが故に陥った弊害といえるが、その結果として、歴史の大きな見通しが失われ、歴史学を通しての社会への働きかけの途が閉ざされ、人々の歴史への関心を弱める危険性がある。今こそ歴史が何のためにあるのかという、基本的な課題に応える必要があろう。評伝という興味ある方法を通じて、解決の手がかりを見出せないだろうかというのも、この企画の一つのねらいである。

狭義の歴史学の研究者だけでなく、多くの分野ですぐれた業績をあげている著者たちを迎えて、従来見られなかった規模の大きな人物史の叢書として、「ミネルヴァ日本評伝選」の刊行を開始したい。

平成十五年（二〇〇三）九月

ミネルヴァ書房

ミネルヴァ日本評伝選

企画推薦
梅原　猛
ドナルド・キーン
佐伯彰一
角田文衞

監修委員
上横手雅敬
芳賀　徹

編集委員
石川九楊
伊藤之雄
猪木武徳
今谷　明
今橋映子
熊倉功夫
佐伯順子
坂本多加雄
武田佐知子
竹西寛子
西口順子
兵藤裕己
御厨　貴

上代

*俾弥呼　古田武彦
日本武尊　西宮秀紀
*仁徳天皇　若井敏明
雄略天皇　吉村武彦
*蘇我氏四代　遠山美都男
推古天皇　義江明子
聖徳太子　仁藤敦史
斉明天皇　武田佐知子
小野妹子・毛人　大橋信弥
*額田王　梶川信行
弘文天皇　遠山美都男
天武天皇　新川登亀男
持統天皇　丸山裕美子
阿倍比羅夫　熊田亮介
*藤原四子　木本好信
柿本人麿　古橋信孝
*元明天皇・元正天皇　渡部育子
聖武天皇　本郷真紹
光明皇后　寺崎保広
*孝謙・称徳天皇　勝浦令子
藤原不比等　荒木敏夫
橘諸兄・奈良麻呂　遠山美都男
吉備真備　今津勝紀
*藤原仲麻呂　木本好信
道　鏡　吉川真司
*藤原種継　木本好信
大伴家持　和田　萃
*行　基　吉田靖雄

平安

*桓武天皇　井上満郎
嵯峨天皇　西別府元日
宇多天皇　古藤真平
醍醐天皇　石上英一
村上天皇　京樂真帆子
花山天皇　上島　享
*三条天皇　倉本一宏
藤原薬子　中野渡俊治
小野小町　錦　仁
藤原良房・基経　瀧浪貞子
菅原道真　竹居明男
*紀貫之　神田龍身
源高明　所　功
*安倍晴明　斎藤英喜
藤原実資　橋本義則
*藤原道長　朧谷　寿
藤原伊周・隆家　倉本一宏
藤原定子　山本淳子
紫式部　竹西寛子
和泉式部　ツベタナ・クリステワ
大江匡房　小峯和明
*阿弖流為　樋口知志
坂上田村麻呂　熊谷公男
*源満仲・頼光　元木泰雄
平将門　西山良平
藤原純友　寺内　浩
空　海　頼富本宏
最　澄　吉田一彦
円　珍　岡野浩二
*空　也　石井義長
奝　然　上川通夫
*源　信　小原　仁
慶滋保胤　吉原浩人
*後白河天皇　美川　圭
式子内親王　奥野陽子
建礼門院　生形貴重
藤原秀衡　入間田宣夫
平時子・時忠　元木泰雄
平維盛　根井　浄
守覚法親王　阿部泰郎
藤原隆信・信実　山本陽子

鎌倉

源頼朝　川合　康
*源義経　近藤好和
源実朝　神田龍身
九条兼実　加納重文
九条道家　上横手雅敬
北条時政　野口　実
熊谷直実　佐伯真一
*北条政子　関　幸彦
北条義時　岡田清一
曾我十郎・五郎　杉橋隆夫
北条時頼　山本隆志
北条時宗　近藤成一
安達泰盛　山陰加春夫
平頼綱　細川重男
竹崎季長　堀本一繁
西　行　光田和伸
藤原定家　赤瀬信吾
*京極為兼　今谷　明
*兼　好　島内裕子
重　源　横内裕人
*運　慶　根立研介
快　慶　井上一稔

法然 今堀太逸
慈円 大隅和雄
明恵 西山　厚
親鸞 末木文美士
恵信尼・覚信尼 西口順子
覚如 今井雅晴
*道元 船岡　誠
叡尊 細川涼一
*忍性 松尾剛次
*日蓮 佐藤弘夫
一遍 蒲池勢至
夢窓疎石 原田正俊
*宗峰妙超 竹貫元勝

南北朝・室町

後醍醐天皇 上横手雅敬
護良親王 新井孝重
*赤松氏五代 渡邊大門
*北畠親房 岡野友彦
楠正成 兵藤裕己
*新田義貞 山本隆志
*光厳天皇 深津睦夫
足利尊氏 市沢　哲
佐々木道誉 下坂　守
円観・文観 田中貴子
足利義詮 早島大祐
足利義満 川嶋將生
足利義持 吉田賢司
足利義教 横井　清
大内義弘 平瀬直樹
伏見宮貞成親王 松薗　斉
*山名宗全 山本隆志
細川勝元・政元 古野　貢
日野富子 脇田晴子
世阿弥 西野春雄
雪舟等楊 河合正朝
宗祇 鶴崎裕雄
*満済 森　茂暁
一休宗純 原田正俊
蓮如 岡村喜史

戦国・織豊

北条早雲 家永遵嗣
*毛利元就 岸田裕之
毛利輝元 光成準治
*今川義元 小和田哲男
*武田信玄 笹本正治
*武田勝頼 笹本正治
*真田氏三代 笹本正治
*三好長慶 天野忠幸
*宇喜多直家・秀家 渡邊大門
*上杉謙信 矢田俊文
島津義久・義弘 福島金治
長宗我部元親・盛親 平井上総
吉田兼倶 西山　克
山科言継 松薗　斉
*雪村周継 赤澤英二
正親町天皇・後陽成天皇 神田裕理
織田信長 三鬼清一郎
豊臣秀吉 藤井讓治
*北政所おね 田端泰子
*淀殿 福田千鶴
前田利家 東四柳史明
*黒田如水 小和田哲男
*蒲生氏郷 藤田達生
*細川ガラシャ 田端泰子
伊達政宗 伊藤喜良
*支倉常長 田中英道
*長谷川等伯 宮島新一
顕如 神田千里
教如 安藤　弥

江戸

徳川家康 笠谷和比古
*徳川家光 野村　玄
徳川吉宗 横田冬彦
*後水尾天皇 久保貴子
光格天皇 藤田　覚
崇伝 杣田善雄
春日局 福田千鶴
宮本武蔵 渡邊大門
*池田光政 倉地克直
保科正之 八木清治
シャクシャイン 岩崎奈緒子
*田沼意次 藤田　覚
*二宮尊徳 小林惟司
末次平蔵 岡美穂子
*高田屋嘉兵衛 生田美智子
*林羅山 鈴木健一
吉野太夫 渡辺憲司
中江藤樹 辻本雅史
*山崎闇斎 澤井啓一
山鹿素行 前田　勉
*北村季吟 島内景二
伊藤仁斎 澤井啓一
貝原益軒 辻本雅史
松尾芭蕉 楠元六男
*ケンペル B・M・ボダルト＝ベイリー
新井白石 大川　真
荻生徂徠 柴田　純
*雨森芳洲 上田正昭
石田梅岩 高野秀晴
前野良沢 松田　清
平賀源内 石上　敏
本居宣長 田尻祐一郎
杉田玄白 吉田　忠
木村蒹葭堂 有坂道子
*大田南畝 沓掛良彦
菅江真澄 赤坂憲雄
*鶴屋南北 諏訪春雄
良寛 阿部龍一
*山東京伝 佐藤至子
*滝沢馬琴 高田　衛
平田篤胤 山下久夫
シーボルト 宮坂正英
本阿弥光悦 岡　佳子
小堀遠州 中村利則
狩野探幽・山雪 山下善也
尾形光琳・乾山 河野元昭
*二代目市川團十郎 田口章子
伊藤若冲 狩野博幸
鈴木春信 小林　忠
*佐竹曙山 成瀬不二雄
葛飾北斎 岸　文和
酒井抱一 玉蟲敏子
孝明天皇 青山忠正
*和宮 辻ミチ子
徳川慶喜 大庭邦彦
島津斉彬 原口　泉

*古賀謹一郎　小野寺龍太
永井尚志　高村直助
*栗本鋤雲　小野寺龍太
西郷隆盛　家近良樹
*塚本明毅　塚本　学
*月　性　海原　徹
*吉田松陰　海原　徹
*高杉晋作　海原　徹
久坂玄瑞　一坂太郎
ペリー　遠藤泰生
ハリス　福岡万里子
オールコック　佐野真由子
アーネスト・サトウ　奈良岡聰智
緒方洪庵　米田該典
冷泉為恭　中部義隆

近代

*明治天皇　伊藤之雄
*大正天皇　F・R・ディキンソン
*昭憲皇太后・貞明皇后　小田部雄次
大久保利通　三谷太一郎
山県有朋　鳥海　靖
木戸孝允　落合弘樹
井上　馨　伊藤之雄
*松方正義　室山義正
北垣国道　小林丈広
板垣退助　小川原正道
長与専斎　笠原英彦
大隈重信　五百旗頭薫
伊藤博文　坂本一登
井上　毅　大石　眞
*井上　勝　老川慶喜
*桂　太郎　小林道彦
渡辺洪基　瀧井一博
*乃木希典　佐々木英昭
*児玉源太郎　小林道彦
*高宗・閔妃　木村　幹
山本権兵衛　室山義正
*金子堅太郎　松村正義
高橋是清　鈴木俊夫
小村寿太郎　簑原俊洋
*犬養　毅　小林惟司
*加藤高明　櫻井良樹
加藤友三郎・寛治　麻田貞雄
牧野伸顕　小宮一夫
田中義一　黒沢文貴
内田康哉　高橋勝浩
石井菊次郎　廣部　泉
平沼騏一郎　堀田慎一郎
鈴木貫太郎　小堀桂一郎
宇垣一成　北岡伸一
*宮崎滔天　榎本泰子
*浜口雄幸　川田　稔
幣原喜重郎　西田敏宏
関　一　玉井金五
水野広徳　片山慶隆
広田弘毅　井上寿一
安重根　上垣外憲一
*グルー　廣部　泉
*永田鉄山　森　靖夫
東條英機　牛村　圭
今村　均　前田雅之
蔣介石　劉　岸偉
石原莞爾　山室信一
木戸幸一　波多野澄雄
*岩崎弥太郎　武田晴人
伊藤忠兵衛　末永國紀
五代友厚　田付茉莉子
大倉喜八郎　村上勝彦
*安田善次郎　由井常彦
渋沢栄一　武田晴人
益田　孝　鈴木邦夫
山辺丈夫　宮本又郎
武藤山治　阿部武司・桑原哲也
西原亀三　森川正則
小林一三　橋爪紳也
大倉恒吉　石川健次郎
大原孫三郎　猪木武徳
*河竹黙阿弥　今尾哲也
イザベラ・バード　加納孝代
*林　忠正　木々康子
*森　鷗外　小堀桂一郎
*二葉亭四迷　ヨコタ村上孝之
夏目漱石　佐々木英昭
徳冨蘆花　半勝英明
巌谷小波　千葉信胤
樋口一葉　佐伯順子
*島崎藤村　十川信介
泉　鏡花　東郷克美
上田　敏　小林　茂
*有島武郎　亀井俊介
永井荷風　川本三郎
北原白秋　平石典子
菊池　寛　山本芳明
*宮沢賢治　千葉一幹
正岡子規　夏石番矢
高浜虚子　坪内稔典
与謝野晶子　佐伯順子
*種田山頭火　村上　護
*斎藤茂吉　品田悦一
*高村光太郎　湯原かの子
萩原朔太郎　エリス俊子
*原阿佐緒　秋山佐和子
*狩野芳崖・高橋由一　古田　亮
*小堀鞆音　小堀桂一郎
竹内栖鳳　北澤憲昭
黒田清輝　高階秀爾
中村不折　石川九楊
横山大観　高階秀爾
*橋本関雪　西原大輔
小出楢重　芳賀　徹
土田麦僊　天野一夫
岸田劉生　北澤憲昭
*山田耕筰　後藤暢子
松旭斎天勝　川添　裕
中山みき　鎌田東二
佐田介石　谷川　穣
*ニコライ　中村健之介
出口なお・王仁三郎　川村邦光
島地黙雷　阪本是丸
*新島　襄　太田雄三
木下広次　冨岡　勝
海老名弾正　西田　毅
嘉納治五郎　クリストファー・スピルマン
柏木義円　片野真佐子
津田梅子　田中智子

*澤柳政太郎　新田義之
河口慧海　高山龍三
山室軍平　室田保夫
大谷光瑞　白須淨眞
*久米邦武　髙田誠二
フェノロサ　伊藤　豊
三宅雪嶺　長妻三佐雄
*岡倉天心　木下長宏
志賀重昂　中野目徹
徳富蘇峰　杉原志啓
竹越與三郎　西田　毅
内藤湖南・桑原隲蔵　礪波　護
岩村　透　今橋映子
*西田幾多郎　大橋良介
*金沢庄三郎　石川遼子
柳田国男　鶴見太郎
厨川白村　張　競
天野貞祐　貝塚茂樹
大川周明　山内昌之
西田直二郎　林　淳
折口信夫　斎藤英喜
辰野　隆　金沢公子
シュタイン　瀧井一博
*西　周　清水多吉
*福澤諭吉　平山　洋
福地桜痴　山田俊治
田口卯吉　鈴木栄樹
*陸　羯南　松田宏一郎

黒岩涙香　奥　武則
長谷川如是閑　織田健志
*吉野作造　田澤晴子
山川　均　米原　謙
*岩波茂雄　十重田裕一
*北　一輝　岡本幸治
*穂積重遠　大村敦志
中野正剛　吉田則昭
満川亀太郎　福家崇洋
*北里柴三郎　福田眞人
高峰譲吉　木村昌人
田辺朔郎　秋元せき
*南方熊楠　飯倉照平
寺田寅彦　金森　修
石原　純　金子　務
*辰野金吾　河上眞理・清水重敦
*七代目小川治兵衛　尼崎博正
ブルーノ・タウト　北村昌史

現代

昭和天皇　御厨　貴
高松宮宣仁親王　後藤致人
*李方子　小田部雄次
吉田　茂　中西　寛

マッカーサー　柴山　太
石橋湛山　増田　弘
重光　葵　武田知己
市川房枝　村井良太
*池田勇人　藤井信幸
高野　実　篠田　徹
和田博雄　庄司俊作
朴正煕　木村　幹
竹下　登　真渕　勝
*松永安左エ門　橘川武郎
鮎川義介　井口治夫
*出光佐三　橘川武郎
松下幸之助　米倉誠一郎
渋沢敬三　井上　潤
*本田宗一郎　伊丹敬之
井深　大　武田　徹
*佐治敬三　小玉　武
幸田家の人々　金井景子
*正宗白鳥　大嶋　仁
大佛次郎　福島行一
*川端康成　大久保喬樹
*薩摩治郎八　小林　茂
松本清張　杉原志啓
安部公房　鳥羽耕史
*三島由紀夫　島内景二

井上ひさし　成田龍一
R・H・ブライス　菅原克也
柳　宗悦　熊倉功夫
バーナード・リーチ　鈴木禎宏
イサム・ノグチ　酒井忠康
川端龍子　岡部昌幸
藤田嗣治　林　洋子
*井上有一　海上雅臣
*手塚治虫　竹内オサム
古賀政男　藍川由美
*吉田　正　金子　勇
武満　徹　船山　隆
*八代目坂東三津五郎　田口章子
*力道山　岡村正史
*西田天香　宮田昌明
安倍能成　中根隆行
サンソム夫妻　平川祐弘・牧野陽子
和辻哲郎　小坂国継
矢代幸雄　稲賀繁美
石田幹之助　岡本さえ
*平泉　澄　若井敏明
安岡正篤　片山杜秀
島田謹二　小林信行

田中美知太郎　川久保剛
前嶋信次　杉田英明
唐木順三　澤村修治
保田與重郎　谷崎昭男
*福田恆存　川久保剛
井筒俊彦　安藤礼二
小泉信三　都倉武之
*瀧川幸辰　伊藤孝夫
矢内原忠雄　等松春夫
*フランク・ロイド・ライト　大久保美春
*中谷宇吉郎　杉山滋郎
大宅壮一　有馬　学
今西錦司　山極寿一

*は既刊
二〇一五年七月現在